Anneliese Rohrer

# CHARAKTER
## FEHLER

Die Österreicher
& ihre Politiker

UEBERREUTER

ISBN 3-8000-7088-X
Covergestaltung: Martin Gubo
Coverfoto: Iconotec
Copyright © 2005 by Verlag Carl Ueberreuter, Wien
Druck: Druckerei Theiss, A-9431 St. Stefan i. L.
1 3 5 7 6 4 2

Ueberreuter im Internet: www.ueberreuter.at

# Inhalt

»Nie wird so viel gelogen wie vor einer Wahl,
während des Krieges und nach der Jagd.«
*Otto von Bismarck*

# Vorwort

»Macht ist nur dann erträglich, wenn sie durch ethische Grundsätze in Zaum gehalten wird, kontrolliert und kompensiert wird«, glaubte die große Publizistin Deutschlands, Marion Gräfin Dönhoff, langjährige Chefredakteurin und Herausgeberin der Wochenzeitschrift »Die Zeit«. Mit Österreich dürfte sie sich nicht beschäftigt haben.

Denn hier war in den letzten Jahrzehnten Macht für viele Menschen auch dann »erträglich«, wenn sie kaum kontrolliert und höchstens durch materielle Vorteile, die sich der Einzelne von Politikern verschafft, kompensiert wurde. Auf Einhaltung ethischer Grundsätze zu bestehen, Verstöße an jedem Wahltag eindeutig und erkennbar zu ahnden, das ist nicht Sache der Österreicher. Wohl aber ein erstaunlicher Langmut, der möglicherweise aus einer nie genau definierten und immer bestrittenen Übereinstimmung zwischen dem politischen Establishment, wie es sich nach 1945 herausgebildet hat, und dem Wahlvolk resultiert.

Die gegenwärtige Bundesregierung und ihre Spitzenvertreter in ÖVP und FPÖ verwechseln gerne kraftvolle Entscheidungen in einzelnen Sachfragen und -bereichen mit Prinzipien- und Grundsatztreue, die so aber weder von Dönhoff gemeint war, noch so verstanden werden sollte. Ein Gesetz so durch den Nationalrat zu bringen, wie es geplant war, ist kein Akt der Grundsatztreue, sondern eine Konsequenz des Klubzwangs und oft der Missachtung des freien Mandats. Der Rest ist taktisches Geschick. Das schätzen viele Österreicher: irgendwie zum Ziel zu kommen. Daher treffen sie ihr Urteil über Politiker nach anderen Kriterien: Genaue Spielregeln, klare Grundsätze, feste Prinzipien gehören nicht dazu.

Zwei Aspekte in der Beziehung zwischen Politik und österreichischer Gesellschaft stachen in 30 Jahren innenpolitischen Journalismus besonders ins Auge: Erstens die Sehnsucht vieler Österreicher, von Zeit zu Zeit von irgendjemandem auf der politischen Bühne »erlöst« zu werden. Zweitens die standhafte Weigerung über Jahrzehnte hinweg, sich wirklich in die eigenen Angelegenheiten einzumischen. Diese Beziehung zwischen Benutzenden (Politikern) und Benutzt-Werdenden (Bürgern) wurde über die Zeit immer auffälliger, je beliebiger die Politik und die Politiker wurden. Bereitwillig folgten immer mehr Bürger einzelnen Politikern in die Standpunktlosigkeit.

Die Anfälligkeit für das Erlöser-Syndrom sollte zu denken geben: Ausgelöst dürfte es von einem Mangel an Grundvertrauen in das eigene Selbst werden. Wer nicht in sich ruht, wer den eigenen Fähigkeiten, dem eigenen Urteilsvermögen nicht (ver)traut, ist gegen Erlöserfiguren in der Politik nicht immun.

Der Sehnsucht nach »Erlösung« entsprachen in diesen drei Jahrzehnten zwei Politiker: Bruno Kreisky und Jörg Haider. Bundeskanzler Wolfgang Schüssel dürfte dazu die Leidenschaft für Politik und Menschen fehlen, obwohl sein fulminanter Wahlsieg 2002 anderes zu signalisieren schien. Aber aus der Distanz lassen sich eben schwer Sehnsüchte aufgreifen und befriedigen.

Bruno Kreisky erlöste die Österreicher vor allem aus ihrer Bedeutungslosigkeit. Noch gut in Erinnerung ist die Zeitungsschlagzeile in den 70er-Jahren: »Kreisky liest der Welt die Leviten!« Seine internationalen Aktivitäten, vor allem in der aufsehenerregenden Nahost-Politik, schützte Österreich in den 70er-Jahren zwar nicht vor Terror und Geiselnahmen (OPEC), verschafften dem Land aber internationale Aufmerksamkeit und in manchen Fällen auch Anerkennung. Seine enge Verbindung zu den Größen des europäischen Sozialismus – Olof Palme (Schweden) und Willy Brandt (Deutschland) – machte ihn bedeutend. Und etwas von dieser Bedeutung fiel für das Land ab. Dafür liebten ihn die Österreicher jahrelang.

Jörg Haider hat die gewisse Immunschwäche vieler Österreicher richtig erkannt und sie viel direkter und viel brutaler in ganz anderen Bereichen als Kreisky ausgenützt. In all seinen Büchern und sonstigen medialen Darstellungen hat er sich in den Zeiten seines Erfolges als Quasi-Erlöser präsentiert und präsentieren können. Er werde, so die immer gleiche unterschwellige Botschaft, ein Volk von verblendeten Österreichern aus ihrer Geiselhaft durch die zwei Regierungsparteien befreien. Lange Zeit gelang es ihm und nicht viele nahmen Anstoß an dieser Art von politischer Heilslehre. Daran sollte jetzt auch erinnert werden, bevor der Jubel über den Niedergang der FPÖ und Jörg Haiders in manchen Ecken der Republik zu laut ertönt.

Die zweite Auffälligkeit, nämlich die Verweigerung der aktiven Einmischung in die eigenen Angelegenheiten, wofür in einem Land mit traditionell hoher Wahlbeteiligung die Abstinenz bei den Urnen nur eine der Spielarten ist, hängt gewiss historisch auch mit der Struktur der Zweiten Republik zusammen. Die Aufteilung des Landes in einzelne Machtbereiche – den Parteien, ihren Organisationen, den Verbänden zugeordnet – und der daraus resultierende Machtzugriff auf die einzelnen Lebensbereiche wie Arbeit und Wohnen hat eine bestimmte Apathie erzeugt. Man arrangierte sich lieber und leichter mit der Politik als seine eigenen Sachen zu arrangieren. Statt sich den Ansprüchen der Parteien zu verweigern und zum Beispiel jede Junktimierung zwischen Parteibuchbesitz und Anstellung im öffentlichen Bereich als unsittliche Forderung zu sehen, holen sich viele erst das entsprechende Parteibuch – je nach Bundesregierung und Bundesland – und dann den entsprechenden Posten.

Es dürfte sich da nicht viel geändert haben. Im Gegenteil. Ob Jörg Haider als Kärntner Landeshauptmann auch einen Parteieintritt vor der Postenvergabe verlangt oder ob er Landesstellen einfach nur mit bereits Parteiabhängigen besetzt, wird sich noch herausstellen. Dennoch: Ist ein Spiel dann moralisch gerechtfertigt, wenn alle es spielen?

Es war und ist, das sei eingestanden, nicht leicht und meist von Nachteil für die betroffenen Bürger, sollten sie sich den Ansprüchen der Politik vor allem im Berufsleben verweigern. Schon vor mehr als 20 Jahren erlitt ein junger Manager einer Wiener Versicherung einen unvorhersehbaren und unerwarteten Karriereknick, nachdem er sich geweigert hatte, die verschlungenen Wege durch das Kreditwesen zum Bau der Villa des damaligen Finanzministers Hannes Androsch in Wien rechtlich nachzuvollziehen und abzusichern. Er wurde prompt versetzt – und wusste sein ganzes weiteres Berufsleben warum.

Dennoch wäre es faszinierend, die These überprüfen zu können,

9

dass die Unverschämtheit der Ansprüche der Politik an das Verhalten der Bürger mit der Häufigkeit der Weigerung, diese zu erfüllen, abnehmen würde.

Dieses Buch orientiert sich an Erlebtem in den Jahren 1974 bis 2004. Es geht um Österreich. Deshalb wird ganz bewusst auf jeden Vergleich mit den Zuständen in anderen Staaten verzichtet. Sollte es einen Einwand gegen unfaire Betrachtungen geben, weil es doch in anderen Staaten erstens viel schlimmer und zweitens auch nicht besser sei, dann ist dem entgegenzuhalten: Rühmen nicht viele Politiker und mit ihnen viele Österreicher die »Einmaligkeit« des Landes – bei jeder passenden und auch unpassenden Gelegenheit? Beide sollen beim Wort genommen werden. Etwas Einmaliges ist unvergleichbar ...

# Vom politischen Anstand

Es war ein bemerkenswertes Mittagessen, das da im April 2001 im Palais Pallavicini am Josefsplatz in Wien von der »Presse« zu Ehren Otto Schulmeisters gegeben wurde. Es galt, seinen 85. Geburtstag zu feiern. Die Tischrunde – oder sollte man dem Anlass entsprechend gar auf das altmodische Wort »Tafelrunde« zurückgreifen? – war in ihrer Zusammensetzung letztlich eine kuriose Mischung aus dem offiziellen Österreich, dem gegenwärtigen und vergangenen, aus Weggefährten der journalistischen Blütezeit des langjährigen Chefredakteurs und Herausgebers der »Presse« und so manchem Mitarbeiter der kommerziellen Seite der Zeitung, den Schulmeister wahrscheinlich nicht einmal kannte.

Alt-Bundeskanzler Josef Klaus war dabei, Schulmeister seit Jahrzehnten verbunden. Innerhalb weniger Wochen im Sommer dieses Jahres starben beide Zeugen eines anderen Österreich. Doch davon war zu diesen Mittagsstunden nichts zu ahnen: Schulmeister dröhnte wie immer, Klaus war sehr leise geworden.

Wirklich zum Nachdenken aber regte die gleichzeitige Anwesenheit von Josef Klaus und Bundeskanzler Wolfgang Schüssel an. Über den Mangel an Stil von Landeshauptmann Jörg Haider, der sich auch bei dieser Gelegenheit über das entschuldbare Maß hinaus verspätet hatte – wobei nicht ganz ersichtlich war, nach wessen Aufmerksamkeit er in diesem kleinen Kreis süchtig war –, über Haider also lohnte es sich nicht nachzudenken. Aber hier saß der letzte Bundeskanzler der ÖVP jenem Mann gegenüber, der das Bundeskanzleramt am Wiener Ballhausplatz nach genau 30 Jahren wieder für seine Partei erobert hatte.

Als Wolfgang Schüssel an diesem Frühlingstag dem 91-jährigen Josef Klaus begegnete, war er in jenem Alter, in dem der frühere Obmann der ÖVP die Alleinregierung des Jahres 1966 gebildet hatte. Allein, Klaus hatte 1969 mit einer Festlegung vor der Wahl und der Tatsache, dass er nicht daran dachte, sein Wort zu brechen, seiner Partei auf genau 30 Jahre hinaus die Regierungs-

macht vereitelt; Schüssel hingegen hat mit dem genau gegenteiligen Verhalten die Macht des Bundeskanzlers wieder zurück
erobert. Die beiden personifizierten also den Wandel der österreichischen Politik.

Klaus hatte sich zum Schrecken seiner Partei im September
1969 in einem Hörfunk-Interview für die Nationalratswahl am
1. März 1970 festgelegt: Sollte die ÖVP die absolute Mehrheit
verlieren, käme für ihn eine neuerliche Koalitionsregierung nicht
in Frage – aus Gründen der Glaubwürdigkeit, wie er anführte.
Schüssel hat sich, weniger zum Schrecken seiner Parteispitze denn
zur Überraschung der Öffentlichkeit, im September 1999 für die
Wahl am 3. Oktober ebenfalls festgelegt: Unter »keinen Umständen« würde er sich an einer Regierung beteiligen, wenn die ÖVP
hinter die FPÖ Jörg Haiders zurückfiele, keinesfalls würde er sich
mit Hilfe der FPÖ zum Bundeskanzler machen lassen. Der Rest
ist Geschichte, auch jüngeren Lesern ausreichend bekannt.

Warum diese Gegenüberstellung? Beide Parteiobmänner zogen
aus den verheerenden Umfragen der Meinungsforscher die gleichen Schlüsse, handelten nach den gleichen Motiven – das eigene
Lager durch Schock zu mobilisieren – und zogen, als die Taktik
die erhoffte Wirkung verfehlte, unterschiedliche Konsequenzen:
Klaus trat zurück, Schüssel trat an.

An all das war in diesen Mittagsstunden 2001 zu denken, denn
in den zurückliegenden drei Jahrzehnten von Amtsverlust bis zu
Amtsgewinn ist die österreichische Politik aus vielerlei Gründen
einem Prozess der Relativierung anheim gefallen, nicht nur des
Handelns, sondern auch der Worte. So ist es nicht Zufall und
auch keine Laune der Geschichte der Zweiten Republik, dass der
letzte Rücktritt eines Politikers aus Überzeugung eben in die Zeit
der Alleinregierung der ÖVP unter Josef Klaus gefallen ist; dass
zu jedem runden Geburtstag von Theodor Piffl-Perčević bis in die
90er-Jahre immer ein und derselbe Titel über den Würdigungsar-
tikeln auftaucht: »Lieber gefallen als umgefallen …«

In seinen Erinnerungen schrieb der ehemalige Unterrichtsminister
darüber: »Als ich die Gewissheit gewonnen hatte, dass die Verantwortlichen meiner Partei auf jenen bildungspolitischen Kurs
gehen wollten, den ich für grundsätzlich falsch und für Öster-

12

reich nachteilig hielt, den aber der Unterrichtsminister durchzuführen haben würde, war es mir auch klar, dass ich zurücktreten müsse, wollte ich keine Doppelrolle spielen.« Es ging um die Realisierung eines Parlamentsbeschlusses zur Einführung eines 13. Schuljahres, von dem die ÖVP wieder abrückte.

Der Brief, den der Steirer Piffl-Perčević an den damaligen Vizekanzler und Generalsekretär der ÖVP, Hermann Withalm, schrieb, ist ein Zeitdokument, das vielen, auch älteren Politikern heute als Beweis dafür gilt, welch eigentlich unerträglich naive Auffassung von seiner Funktion Piffl damals hatte: »Ich möchte es nicht aufgeben, die Chance zu retten, das Bildungsniveau in Österreich, die Fremdsprachenkenntnisse, die Hochschulreife und anderes Gute zu stärken und vermehren zu können, also die 1962 wieder eingeführte bewährte altösterreichische 13-stufigkeit bis zur Matura der Schullaufbahn zu erhalten und fruchtbar zu machen. Andrerseits sind so weite Parteikreise und bedeutende Parteifreunde gegen diese Chance zum Kampf angetreten, weil sie diese Chance nicht erkennen oder nicht genügend hoch bewerten oder sie überhaupt verneinen, dass ich wohl im Interesse der Partei die Konsequenzen ziehen muss. Ich tue dies nicht leichten Herzens ... nun aber bedeutet das Festhalten an meiner Überzeugung für die Partei eine ernsthafte Schwierigkeit ... Es ist für mich und die Partei unerträglich, dass die eigenen Parteifreunde auf der einen, ich und die Sozialisten auf der anderen Seite stehen.«

Was sich zwischen 19. Februar 1969, dem Datum des Briefes, und dem 29. Mai 1969, als die ÖVP per Vorstandsbeschluss Piffls »Überzeugungen« vernichtete, abspielte, hat sich seither in dem einen oder anderen Fall in jeder der derzeit im Parlament vertretenen Parteien wiederholt – nur in keinem Fall mit demselben Resultat: einem Rücktritt aus Überzeugung in einer Frage der Sachpolitik. Als Piffl am 23. Mai 1969 Bundeskanzler Klaus um »Verzeihung« bat, »aus politischen« und anderen Gründe nicht anders handeln zu können, warf dieser, so führt es Piffl jedenfalls in seinen Memoiren an, jene Parteimaschine an, die mangels Gelegenheit in den Jahren seither nahezu unbrauchbar wurde: Wer musste schon in den zehn Regierungsperioden seither zum Verbleib im Amt und zur Abschwächung seiner politischen Überzeugungen überredet werden? Klaus jedoch alarmierte den damaligen Landeshauptmann Josef Krainer sen. Andere Landespolitiker wurden auf Piffl losgelassen, vor allem aber Josef Krainer jun., um den renitenten Unterrichtsminister von der Flucht aus Gewissensgründen und davon abzuhalten, »die Steiermark im Stich zu lassen«; Partei- und Regierungswohl wurden offenbar eindringlich beschworen – damals erfolglos. Seither haben sich Generationen von Politikern in SPÖ und ÖVP solchen Beschwörungen gegenüber nicht mehr taub gestellt. In den letzten Jahrzehnten hat Piffl-Perčevićs so oft zitierte These »Lieber gefallen als umgefallen« ihre Verwandlung in das Gegenteil erfahren: Lieber umfallen als fallen.

Als Ausnahmen, mit gewissen Einschränkungen, kann man vielleicht den Rücktritt der beiden sozialdemokratischen Politiker Ferdinand Lacina und Franz Löschnak werten. Einschränkungen deshalb, weil beide aus einer gewissen Amts- und Politikmüdigkeit die Konsequenzen zogen, aus ihren jeweiligen Befindlichkeiten und nicht so sehr aus Überzeugungen, die durchzusetzen sie in einer bestimmten Situation nicht mehr vermochten.
Zum Zeitpunkt seines überraschenden Rückzugs aus der Politik im März 1995 war Finanzminister Ferdinand Lacina schon mehr als zehn Jahre im Zentrum der Macht, bei Bruno Kreisky, als Verkehrs- und dann als Finanzminister und hatte schon neun Jahre zuvor, 1986 also, der Politik den Rücken kehren wollen. Damals allerdings in der für die SPÖ so prekären Situation nach der Niederlage bei der Präsidentenwahl 1986, nach dem Rücktritt von Fred Sinowatz als Bundeskanzler und dem Antritt Kurt Waldheims als Bundespräsident, hatte der Parteisoldat in Lacina noch so viel Kraft, Franz Vranitzky nicht im Stich zu lassen.
Im Frühjahr 1995, als die Gewerkschaft zu Demonstrationen gegen ihn und gegen Einsparungen im Budget vor dem Ministerium in der Wiener Himmelpfortgasse aufmarschierte und lauthals protestierte, war diese Kraft aufgebraucht. Der Zeitpunkt, den er für seinen Rückzug wählte, war nach all den Jahren, in denen man schon den Eindruck der Lustlosigkeit hatte, für das Kabinett Franz Vranitzky und für seine SPÖ der denkbar ungünstigste und für einen Sozialdemokraten (aus Parteisicht) ziemlich rücksichtslos gewählt. Allein, Lacina fühlte sich von Vranitzky in

der Koalition mit der ÖVP unter Wolfgang Schüssel nicht genügend unterstützt und von seiner SP-Gewerkschaft, der er sich so verbunden fühlte, ungerecht mit dem Vorwurf konfrontiert, kein soziales Gewissen zu haben. Insgesamt also war dieser Rücktritt in einer Mischung von Amtsmüdigkeit, nicht akzeptablen Rahmenbedingungen und Frustration begründet – und nicht so sehr in der Überzeugung, das Richtige tun zu müssen und nicht zu können.

Der Rückzug des früheren Parteiobmann-Stellvertreters, Innen- und Gesundheitsministers Franz Löschnak im April 1997 ist ähnlich zu sehen. Für ihn haben sich drei Entscheidungen der Regierung und seiner SPÖ, Fehlentscheidungen aus seiner Sicht, zu einem so großen Ärgernis verdichtet, dass er nach dem Wechsel von Franz Vranitzky zu Viktor Klima nicht mehr in der Regierung sein wollte. Ein wenig klang seine Begründung wie jene Piffls, aber eben nur ein wenig: »Wenn man in Sachfragen mehrmals im Jahr nicht mehr die Ideen der Mehrheit teilt, dann soll man persönliche Konsequenzen ziehen.« Zu diesen Sachfragen gehörte die Reform der Politikerbezüge 1996, die er für eine Anlassgesetzgebung aus der Aufregung um das arbeitslose Einkommen für Politiker à la VP-Wissenschaftssprecher Josef Höchtl, die er für einen übertriebenen Schritt gehalten hat – und die auch ihm Einbußen gebracht hätte, daher die Einschränkung. Die beiden anderen waren die Werkverträge, die unbedacht eingeführt und in sich nicht stimmig waren, wie er meinte, sowie die Einführung der Krankenscheingebühr, die von der Regierung Franz Vranitzkys »nicht zu Ende gedacht« und dann noch als politisches Kleingeld bis zur Zeit nach der Wiener Gemeinderatswahl 1996 zurückgehalten wurde.

Sein seelisches Gleichgewicht zwischen seinen Überzeugungen und der Flucht vor der Kürzung seiner Bezüge hielt Löschnak damals mit dem Satz: »Man muss einen Schlussstrich ziehen. Jüngere kommen aus einer anderen Zeit, haben andere Ansichten, andere Einstellungen.« Löschnak war 58 Jahre alt, Viktor Klima 50.

Man könnte also den Eindruck gewinnen, als hätte sich in Österreichs Politik seit 1970 eine Schule der Akrobatenkunst etabliert, deren Besuch geradezu Voraussetzung wurde, und zwar in Abwandlung eines Gedankens des französischen Schriftstellers Maurice Barrès: Ein Politiker wäre demnach ein Akrobat, der das Gleichgewicht dadurch hält, dass er das Gegenteil von dem tut, was er sagt.

Und wieder war es ein Mittagessen, diesmal hoch über dem Stephansplatz in Wien, dem Treffpunkt der Politik zu allen Anlässen, Do & Co also, das beim Nachtisch natürlich – wie das Pallavicini 2001 – außer der wunderbaren Aussicht auch neue politische Einsichten brachte. In der Unterhaltung mit dem damaligen Klubobmann der ÖVP, Andreas Khol, kam die Sprache, nicht wirklich überraschend, auf den Mechanismus des »Überlebens« in der Politik und, um die Sache etwas unverdächtiger zu machen, auf den damaligen Generalintendanten des ORF, Gerhard Weis. Wie, so wollte man von Khol wissen, schaffe es jemand in der politischen Landschaft Österreichs, die unterschiedlichsten Regime zu »überleben« und am Ende selbst in der Spitzenposition zu landen? Schließlich hatte Gerhard Weis in diversen Funktionen die Perioden Gerd Bachers I bis V von 1974 bis 1994, jene Otto Oberhammers (1974–1978), Teddy Podgorskis (1986–1990) und schließlich auch noch die des früheren SP-Sekretärs Gerhard Zeiler (1994–1998) so bravourös gemeistert, dass er schließlich 1998 selbst Generaldirektor werden konnte.
Man drängte Khol zu einer Analyse, ohne dessen eigene Überlebenstechniken in der ÖVP anzusprechen (von einer aussichtslosen Position in der Politischen Akademie aus über die bereitwillig ergriffene Chance, Erhard Busek in dessen Obmannschaft ein tüchtiger und nach außen bis zu Beginn des innerparteilichen Gemetzels im Frühjahr 1995 loyaler Klubobmann zu sein, bis zum problemlosen Umstieg in die Ära Wolfgang Schüssels trotz der Kränkung, nicht selbst die Nachfolge Buseks antreten zu können). Wie also schafft man als Politiker eine derartige Wendigkeit im Denken und Handeln – wie Weis, um es nochmals zu betonen? Die Antwort Khols war mit Sicherheit eine ehrliche und fand dann im April 2002 auch noch eine unverhoffte Bestätigung von einer Seite, die sich Khol zu diesem Zeitpunkt vielleicht sogar verbeten hätte wollen. Im Do & Co meinte der Klubobmann damals wörtlich: »Es muss um die Sache gehen. Wenn es um die

16

Sache geht und nicht um einen selbst, dann hat man keine Probleme.«

Im April 2002 hallte das Echo dieser Worte durch die Räume des Palais Pallavicini. Bundespräsident Thomas Klestil rühmte seinen Freund Gerhard Weis bei dessen Verabschiedung als ORF-Generalintendant, es sei Weis immer um »den selbstlosen Dienst an der Sache gegangen – unabhängig von personellen oder parteipolitischen Konstellationen«. Ist dieser »Dienst an der Sache« vielleicht zur ultimativen Klausel »Rebus sic stantibus« geworden? Zum Eignungstest für die Schule der Beiläufigkeit der österreichischen Politik?

Jene »Sachbezogenheit«, die Khol meinte, brachte – zuerst auf sozialistischer und im Wandel der Zeit dann auf sozialdemokratischer Seite – Heinz Fischer zur Perfektion und schließlich jetzt in die Funktion des Bundespräsidenten in die Hofburg mit ein. Im Laufe seiner Karriere hatte Heinz Fischer so viele Parteiobmänner der SPÖ »ein Stück des Weges« begleitet, manchmal entlang seiner eigenen »roten Markierungen«, manchmal abseits davon, dass er im Wahlkampf 2004 dem Verdacht ausgesetzt war, Bruno Kreisky habe tatsächlich über ihn gesagt: Fischer sei noch bei jeder kontroversiellen Abstimmung in einem Parteigremium rein zufällig nicht dabei gewesen.

Ein Kern Wahrheit ist bei dieser Legendenbildung sicher dabei. Mit der Gelassenheit des Wahlsiegers nach der Entscheidung um die Hofburg, im Juni 2004 also, und mit einem Schuss ganz seltener Selbstironie sprach Fischer seinen Zug zur Vorsicht auch selbst an: Man sehe, meinte er sinngemäß, es hat doch einen Sinn gehabt, »dass ich das jahrzehntelang trainiert habe«. Jetzt, in seiner neuen Funktion, könne er diese Vorsicht, die sich in den Augen einiger seiner Parteifreunde als »Übervorsicht«, in den Augen anderer als Feigheit darstellt, sehr gut gebrauchen.

Tatsache ist, dass Bruno Kreiskys langjähriger Weggefährte als einer der wenigen SP-Politiker den Konflikt des Bundeskanzlers mit seinem Finanzminister Hannes Androsch völlig unbeschadet überstand, unter Fred Sinowatz zum Minister avancierte, in der Ära Franz Vranitzky im Parlament über diesem Parteivorsitzenden schwebte und die wenigen Jahre des Viktor Klima, dessen

Parteiführung und politischer Stil ihm wohl am wenigsten behagt haben musste, auch überstand. Von außen betrachtet, ist Heinz Fischer ein politischer Überlebenskünstler der Sonderklasse, von seiner Warte aus – Khol und Weis nicht unähnlich – wahrscheinlich immer nur im »Dienst an der Sache« gewesen. Bei seinen Popularitätswerten als Bundespräsident dürften nicht wenige Politiker ihre früheren Urteile über Fischer als peinlich empfinden, wie wohl auch Bundeskanzler Schüssel, der Fischer im Wahlkampf 2004 bei der Schlussveranstaltung einen alten Mann des Apparats genannt und dabei vergessen hatte, dass er seit der Zeit als Parlamentssekretär eine Parallelkarriere als Berufspolitiker verfolgte, also auch ein Mann des Apparats ist. Alles eine Frage der Redlichkeit.

Bei der FPÖ wiederum legte Herbert Scheibner einen politischen Hochseilakt der Meisterklasse hin, immer den Blick starr auf das vermeintliche »Staatswohl« gerichtet, wie er durchblicken ließ. Die Stunde des freiheitlichen Überlebenskünstlers Scheibner kam im Krisenjahr der Freiheitlichen 2002. Als Verteidigungsminister der blau-schwarzen Koalition von Wolfgang Schüssel und Susanne Riess-Passer war Scheibner in der Außensicht ein verlässliches Mitglied des FP-Teams unter der Führung der Vizekanzlerin. Erste Anzeichen, dass sich Scheibner eher dem besagten »Dienst an der Sache« verpflichtet fühlte denn seinen Parteifreunden im Kabinett, hätten schon im August 2002 wahrgenommen und richtig interpretiert werden können, als sich Scheibner hinter Volksanwalt Ewald Stadler stellte und eine »stärkere Rolle« des in die Rolle des Ombudsmanns abgeschobenen Rechten »in der Innenpolitik begrüßte«.
Erstaunlich war, dass kaum jemand damals das Politik-Verständnis des Regierungsmitglieds Scheibner hinterfragt und das Problembewusstsein für die Tatsache gestärkt hat, dass bei einer korrekten Sicht der Aufteilung der Kräfte der Republik die Rolle eines Volksanwalts mit einer stärkeren parteipolitischen Rolle völlig unvereinbar sein sollte – von der Definition der Aufgaben her. Zwar war und ist die Volksanwaltschaft rein parteipolitisch besetzt und gilt auch SPÖ und ÖVP als Abschiebe- beziehungsweise Versorgungsstation für Politiker, doch die Funktion selbst

wurde an und für sich nicht als innenpolitischer Wartesaal verstanden. Dass hier jemand wie Scheibner, der Politik per se »nicht lustig« fand und »Regierungspolitik schon gar nicht«, zu keiner klaren Sicht der Verhältnisse kam, ist vielleicht wenig verwunderlich; dass er die weitere Entwicklung in Regierung und Partei verwirrend fand, ebenfalls nicht.

Immerhin hat ein ehemaliger Mitarbeiter seines Kabinetts im Verteidigungsministerium in einem Gespräch seine Verblüffung darüber ausgedrückt, wie wenig wichtig für Scheibner Sachentscheidungen waren und wie sehr die Frage der Öffentlichkeitswirkung politischer Entscheidungen und nicht deren inhaltliche Qualität im Vordergrund standen. Er habe, so meinte dieser Mitarbeiter, die Frage, wie dies oder jenes in den Medien ankommen werde, schon nicht mehr hören können.

Daher war auch die Sorge Scheibners über die Eskalation zwischen Vizekanzlerin Riess-Passer und Landeshauptmann Jörg Haider im August 2002 rund um Eurofighter, Hochwasser-Entschädigung und Steuerreform durchaus berechtigt – im Lichte dessen, dass ihm bei einem von ihm so gefürchteten Entweder-oder (entweder setzt sich Riess-Passer durch oder Haider) eine Entscheidung abverlangt werden würde.

Dies war dann in der ersten September-Woche 2002 der Fall. Zuerst intern und dann auch öffentlich kündigte Scheibner nach der Sitzung des FP-Vorstandes an, dass er mit Riess-Passer seinen Rücktritt einreichen werde, sollte es in der Tat zu dem von Stadler, für den er sich Wochen vorher noch eine größere Rolle gewünscht hatte, verlangten Sonderparteitag kommen. Bei dem legendären Parteitreffen der FPÖ in Knittelfeld am 6. September 2002 ging es Scheibner dann ganz offensichtlich so sehr um die Sache, dass er trotz der klaren Niederlage Riess-Passers und in Kenntnis dessen, was Vizekanzlerin und Landeshauptmann am Abend zuvor vereinbart hatten, keine Anstrengungen unternahm, Haider an sein Wort zu erinnern, sondern sich danach lächelnd an dessen Seite setzte, um seinen Kompromiss als Rettung der Situation zu preisen. Der ebenfalls von Riess-Passer nach Knittelfeld entsandte Finanzminister Karl-Heinz Grasser hatte zu diesem Zeitpunkt das Treffen schon verlassen.

Sein Kompromiss, der nicht mit der Parteichefin abgesprochen

19

war, sah vor, das traditionelle Neujahrstreffen 2003 in einen Parteitag umzufunktionieren und ihn nicht Sonderparteitag zu nennen. Mit Semantik hatte der freiheitliche Überlebenskünstler jedoch überhaupt keine Probleme, was sich darin zeigte, dass er, ohne mit der Wimper zu zucken, das Motto des Knittelfelder-Treffens »Steuerreform vor Abfangjäger« so umdeutete, dass es »voll seiner Linie« entsprach, weil eine Steuerreform ohnehin vor jenem Zeitpunkt kommen müsse, an dem die ersten Zahlungen für die Eurofighter geplant sind: nämlich 2006.

Für die Ereignisse danach hat das Team um Riess-Passer eine völlig andere Sicht als Herbert Scheibner, der öffentlich den Vorwurf, der Vizekanzlerin in den Rücken gefallen zu sein, zurückwies. Tatsache scheint jedoch zu sein, dass Scheibner im Regierungsteam immer versichert hat, er werde gemeinsam mit Riess-Passer, Klubobmann Peter Westenthaler und Karl-Heinz Grasser den Rücktritt einreichen, sollte die Situation in der FPÖ klar machen, dass die blau-schwarze Koalition im Parlament durch die Rebellion von sechs freiheitlichen Abgeordneten nicht mehr mit einer Mehrheit rechnen kann – und es sich dann in der entscheidenden Sitzung am Tag nach Knittelfeld nach häufigen Kontakten mit Haider anders überlegt hat.

So jedenfalls die Sicht in der Umgebung von Riess-Passer. Aus Scheibners Sicht habe er nur der Sache gedient und versucht, eine Spaltung der Partei zu verhindern. Wenn man in der Politik so sehr auf die Sache konzentriert ist, kann es schon passieren, dass man die eigenen Festlegungen nicht mehr im Gedächtnis behält. Scheibner war ein Opfer dieser übermäßigen Konzentration, als er nach dem Bruch der Koalition einmal Sozialminister Herbert Haupt als Spitzenkandidat für die vorgezogene Wahl begrüßte, dann Jörg Haider wollte, sich schließlich über Mathias Reichhold freute, dann wieder über Herbert Haupt, eine Zusammenarbeit mit Karl-Heinz Grasser als unabhängigen Finanzminister nach dessen Austritt aus der FPÖ ausschloss, um ihm jetzt als Klubobmann einer neuen schwarz-blauen Koalition volle politische Deckung auf der Regierungsbank zu geben. Zwischen Bruch der Koalition und Neuwahl freute sich Scheibner auch noch über eine eventuelle Rückkehr des früheren FP-Generalsekretärs Norbert Gugerbauer, wollte aber mit dessen angeblichen Ambitionen innerhalb der FPÖ auch nichts zu tun haben, obwohl er – verständlicherweise – auch hier unter Verdacht geraten war, den Aufstand der »Liberalen« in der FPÖ gleich wohlwollend zu begleiten wie jenen des rechten Flügels Wochen vorher.

# Vom schlechten Benehmen

Die Szene in der Säulenhalle des Parlaments am Wiener Ring ist nun schon fast 20 Jahre her und dennoch erinnert man sich an jedes Detail: Heinz Fischer ist Wissenschaftsminister der rotblauen Koalition unter Fred Sinowatz und Norbert Steger. Das Ressort ist nicht sein Metier, das wurde bald deutlich. Daher war nach einiger Zeit bei ihm nachzufragen, was er eigentlich als Herr des Minoritenplatzes geleistet habe. Zugegeben, die Frage »Was haben Sie eigentlich erreicht?« war nicht von der vorsichtigen Art; zugegeben auch, solche Frage sind eigentlich nicht in einer mobilen Situation, also auf dem Weg durch besagte Säulenhalle, zu stellen. Dennoch war die Reaktion, an die sich Heinz Fischer heute partout nicht mehr zu erinnern wünscht, völlig unangemessen und zeugte vom totalen Verlust jeglicher Haltung.
Selbst wenn man einkalkuliert, dass Fischer zu diesem Zeitpunkt schon fast zehn Jahre in verantwortlicher Position hinter sich hatte, in der die SPÖ im Grunde genommen gegen die geschlossene Phalanx der Printmedien (mit Ausnahme der »Kronen Zeitung«) an der Macht war, in der sie vielleicht zuerst von Wahlerfolg zu Wahlerfolg geeilt war und danach immerhin noch mit Hilfe der kleinen Koalition und Norbert Steger (der sich als Vizekanzler und Handelsminister in der Sacharbeit als nicht weniger unfähig erwies als manche seiner »Parteifreunde« seit 2000); selbst wenn man Fischer damals also die Kontraposition zu den nicht-sozialistischen Printmedien zugestehen konnte, so rechtfertigte das alles noch nicht den Ausbruch, der in der Säulenhalle begann und sich auf dem Weg zum SP-Teil des Nationalrats fortsetzte: Fischer begann nicht nur laut zu werden, er begann zu schreien. Was diese Frage denn bewirken sollte? Er wisse schon, dass die bürgerlichen Medien darauf aus seien, ihn politisch zu vernichten, auch die SPÖ und dies schon seit Jahren. Er lasse sich das nicht mehr länger gefallen, er habe genug von dieser »bürgerlichen« Verfolgung. Fischer war außer sich und man wusste eigentlich nicht so

recht warum. Er ging immer schneller, wurde immer atemloser und immer unkontrollierter.

Eigentlich wäre ja eine, in seinem bekannt abwägenden Ton vorgetragene Auflistung auch noch so kleiner Vorhaben zu erwarten gewesen. Das hätte zwar keinen aufsehenerregenden Artikel, aber vielleicht die eine oder andere wertvolle Information ergeben. Immerhin gereicht es dem heutigen Bundespräsidenten zur Ehre, dass er nach gebührendem Zeitabstand von einer Stunde seinen Pressesprecher Bruno Aigner in die linke Journalistenloge des Nationalrats mit einer Entschuldigung entsandte, also in jene über dem VP-Teil des Plenums, dorthin, wo nach damaliger Usance meist die nicht-sozialistischen Medienleute sich aufhielten. Daraus konnte man damals wenigstens noch die Einhaltung eines absoluten Mindestmaßes an Form ableiten.

Etwa fünf Jahre später war das bei Wolfgang Schüssel nicht mehr der Fall. Die Regierungsbildung war nach der von Josef Riegler für die ÖVP schlecht geschlagenen Nationalratswahl 1990 sehr schwierig verlaufen. Die SPÖ konnte den früheren Generalintendanten des ORF, Otto Oberhammer, nicht als Justizminister durchbringen, die ÖVP ihren früheren Generalsekretär Helmut Kukacka nicht. Um den Begehrlichkeiten der Bundesländer irgendwie gerecht zu werden, was bei der ÖVP bezüglich Postenvergabe immer schon eine größere Rolle gespielt hat als andere Überlegungen, wurde Maria Fekter, seit 1986 geschäftsführende Gesellschafterin des elterlichen Betriebes »Niederndorfer & Co, Kieswerke und Transportbeton«, als Staatssekretärin ins Bautenministerium berufen.

Im VP-Teil der Gänge hinter dem Sitzungssaal war Wolfgang Schüssel damals zu fragen, ob es wirklich der »Weisheit letzter Schluss« sei, die Besitzerin eines Kieswerkes zur Staatssekretärin ins Bautenministerium zu berufen; ob es hier nicht zu Unvereinbarkeiten und vermeidbaren politischen Kontroversen kommen könne, wenn jemand mit einem geschäftlichen Interesse an öffentlichen Bauaufträgen an der Schaltstelle der Vergabe solcher Aufträge tätig sei? Wolfgang Schüssel verlor, ebenso überraschend wie damals Heinz Fischer, vollkommen die Haltung und wurde unangemessen laut, wobei die größere Anzahl von Umstehenden ihn vielleicht von einer ähnlichen Schreiorgie wie Fischer abgehalten haben mag. Was diese blöde Frage denn solle? Man möge doch nicht Regelverstöße annehmen, wo es keine geben werde. Solche Fragen beantworte er nicht. Ein verächtlicherer Ton ließ sich damals nicht denken. Heute doch. Auch in dieser Hinsicht hat sich viel verändert.

Erst zehn Jahre später, im Winter 2001, lieferte Schüssel in einem Vier-Augen-Gespräch die Erklärung für sein damaliges Verhalten nach. Die Frage wäre ihm nach allem Unbill bei den Regierungsverhandlungen just zu diesem Zeitpunkt extrem ungelegen gekommen. Die Schwierigkeiten mit Helmut Kukacka hätten seine Nerven beansprucht, er wollte jetzt nicht auch noch welche damit bekommen, dass nach der Papierform Maria Fekters Engagement als »Schottermitzi«, wie sie damals genannt wurde, im Bautenministerium möglicherweise nicht ideal war. Schüssel hatte niemanden mit einer Entschuldigung ausgeschickt.

Welche Rolle also spielt gutes Benehmen, die Einhaltung bestimmter Regeln und Formen, die Ordnung, Vertrauen und ein gewisses Maß an Sicherheit vor Verletztwerden und Verletztsein garantieren, in der Politik? Ein Rückblick auf die letzten drei Jahrzehnte zeigt – wenig überraschend allerdings –, dass allmählich gewisse Grundregeln völlig außer Kraft gesetzt wurden, ganz nach dem Prinzip, das sich in allen Bereichen verfestigt hat: Anything goes, alles ist erlaubt, was vermeintlichen Erfolg bringt. Diese Entwicklung ist jedoch nicht auf das politische Geschehen allein eingeschränkt, sondern hat schon seine Spiegelung in der allgemeinen gesellschaftlichen Entwicklung, wobei sich so leicht nicht feststellen lässt, wer sich in wem spiegelt: Wurde der »Anstand« im Sinn der Einhaltung der äußeren Form des Auftretens und der Aussagen zuerst in der breiten Öffentlichkeit reduziert und hat diese Entwicklung in der Politik in einem gewissen Nachziehverfahren ihre Entsprechung erlebt oder umgekehrt?

Natürlich wäre es ungemein heuchlerisch, die allmählichen Veränderungen in Österreich als Spezifikum zu beklagen, denn es müsste der Einwand gleich mitbedacht werden, dass es in anderen Ländern viel krassere Ausformungen des Stilverfalls gibt: Noch hat es im Haus am Wiener Ring, in National- oder Bundesrat

24

also, keine Schlägereien gegeben und es ist auch nicht anzunehmen, dass es in absehbarer Zeit zu Szenen kommt, wie sie aus den Parlamenten in Japan, Südkorea oder auch Italien im Fernsehen übertragen werden. Deshalb ist hier hervorzuheben, dass es sich um Befund und Beschreibung, nicht um Anklage handelt, was ja nun wirklich übertrieben wäre im Vergleich zu anderen Ländern, denn schlechtes Benehmen in der politischen Arena in Österreich ist vergleichsweise liebenswert mit einem Hang zu Skurrilität, aber eben nur vergleichsweise.

Wenn man dennoch einen gewissen Stilverlust konstatieren muss und nach seinen Ursachen sucht, kommt man auf Motive: Schlechtes Benehmen im öffentlich Raum entspringt der Überheblichkeit, der mangelnden Klugheit, einer gewissen Verbrauchtheit der jeweiligen Person. Das Ganze ging und geht oft einher mit einer Verrohung der Sprache, die eben oft auf das Verletztsein des solcherart Angesprochenen abzielt, selbst wenn es sich dabei um ganze Gruppen wie andere politische Parteien, Mitglieder der Sozialpartnerschaft, also vornehmlich von Wirtschaft und Gewerkschaft, oder Teile der Gesellschaft allgemein handelt: Dann sind Beamte, Lehrer, Ärzte, Richter, Medien sowieso, Ziel der Angriffe.

Als besonderes Phänomen der letzten 20 Jahre lässt sich eine gewisse Parallelität ausmachen: Je schärfer die verbalen Attacken, je persönlicher die Angriffe, desto stärker der Applaus der jeweils zu einem bestimmten Zeitpunkt »verschonten« Gruppen. Die politische Arena: ein einziger »Heumarkt«. (Ein Begriff, den nur die Wiener als Synonym für Ringkämpfe mit entsprechender Begleitung von Verbalinjurien im Publikum kennen; der den örtlichen Standplatz der Ringkämpfe »Am Heumarkt« bezeichnet und den man Restösterreich immer wieder erklären muss.)

Erstaunlich bei dieser Entwicklung war nur die mangelnde Einsicht der jeweils geschonten Gruppen in die Tatsache, dass sie selbst nicht mit immerwährender Schonung rechnen konnten; dass also eine öffentliche und veröffentlichte Hinrichtung – vornehmlich exekutiert durch einen Vertreter der FPÖ nach dem vermeintlichen Erfolgsrezept der 90er-Jahre: Wir wachsen an unseren Feinden – für sie selbst inszeniert werden könnte.

Aber schlechtes Benehmen entwickelte sich in dieser Zeit auch als politisches Stilmittel, ganz bewusst eingesetzt, um einen ganz bestimmten Effekt in der Öffentlichkeit zu erzielen. Wie in so vielen anderen Dingen reicht auch dieser Trend bis in die Zeit Bruno Kreiskys zurück. Unvergesslich, wenn auch noch vergleichsweise harmlos, war dessen verbale öffentliche Hinrichtung des Sozialsprechers der ÖVP, Gottfried Feurstein, eines Abgeordneten aus Vorarlberg, der jahrzehntelang wahrscheinlich der kenntnisreichste Führer durch den sozialpolitischen Dschungel aller Novellen des Allgemeinen Sozialversicherungsgesetzes (ASVG) war, ein bienenfleißiger, aber immer völlig unbedankter Vertreter der Volkspartei. Als eben eine dieser ASVG-Novellen wieder Gegenstand der politischen Auseinandersetzung und der journalistischen Neugier war, stellte sich Bruno Kreisky eines Tages nach dem dienstägigen Ministerrat in sein Pressefoyer und bezeichnete auf eine Erkundigung nach seiner Meinung zu einer Aussage Feursteins diesen als »wohl dümmsten Abgeordneten« der Republik. Das hatte sich der Politiker trotz seiner in der Tat mangelhaften Strahlkraft denn doch nicht verdient. Die umstehenden Journalisten quittierten es mit schallendem Gelächter.

Den ganz genau kalkulierten Einsatz der Verletzung gängiger Anstandsformen entwickelte aber erst Jörg Haider. Was man andernorts vielleicht als legitimes und politisch zielführendes Mittel politischer Inszenierung betrachtet hatte, war bis dahin in Österreich völlig unüblich: Haider hatte sich den späten Auftritt bei Veranstaltungen zur Gewohnheit gemacht, abgesichert durch einen genau berechneten Einsatz seiner Truppe: Zuerst verzögert man das Erscheinen über Gebühr so lange, bis das betreffende Publikum des Wartens müde und unruhig wird. Damit zwingt man einen der Vorredner aufs Podium. Wenige Minuten nach Beginn dieser Rede lässt man sich per Funk oder seit geraumer Zeit natürlich per Handy das Zeichen zum Auftritt geben. Mehr als einmal konnte man Zeuge werden, wie einer aus Haiders Entourage in das jeweilige Kommunikationsmittel flüsterte: »Jetzt.« Danach immer die gleiche Inszenierung: Haider betritt den Saal, Scheinwerfer und die Augen aller Anwesenden auf ihn gerichtet. Mit dieser einfachen Verletzung der Höflichkeitsregeln erzielte er zwei Effekte gleichzeitig: Er bekam die ungeteilte Aufmerksamkeit und Erleichterung über sein Erscheinen – und zwang gleichzeitig den jeweiligen Redner zur Unterbrechung seiner Worte, was diesen regelmäßig auf eine mindere Position in der Veranstaltung verwies – gleichgültig, ob es sich dabei um einen Parteifreund aus der FPÖ oder den Vertreter irgendeiner anderen Gruppe handelte.

Zur absoluten Perfektion geriet Haider ein solcher Auftritt bei einem Empfang von Bundespräsident Thomas Klestil in den Räumlichkeiten in der Hofburg für die Abgeordneten des National- und Bundesrates. Der Empfang ist mit 19.30 Uhr angesetzt. Alles läuft ab wie immer bei diesen Gelegenheiten. Smalltalk erfüllt den Raum. Der Bundespräsident hält nach einer Weile seine kurze Ansprache. Es wird wohl von der Bedeutung des Parlaments für die Demokratie und vom Kräfteverhältnis zwischen Bundespräsident, Regierung und Parlament die Rede gewesen sein. Es war eine Veranstaltung der Art, wie sie die Republik eben zu ihrer eigenen Selbstdarstellung hin und wieder abhält.

Der Bundespräsident geht von einer Gruppe zur nächsten, wechselt das eine oder andere Wort, erfüllt seine Rolle untadelig. Eine Szene ist im Gedächtnis geblieben – offenbar unauslöschlich, weil das Gefühl der Verwunderung in diesem Moment so prägnant war. »Wo ist der Haider? Wo ist der Haider? Er hat doch gesagt, er kommt.« Thomas Klestil erkundigt sich immer wieder nach dem Verbleib des FP-Chefs. Es mutet seltsam an, hat dieser noch nicht einmal die Höflichkeit aufgebracht hat, zu diesem Empfang und zur Ansprache des Bundespräsidenten rechtzeitig zu erscheinen.

Klestil zieht weiter seine Runden durch den Saal. Es ist inzwischen, wenn die Erinnerung nicht trügt, 20.30 Uhr. Der Saal ist voll des üblichen Gemurmels. Wer nahe der rückwärtigen Tür steht, hört plötzlich die lauten Schritte einer ganzen Gruppe. Sie kommen durch die vielen Zimmer vom Aufgang bis zum Saal immer näher, werden immer lauter. »Wie bei der SA«, soll später ein Anwesender bemerken, der die Zeit der frühen Nationalsozialisten als Kind miterlebt hatte. Der Vergleich ist wohl unzutreffend und ungerecht, dennoch hinterlassen diese Schritte in Formation, die durch die leeren Zimmer hallen, ein Gefühl der Befremdung.

Die Formation betritt den Raum des Empfangs. Und es ist eine Formation mit Jörg Haider an der Spitze und einer Gruppe seiner Getreuen zwei Schritte hinter ihm. In Klestils Eilfertigkeit konnte man die Erleichterung darüber erkennen, dass ihm ein Affront doch erspart geblieben ist. Er eilte auf die offene Tür zu, begrüßte »den Jörg« überschwänglich und mischte sich dann mit ihm unter die Anwesenden, die sich natürlich auch – wie es Zweck der Inszenierung war – wie auf Kommando der Tür, »dem Jörg« und seinem erfreuten Gastgeber zugewandt hatten, ihr Gemurmel unterbrechend, sodass eine Stille im Saal entstand, die jedem die Bedeutung des Auftritts klar machte.

Im Rückblick sollte diese Szene symbolisch für das Kommende werden. Der Mangel an Stil, der damals in der Hofburg zu bemerken war, wurde dann bei der Bildung der schwarz-blauen Koalition im Jänner des nächsten Jahres und danach für viele sichtbar. Es war, als hätten die Anstrengungen der »Wende« jeden Rest an Haltung bei allen Beteiligten verdrängt und vernichtet.
Es begann mit der verächtlichen Geste und dem abfälligen Gemurmel von VP-Chef Wolfgang Schüssel bei der Unterschrift unter jene Präambel, die Thomas Klestil für die neue Bundesregierung aus FPÖ und ÖVP glaubte erzwingen zu müssen. Auch der Bundespräsident machte öffentlich kein Hehl aus seinem Unwillen über die Demütigung, eine Regierung akzeptieren zu müssen, zu der er keinen Auftrag erteilt hatte und die er – ungeachtet seines unpassenden Benehmens »dem Jörg« gegenüber nur einige Monate zuvor – so nicht wollte. Getroffen von seiner eigenen Machtlosigkeit und in dem hilflosen Bewusstsein, das eine – die Verhinderung der Regierung – nicht zu können, das andere – deshalb den Rücktritt zu vollziehen – nicht zu wollen, kaschierte er seinen Widerwillen bei der Angelobung des Kabinetts Schüssel I erst gar nicht. Gutes Benehmen und ein Mindestmaß an Haltung hätte es erfordert, dass er zumindest »gute« Miene zu dem aus seiner Sicht bösen Spiel machte. So aber setzte er sich in den Augen vieler Österreicher mit seinem Auftritt bei der Angelobung ins Unrecht; jener Österreicher, die ja nicht wissen konnten, dass ihm seine Ohnmacht, eine politische Entwicklung zu verhindern, und das daraus resultierende Dilemma zu Tränen gebracht hat.

Dabei hätte er aus der verfassungsmäßigen Gewissheit, dass selbst sein Rücktritt diese Regierung nicht verhindert hätte, weil seine Geschäfte dann eben vom Nationalratspräsidium übernommen worden wären, in dem es 2:1 für die blau-schwarze Variante stand, wenigstens die Gelassenheit des Unvermeidlichen beziehen und darauf mit der Wahrung der notwendigen Form reagieren können.

In den Tagen vor der Regierungsbildung 2000 schienen viele Beteiligte den Kompass für logisches, in gewissem Sinn anständiges Verhalten in der Politik verloren zu haben. Niemand hielt sich offenbar an jenen Satz, den der ehemalige deutsche Bundeskanzler und später anerkannte Staatsmann Helmut Schmidt geprägt hat: »In der Politik hat keine Emotion und keine Leidenschaft Platz außer der Leidenschaft zur Vernunft.« In diesem Sinn völlig leidenschaftslos ließ Bundespräsident Thomas Klestil kurz vor dem 4. Februar in »News« wissen, er werde wohl gegen »seine persönliche Überzeugung« eine Regierung angeloben müssen. Die Vernunft hätte ihm zuvor sagen müssen, dass eben die einzige Alternative zu einer Tat, von der er persönlich nicht überzeugt war, der Rücktritt gewesen wäre. Aber auch dieser Schritt wäre deshalb nicht »vernünftiger« gewesen, weil Klestil der Öffentlichkeit wohl kaum erklären konnte, warum er jene FPÖ unter Jörg Haider für nicht akzeptabel in einer Regierung halte, die er zuvor immer – und vor allem vor seiner eigenen Wiederwahl 1998 – als demokratisch und regierungsfähig hofiert und oft ohne Not und Anlass gelobt hatte. Weil Klestil an seinen überaus freundlichen Umgang mit »dem Jörg«, der sich jedes einzelne Mal über jeden Garantieschein, ungefragt ausgestellt in der Hofburg, diebisch gefreut hatte, zu erinnern gewesen wäre, weil seinem Verweigerungsschritt wohl jede Glaubwürdigkeit gefehlt hätte. Denn dieser Mangel an Verlässlichkeit – bei Bedarf höchstes Lob für die FPÖ, bei Bedarf Ablehnung – war ja auch die große Schwachstelle in der Position Klestils in dieser Zeit.

Von dieser aus verhielt sich Klestil dann in einer Art schwankend, wie sie mit seiner Eigendefinition (ein »geradliniger Bundespräsident«) überhaupt nicht mehr in Einklang zu bringen war: Er ließ die beiden widerwillig akzeptierten Politiker Wolfgang Schüssel und Jörg Haider zu sich kommen, ließ sie die so genannte »Präambel« unterschreiben, die er zur Bedingung für die Überwindung seiner inneren Ablehnung gestellt hatte und von der danach nie mehr die Rede sein sollte; er ließ sie von Jörg Haider für eine Bundesregierung unterschreiben, der dieser gar nicht angehören sollte.

Wolfgang Schüssels begründete und logische Erwartung, er werde von Klestil in den nächsten Stunden mit der Bildung einer Regierung beauftragt werden, wurde enttäuscht. Die Präsidentschaftskanzlei bedeutete ihm, das Staatsoberhaupt müsse noch weitere Papiere prüfen. Wartenlassen ist zu allen Zeiten ein Ausdruck von Macht – und schlechten Manieren. Das Verhältnis von Bundespräsident und Bundeskanzler war danach nachhaltig und jenseits jeder Wahrung von Stil und Anstand gestört.

In Wien, dieser Stadt, in der ein moderner Begriff wie »urban legend«, also »Gerücht«, schon vor Jahrhunderten mit Leben erfüllt wurde – in Wien also wird eine Geschichte seither vielfach nacherzählt, die Thomas Klestil offenbar nicht ohne Stolz und Genugtuung dem Vernehmen nach immer wieder unter die Leute brachte: Bei einem zufälligen Zusammentreffen des Bundeskanzlers Wolfgang Schüssel mit seiner Frau Margot Klestil-Löffler soll sich dieser nach den wahren Hintergründen der abgrundtiefen Abneigung des Bundespräsidenten erkundigt haben. Von Margot Klestil-Löffler wird die Frage überliefert: »Wollen Sie die Antwort einer Diplomatin oder einer Waldviertler Bauerstochter?« Worauf Schüssel sich für die zweite Variante entschieden haben soll, aber wahrscheinlich mit der Antwort »Weil Sie ein Rotzbub sind« nicht gerechnet hat.

In diesen »Wende«-Tagen war aber das Verhalten einiger Sozialdemokraten um nichts besser. Als man damals einen Spitzenbeamten aus dem Lager der SPÖ mit der Ansicht konfrontierte, es wäre doch an der Zeit, dass sozialdemokratische Politiker bei aller Wut über den Machtverlust langsam wieder zu einer gewissen Haltung, zur Beachtung eines gewissen Anstands, wenn schon nicht zur Würde, zurückfinden, blickte der Mann so verständnislos, als hätte man ihn in einer Sprache angesprochen, derer er nicht mächtig ist. Ganz offensichtlich begriff er überhaupt nicht, wie man in einer solchen Situation von Anstand reden könne.

Wie man denn einem Finanzminister Rudolf Edlinger oder einer Sozialministerin Eleonore Hostasch zumuten wolle, ihre Amtsgeschäfte unter Wahrung aller Form direkt an Nachfolger aus der FPÖ zu übergeben? Wie man denn auf den abstrusen Gedanken komme, eine Verbindung von Politik und Benehmen herzustellen.

Zwischen der Missachtung der Form und der Formen und der demokratischen Substanz eines Gemeinwesens besteht aber sehr wohl ein Zusammenhang. Schlechter Stil wäre nur dann die individuelle Angelegenheit der einzelnen Sozialdemokraten gewesen, würde er nicht Prinzipielles widerspiegeln: die demonstrative Verachtung für einen demokratischen Vorgang, der 1999 zu Ungunsten der SPÖ verlaufen ist. In der Zwischenzeit hat sich bei den Sozialdemokraten doch ein gewisser Lernprozess und Gewöhnungseffekt ergeben, der doch optimistisch stimmen sollte und – wenn man so will – der »Wende« 2000 einen gewissen demokratiepolitisch positiven Aspekt abgewinnen lässt. Die damals so penetrant zur Schau gestellte Überzeugung mancher Sozialdemokraten, dass Regierungsmacht in Österreich eigentlich niemand anderem zustehe, ihre Abgabe somit also ein illegitimer Vorgang ist, ist nicht mehr so erkennbar wie vor Jahren. Auch die Uneinsichtigkeit von damals, dass doch auch eigene Fehler zu dieser Entwicklung geführt haben, hat sich indes verflüchtigt, wenn sie auch nicht bis zur Erkenntnis der selbst verschuldeten Fehlentwicklungen von 1970 bis 1999 geführt hat.

Jörg Haiders Repertoire an Stilmitteln des schlechten Benehmens zur Erreichung eines bestimmten politischen Effekts erschöpfte sich aber nie nur in der Unhöflichkeit des Zuspätkommenden. Es ist völlig unerheblich, ob ein langjähriger Politiker und erwachsener Mann schlechtes Benehmen bewusst einsetzt oder ob er in bestimmten Situationen gar nicht erst sein Verhalten als das eines spätpubertären Jungen erkennt. Es bleibt den Zeugen solchen Verhaltens freigestellt, wie sie es nun interpretieren.

Geht man nun davon aus, dass ein Politiker vom Kaliber Haiders nichts ohne Absicht und Zweck verfolgt, so lief die Szene einer Pressekonferenz im Jahr 2000 auf die gezielt eingesetzte Herabwürdigung der damaligen Vizekanzlerin Susanne Riess-Passer

hinaus: Am Tag nach dem Wahldebakel der FPÖ bei der Landtagswahl in der Steiermark bemühte sich Susanne Riess-Passer in
einem Wiener Hotel vor Journalisten um Schadensbegrenzung.
Ebenfalls am Podium: Jörg Haider und Klubobmann Peter Westenthaler. Während Riess-Passer sprach, benahmen sich die beiden Männer wie in einer langweiligen Schulstunde: Kichernd und
tuschelnd tauschten sie Zettel aus, zogen so die Aufmerksamkeit
auf sich und von der Vizekanzlerin ab. Diese erschien somit noch
hilfloser, als sie es ohnehin war, in ihrem Bemühen, den Wahlver-
lust irgendwie klein zu reden.
Danach war zu erfahren, dass Riess-Passer seither irritiert war.
Nicht zu erfahren war, warum sie ihre Ausführungen nicht einfach unterbrach und die beiden Männer der Peinlichkeit ihres
schlechten Benehmens aussetzte. Sie hätte es tun sollen: Denn was
an diesem Tag als ungebührliches Verhalten zweier erwachsener
Männer erschien, erwies sich dann durchaus als absichtsvoll symptomatisch: Es beschädigte Riess-Passer persönlich und politisch,
nahm ihr – für alle Anwesenden sichtbar – die Autorität. Wenig
später musste Riess-Passer denn auch am Landesparteitag der
FPÖ in der Steiermark eine Blamage einstecken: Alle ihre Entscheidungen und innerparteilichen Aktionen waren beiseite ge-
wischt worden.
Sie hatte sich jene Taktik des Lächerlichmachens, die Haider so
gerne bei seinen Gegnern anwendet, gefallen lassen. In dieser
Phase zählte in der FPÖ nur, was Haider sagte, und Riess-Passer
wurde ihr mangelndes politisches Gewicht täglich vor Augen geführt. Dieses gewann sie erst zwei Jahre später zurück, groteker-
weise in jenem Augenblick, als sie es zur Gänze verlor – und ihr
Rücktritt 2002 das Ende der Koalition bewirkte, die zu diesem
Zeitpunkt wegen der abtrünnigen FP-Mandatare schon keine
Mehrheit mehr im Parlament hatte.

Aber selbst ein Politiker wie Franz Vranitzky, der glaubte, der zunehmenden Aggressivität, die Jörg Haider ab 1986 in die Innenpolitik trug, ein Übermaß an Würde entgegenhalten zu müssen,
das sicher zum Teil einer bestimmten inneren Überheblichkeit,
zum anderen aber der etwas verkrampften Darstellung eines Bundeskanzlers entsprang, leistete sich einmal einen Verstoß gegen

die Regeln des guten Anstands – mit weitreichenden politischen Konsequenzen. So verwies er bei einem Presseauftritt nicht auf die Funktion seines damaligen Vizekanzlers Erhard Busek, nannte den Stellvertreter und Wissenschaftsminister nicht mit Namen, sondern bezeichnete ihn als der »Sessel neben mir«. Wenn Vranitzky nun in seinen »Politischen Erinnerungen« schreibt, dass er »die Art und Weise, wie sich die Volkspartei ihres Obmanns Busek entledigte«, und zwar im Jahr 1995, nicht »für fair« hielt, dann mag das aus heutiger Sicht sogar ehrlich gemeint sein, dem Innenverhältnis der Bundesregierung Vranitzky-Busek entsprach diese Haltung damals keinesfalls. Die Passage geht auch verständlicherweise mit keinem Wort darauf ein, dass diese Abkanzelung des Vizekanzlers natürlich innerhalb der ÖVP das lustvoll intrigante Ablöseverfahren nicht gerade gebremst hat. Hinter vorgehaltener Hand und traditionellerweise natürlich auch hinter dem Rücken des Parteiobmanns schwärmten VP-Funktionäre aus, um die Kunde zu verbreiten, Erhard Busek werde Franz Vranitzky nicht gewachsen sein – und eine Wende weg von der SPÖ hin zur FPÖ, wie sie Wolfgang Schüssel vier Jahre später vollzogen hat, wäre mit Busek aus prinzipiellen Gründen nicht zu machen.

Allerdings dürfte, was die politischen Konsequenzen von gutem oder schlechtem Stil anlangt, Vranitzky der Wahrheit näher gekommen sein, wenn er in seinem Buch ungenannte Vertreter der ÖVP zitiert, die ihm damals – im Frühjahr des neuerlichen Obmann-Massakers in der ÖVP, übrigens des dritten in neun Jahren – in seiner Meinung, der Ablösevorgang verlaufe nicht fair, Recht gegeben, aber darauf verwiesen hätten, Busek habe lediglich jene Portion Unfairness zurückerhalten, mit der er selber Jahre hindurch andere bedacht habe.

Ob diese VP-interne »Entschuldigung« den wahren Abläufen entsprach oder nicht, sei dahingestellt. Wahr ist jedoch sicherlich, dass Erhard Busek in seinem Benehmen anderen Funktionären und auch Journalisten gegenüber in seiner Zeit als Vizekanzler extrem brüskierend sein konnte; in einem Ausmaß übrigens, das kein anderes Urteil als mangelhafte Manieren zuließ; und dass dies später die Lust all jener in der ÖVP erhöht hat, sich der Obmann-Jagd anzuschließen, die von ihm das eine oder andere Mal gedemütigt worden sind. Hatte Vranitzky in dieser Zeit eine formale Überheblichkeit, so brach bei Erhard Busek die intellektuelle voll durch, obwohl er deren Auswirkung schon Jahre zuvor als Wiener VP-Chef leidvoll erfahren hat. Damals wurde sein Verbleib an der Spitze der Wiener ÖVP, die er zu nie dagewesenen Wähler-Anteilen in der Bundeshauptstadt geführt hat und die heute auf weniger als die Hälfte der damaligen Stimmenanteile geschrumpft ist, mit derart inferioren Mitteln verhindert und mit einem derart katastrophalen Ergebnis, dass es doch verwundern musste, wie wenig nachhaltig die Verletzungen von damals bei Busek nachwirkten. Vielleicht ist dies als ultimativer Beweis der Überheblichkeitssünde zu werten: Seine Nachfolger in Wien haben sich allesamt – und dies ist nicht in Polemik, sondern in Fakten begründet – als derart minderqualifiziert und politisch untalentiert erwiesen, dass er glaubte, für sich aus den Obmann-Schlachten des Jahres 1989 keine Lehren ziehen zu müssen.

Im Umgang der Politiker miteinander haben oft so genannte Kleinigkeiten die größte Wirkung. Eines von Buseks fatalen Versäumnissen war es, nicht auf den Rat mancher Mitarbeiter gehört zu haben, dass sich zum Beispiel das Aktenstudium partout nicht mit einer gleichzeitigen zivilisierten Gesprächsführung vereinbaren lässt; es auf das Gegenüber – ob Parteifreund, Untergebener, Journalist oder Verhandlungspartner einer anderen Partei – abwertend und daher demütigend wirkt, wenn der Vizekanzler und Minister gleichzeitig völlig gesprächs- und themenfremde Unterlagen liest, abzeichnet, ordnet. Weder fühlt sich das Gegenüber ausreichend ernst genommen, noch lässt es sich verhindern, dass bei anderer Gelegenheit die Unlustgefühle, die bei einer derartigen »Behandlung« entstehen, reaktiviert werden. Offene Rechnungen, und seien sie noch so niedrig, spielen in der Politik immer eine den Anlässen gar nicht adäquate Rolle; das heißt, sie werden hervorgeholt und als Argument verwendet, weil es sich wie in dem Fall des Unlustgefühls um emotionelle Reaktionen handelt, die vor allem auch bei Männern – und die Politik ist in Österreich weiterhin eine männliche Domäne – oft jede rationale Überlegung in den Hintergrund drängt. Man muss nicht viel Fantasie haben, um sich die Legionen von mittleren und kleineren VP-Funktionären vorzustellen, die im Laufe des langen Politikerlebens Erhard Buseks von diesem in der einen oder anderen Weise brüskiert worden sind. Busek, darauf angesprochen, verwendete als Ausrede immer und immer wieder seinen »Mangel an Zeit« und die Tatsache, dass er ohnehin auch bei der Sache, also dem Gespräch, und durchaus in der Lage sei, diesen zwei Dingen, dem Gespräch und den Unterlagen, gleichzeitig gerecht zu werden. Nie war er bereit, sich über die Wirkung und Auswirkung dieses als verächtlich empfundenen Umgangs mit dem Anderen auch nur Gedanken zu machen. Er fühlte sich in der Sache im Recht und blieb den Konsequenzen gegenüber gleichgültig – bis sie ihn im Frühjahr 1995 voll trafen. Doch da war es zu spät.

Es war in diesen Jahren aber auch ein Verlust an öffentlichem Stil aus mangelnder Klugheit zu registrieren. Noch gut in Erinnerung ist die Pressekonferenz des damaligen Bundeskanzlers Fred Sinowatz im Presseclub Concordia im Frühjahr 1986 zu Beginn des Wahlkampfes um die Bundespräsidentschaft und zu Beginn der Kampagne der SPÖ gegen den Kandidaten der ÖVP, Kurt Waldheim. Sinowatz hatte zur Enthüllung der »braunen« Vergangenheit des VP-Kandidaten geladen, das Dementi des VP-Kandidaten, er sei in der Zeit der nationalsozialistischen Herrschaft nie bei der SA (Sturmabteilung) gewesen, quittierte Sinowatz mit einem legendären süffisanten: »Ich nehme zur Kenntnis, Waldheim war nie bei der SA, nur sein Pferd.« Diese Qualifizierung des früheren UN-Generalsekretärs Waldheim bereitete eine der aggressivsten Phasen der jüngeren politischen Geschichte Österreichs auf – eingeleitet allerdings von dem schallenden Gelächter der anwesenden Journalisten.

Stilverlust mit weitreichenden Konsequenzen kann aber auch durch Politiker eingeleitet werden, die im Normalfall nicht in Gefahr sind, einen solchen willentlich herbeizuführen, unter Stress und Überbelastung aber dazu neigen. Passiert ist dies zum Beispiel dem ehemaligen Finanzminister der SPÖ, Rudolf Edlinger, zwei Mal in den letzten Jahren; einmal während der nervenaufreibenden (angeblichen) Regierungsverhandlungen der SPÖ unter Viktor Klima 1999/2000 und danach nochmals als Oppositionspolitiker im April 2002 im Parlament, wobei die erste Entgleisung schwerwiegendere Folgen hatte als die zweite. Man kann nicht behaupten, dass Edlingers berühmt gewordener Satz, eher würde er seinem Hund die Wurst anvertrauen als der ÖVP die Staatsfinanzen, eine Fortsetzung der Koalition zwischen SPÖ und ÖVP im Jänner 2000 verhindert hätte, aber sie hat doch die abgrundtiefe Kluft zwischen jenen zwei Parteien aufgezeigt, die zuvor 14 Jahre lang gemeinsam regiert haben. Der Satz war in den frühen Morgenstunden des 21. Jänner 2000 in der kalten Nacht vor der SP-Zentrale in der Wiener Löwelstraße, sofern die Erinnerung korrekt ist, gefallen. Nach einer um Mitternacht einberufenen Sitzung des SP-Vorstandes, der das Ende der Verhandlungen mit der ÖVP beschloss, nachdem zuvor Wolfgang Schüssel in einem TV-Interview mit der Forderung nach der Ablöse Rudolf Edlingers als Finanzminister die Daumenschrauben für die SPÖ weiter angezogen hatte. So verständlich vielleicht die Erregung eines übermüdeten, ausgebrannten und aufgewühlten Politikers war, so herabwürdigend war der Vergleich mit dem Hund.

Der zweite Vorfall passierte im April 2002 im Parlament, als man Edlinger nicht mehr besondere emotionelle Aufgewühltheit und physische Überlastung zugestehen konnte. Nach einer Rede der freiheitlichen Justizsprecherin Helene Partik-Pablé entfuhr ihm ein »Sieg heil«, auf das die beiden Klubobmänner der Regierungsparteien, Andreas Khol und Peter Westenthaler, blitzartig mit gebührender Empörung reagierten, gekonnt und völlig legitim die Situation ausnützten, um sich moralisch über den mangelnden Stil der SPÖ zu alterieren. Es gab wenige Politiker an diesem und den folgenden Tagen, als serienweise Rücktrittsaufforderungen an Edlinger herangetragen wurden und dieser selbst sich zum ausdrücklichen Bedauern gezwungen sah, die Edlinger vor den Angriffen in Schutz nahmen und diese in Stil und Intensität für eine Ungerechtigkeit hielten.

# Vom willigen Bürger

Fürst Karl Schwarzenberg, dieser politisch und gesellschaftlich umtriebige Schweizer mit der österreichischen Seele und der tschechischen Sehnsucht, hat jüngst beklagt, dass den Österreichern der »Mut zur Größe« fehle, zur souveränen Gelassenheit. Aus diesem Defizit nährt sich die Sucht, stets mehr scheinen zu wollen, als man ist. Das ist es nicht. Vielen Österreichern, vor allem in der Bundeshauptstadt, fehlt einfach der Mut zu sich selbst. Und aus diesem Defizit entsteht jenes gespaltene Verhalten den von ihnen selbst gewählten politischen Verantwortungsträgern gegenüber, das den Mangel an Haltung, an Geradlinigkeit und letztlich an Anständigkeit in der Politik über die Jahre sanktionsfrei gestellt hat.

Es ist, als ob sich die Mehrheit der Bevölkerung im Großen und Ganzen seit der Ära Bruno Kreiskys nicht wirklich entscheiden kann, woraus sie den höheren Wert für sich selbst in ihrer Beziehung zu den politisch Tätigen wirklich bezieht: aus Unterwürfigkeit oder aus Verachtung. Daher praktiziert sie beides und tröstet sich damit, dass aus der Unterwürfigkeit der materielle, aus der gleichzeitigen Verachtung der emotionelle Wert zu gewinnen ist.

In den 80er-Jahren war das Restaurant Grotta Azzura in Wien, was Do & Co in den 90er-Jahren für die politischen »In«-Funktionäre wurde. Dort war seinerzeit mitunter Personal zu beobachten, das genau jenes Quäntchen Höflichkeit zu viel an den Tag legte, das die Grenze zwischen »ausreichend« und »übertrieben« verwischte. Dort war die unangemessene Tiefe der jeweiligen Kotaus in Gegenwart eines bestimmten Politikers ebenso zu beobachten, wie – mit Glück – am Weg zur Küche von dem eben Gekrümmten ein herzhaft ungnädiger Seufzer »Jetzt ist der schon wieder da« zu überhören war. Derartige Szenen sind immer erstaunlich, aber nicht weiter verwunderlich.

Gleichgültig vor welchem Forum man über Österreichs Politik

spricht – ob vor Kindergärtnerinnen, Jungbauern oder Senioren –, die Reaktion auf die Aufforderung, sich doch endlich in die eigenen Angelegenheiten einzumischen, doch endlich die Fraktionen jener Partei im Parlament, die man entweder gewählt hat oder der man sich verbunden fühlt, mit Briefen und Reaktionen zu überschütten – was im Zeitalter der modernen Technologie doch kein Aufwand sein könnte –, diese Reaktionen sind geografisch, demografisch und soziologisch konstant: Überwiegendes Staunen über die aufgezeigten konkreten Möglichkeiten, nachhaltige Ab- und Auflehnung mit der immer gleichen Einschätzung, das habe doch alles keinen Sinn.

In Österreich ist oft die Rede und die Schreibe von der mangelnden Zivilcourage den Mächtigen gegenüber, aber merkwürdigerweise bezieht diese Kritik die Bürger/Wähler nur selten mit ein. Merkwürdig deshalb, weil viele der negativen Erscheinungen im politischen Geschehen seit 1970 gar nicht so sehr aus fehlendem »Mut, die eigene Überzeugung zu vertreten und sich dafür einzusetzen« oder dem fehlenden »Mut, seine Meinung offen zu äußern und sie ohne Rücksicht auf eventuelle Folgen in der Öffentlichkeit zu vertreten« resultieren. Was die Beziehung Bevölkerung – Politiker betrifft, so ist die Tatsache, dass viele Menschen gar nicht auf die Idee kommen, ihre Meinung offen zu äußern oder ihren Überzeugungen zum Durchbruch zu verhelfen, die bemerkenswerteste. An etwas, dessen man sich als Verhaltens-Möglichkeit gar nicht bewusst ist, kann man auch keinen Mangel leiden. Darin liegt das Übel: Dass nicht nur Politiker um des Wahlsieges oder Machterhalts willen die Österreicher belügen, sondern diese wiederum den Politikern gegenüber unaufrichtig sind, obwohl sie sich von ihnen vertreten lassen wollen und von ihnen die Gestaltung ihrer Angelegenheiten erwarten. Die »Lüge« ist als generelle Kritik der Wähler an den Politikern sehr populär geworden, wobei aber der zweite Teil der Gleichung negiert wird.

So gesehen lassen sich ohne Mühe zwei Politiker der letzten Jahrzehnte verbinden, die nicht viel mehr miteinander gemeinsam haben als das jugendliche Alter, in dem sie das Finanzministerium übernommen haben; oder die Tatsache, lange Zeit zu den populärsten Politikern gezählt und ein ganz bestimmtes Verhalten an den Tag gelegt zu haben: Hannes Androsch (SP) und Karl-Heinz Grasser (vormals FPÖ).

Die Hybris, jener frevelhafte Stolz den Gesetzen gegenüber – und bei den Griechen noch dazu den Göttern gegenüber, was zu erwähnen aber im Zusammenhang mit einem damals noch sozialistischen Minister lächerlich wäre – war bei Hannes Androsch sicherlich nicht nur im politischen Erfolg der SPÖ, in der Popularität Bruno Kreiskys und seiner eigenen begründet. Zu diesem frevelhaften Stolz muss Hannes Androsch auch von seiner Umgebung und seinen Wählern verleitet und verführt worden sein. Ein junger Mann, Anfang 30, der sich plötzlich nur mit Bewunderern konfrontiert sieht, dem signalisiert wird, er verkörpere erstens den lang ersehnten Aufstieg der Sozialisten in gesellschaftliche und materielle Höhen und zweitens die neue Leichtigkeit des österreichischen Seins nach den dumpfen Jahren der großen Koalition und den bemühten der VP-Alleinregierung, ein solcher junger Mensch müsste schon mit außergewöhnlicher Festigkeit und Charakterstärke ausgestattet sein, um das Falsche in den Reaktionen seiner Umgebung und der »Menschen draußen«, wie Bruno Kreisky die Wähler zu nennen pflegte, richtig einschätzen zu können und das Übermaß an Unterwürfigkeit nicht auf sich, sondern sein Amt zu beziehen. Nun mag man einwenden, dass jeder Betroffene ja die Wahl habe, der Hybris zu widerstehen und die ethischen Grundsätze des Politischen nicht zu verletzten; dass Androsch dies nicht getan hat, bleibt sein moralisches Versagen; dass er dazu aber auch nicht veranlasst wurde, bleibt das Versagen aller anderen. Wem signalisiert wird, er könne sich alles leisten, der leistet sich in der Politik auch alles. Im Fall Hannes Androschs die in ganz Europa – damals wenigstens noch – unvorstellbare Unvereinbarkeit von Finanzministerium und Teilhaber einer Steuerberatungskanzlei (Consultatio), die undurchsichtige Finanzierung einer Villa und die Unsensibilität eines zu Vermögen gekommenen Sozialisten.

Karl-Heinz Grasser wurde seit dem Jahr 2000 zum Parallelfall und mit Sicherheit aus denselben Gründen. Allein, für Grassers Entzauberung waren nur mehr drei Jahre nötig, für Androschs war die dreifache Zeit erforderlich. Der Grund dafür dürfte nicht nur darin liegen, dass sich die Halbwertszeit für Politiker generell in den letzten Jahren rasant verkürzt hat, sondern auch in der Differenz an Finesse und an intellektueller Kapazität: Androsch benötigte ein Firmengeflecht und zahlreiche Gönner in den SP-nahen Wirtschaftsbereichen, Karl-Heinz Grasser eine Anstecknadel (KHG) und eine peinliche Homepage. Seine Gönner im nicht-sozialdemokratischen Wirtschaftsbereich sind dabei eine geradezu vernachlässigbare Größe. Grassers Hybris haftete an seinem Revers, für alle sichtbar. Der Mechanismus aber war mit Sicherheit der gleiche wie bei Androsch: Mangel an Festigkeit aufgrund des jugendlichen Alters, das in keiner Weise dem Tempo des Aufstiegs gewachsen war; so wie das Fehlen eines der Position und der Verantwortung entsprechenden Korrektivs. Wer wie ein Pop-Star behandelt wird, der sieht sich denn auch als solcher – erst recht, wenn ihm aus politischen Überlegungen ein in solchen Fällen meist lehrreicher Karriereknick vorerst und zur eigenen Überraschung wahrscheinlich erspart blieb.

Nähme man aber die Beamten des Hauses – eines so durch und durch »roten«, wie es beim Einzug Hannes Androschs ein »schwarzes« war – in die Pflicht (auf die Rolle der Medien wird an anderer Stelle eingegangen) und würde man die Teilnehmer an Grassers berühmten Road Shows auffordern, ihre wahre Meinung in dem einen oder anderen Punkt auch nur anzusprechen, würde man mit einem Schwall an Erklärungen und Ausreden konfrontiert sein.

Mit diesen beiden Fällen soll kein Plädoyer verbunden sein, überhebliches oder gar unethisches Verhalten von Politikern in Österreich zu akzeptieren oder sie aufgrund ihres Alters freizusprechen; es soll nur eine Erklärung des Anteils, den die Bürger daran haben, versucht werden.

Analysiert man die Wahlentscheidungen der Österreicher seit den 70er-Jahren, so wird man rasch bemerken, dass eigentlich nie falsche politische Weichenstellungen und deren Auswirkungen auf die Bevölkerung, nie Fehlentwicklungen im demokratischen Gefüge, nie ethische oder moralische Verstöße bestraft oder mit dem Stimmzettel sanktioniert, wirkliche Leistungen auch kaum honoriert wurden, sondern immer das abgestraft wurde, was eine breite Bevölkerung als »Schwäche« an Personen oder Parteien wahrgenommen hat.

So spielte bei der Wahlentscheidung 1979 die bereits von den meisten Medien und nicht SP-nahen Experten als falsch erkannte Wirtschafts- weil Schuldenpolitik Bruno Kreiskys keine Rolle, auch nicht die Tatsache, dass er aus – auch noch offen zugegebenen – rein wahltaktischen Gründen Milliarden Schilling an Investition in das Atomkraftwerk Zwentendorf durch die Volksabstimmung in den Sand gesetzt hat, auch wenn sich Jahrzehnte später dies nun vielleicht als politischer Glücksfall herausstellen sollte. Kreisky bekam von den Österreichern neuerlich seine absolute Mehrheit – trotz bereits bekannter Katastrophen in einigen Politikfeldern wie der Spitalsfinanzierung, die nun ein viertel Jahrhundert später wieder dort angekommen ist, wo sie unter Primaria Ingrid Leodolter bereits war, nämlich im Stadium der Unfinanzierbarkeit; und trotz der aufbrechenden Skandale.

Vier Jahre später verlor er sie, so kann man ohne besonderes Risiko im Lichte der weiteren Entwicklung behaupten, nicht, weil sich seine Politik in der damaligen verstaatlichten Industrie als Desaster herausgestellt hat und wahrscheinlich auch nur zu einem geringen Teil wegen seines berühmten Mallorca-Pakets, in dem er kurz vor dem Urnengang jede Menge Belastungen für die Bevölkerung verpackt hatte, sondern weil er alt und von Krankheit gezeichnet und daher in den Augen seiner berühmten »Menschen draußen« eben schwach war.

1986 blieb die SPÖ dann auch stärkste Partei, obwohl es mit Noricum-, Lucona-, Intertrading-Skandal, den Turbulenzen um den Wein-Skandal und dem – wie sich später herausstellen sollte – verwerflichen Verhalten der SPÖ mit Fred Sinowatz an der Spitze im verzweifelten Bemühen, einen Bundespräsidenten Kurt Waldheim zu verhindern, ausreichend sachliche Gründe gegeben hätte, sie nach 16 Regierungsjahren auf die Oppositionsbänke zu verbannen, wie es einem gefestigten demokratischen Ablauf und dem wünschenswerten Wechsel von Regierung und Opposition entsprochen hätte. Die Wählerschaft war ganz offenkundig dazu nicht bereit, weil sie den neuen Bundeskanzler Franz Vranitzky als »stark« im Vergleich zu dem sich schwach gebenden und schwach handelnden Fred Sinowatz wahrnahm.

Dieses Muster lässt sich auch bei den Wahlen 1990, 1994, 1995 und 1999 feststellen, selbst wenn man, um der durchgängigen Analyse willen, komplizierte Faktoren beiseite lässt, zu denen sicherlich die unruhigen Zeiten durch den Fall des Eisernen Vorhangs, des Bürgerkriegs im ehemaligen Jugoslawien und den politischen Profit, den Jörg Haider und die FPÖ aus diesen Umbrüchen ziehen konnten, zählen.

Die Niederlage der ÖVP 1990 lässt sich sicher zu einem guten Teil auf die öffentliche Wahrnehmung ihre Obmanns Josef Riegler, dem immer Leidenden, in all seiner Redlichkeit Schwachen, und nicht etwa auf das damals vorherrschende Konzept der ÖVP der »öko-sozialen Marktwirtschaft« zurückführen. Nach 1990 aber hat sich bereits die »Stärke« Jörg Haiders oder das, was viele auch in den beiden anderen Parteien als solche begriffen, bereits derart gefestigt, dass sie in den nächsten Urnengängen voll zu wirken begann. Desgleichen profitierte 2002 Wolfgang Schüssel von den Nachwirkungen seines Coups 2000, als Vertreter der drittstärksten Partei die Kanzlerschaft erobert zu haben, sowie von seiner Entschlossenheit, diese Nachwirkungen durch die Wähler in abrupten Wahlen bestätigen zu lassen.

Hier ist nicht die Rede von den Details, die zu dieser Entwicklung geführt haben, sehr wohl aber davon, dass unter dem Eindruck der Stärke nie die Erkenntnis auftauchte und schon gar nicht verbreitet wurde, dass es im Herbst 2002 gar keine andere Möglichkeit gegeben hat, weil unter normalen demokratischen Bedingungen die blau-schwarze Regierung des Jahres 2000 eben ohne parlamentarische Mehrheit und bei der nächsten kontroversiellen Abstimmung zu stürzen war; dass in diesem Wahlkampf 2002 eine sachliche Bilanz der eigentlichen Regierungtätigkeit weder möglich noch von der ÖVP erwünscht, im Gegenteil von ihr sogar tunlichst zu vermeiden war, von der Wählerschaft aber auch nie eingefordert wurde.

Das entscheidende Faktum ist also – eng mit dem Aufstieg der FPÖ von 1990 bis 1999 verknüpft, aber nicht ausschließlich auf diesen bezogen –, dass die Attraktion der Stärke für viele österreichische Wähler jede andere Überlegung überdeckt, jedenfalls aber die kritische Beurteilung des politischen Geschehens und Verhaltens nahezu ausschaltet.

So wurde die FPÖ in all den Jahren ihrer Wahlerfolge und des Zugewinns an Stimmen offenbar nie danach beurteilt, ob sie in Worten und Taten die Grundzüge anständigen Verhaltens beachtete oder einhielt, im Gegenteil abrupte Änderungen in Linie und Personal wurden als »aufregend« und als Zeichen der Stärke gesehen, unter deren Schutz sich viele heimlich in der Wahlzelle stellten, nachdem sie es in den Jahren zwischen den Urnengängen verabsäumt haben, ihre Frustration über die politische Entwicklung aktiv zu artikulieren.

Es drängt sich der Verdacht auf, dass sich hier ein Hang zu tatsächlicher oder vermeintlicher Stärke demokratiepolitisch fatal mit der klammheimlichen Freude, unerkannt zu protestieren, vermischt. Betonung auf unerkannt.

Es war in all den Jahren mit Blick auf die Wählerschaft immer unerklärlich, warum die wirkungsvollste Methode der FPÖ, zu Schlagzeilen und schließlich zu Erfolg zu gelangen, so wenige Bürger offenbar nachdenklich gemacht hat. Die Methode war leicht erkenn- und durchschaubar: Einzelne Personen wurden angegriffen, vorgeführt, wie es heute heißt, oder einfach eingeschüchtert. Und das alles mit einer Menschenverachtung, die doch allmählich jedem auch nur halbwegs Interessierten zeigen hätte können: Es könnte auch mich treffen, zumal diese Methode nicht nur auf parteiinterne Unliebsame oder externe Kritiker angewandt wurde, sondern auch auf ganz »normale«, parteiferne Bürger, wenn damit ein politischer Zweck zu erreichen war. Für dramatische Beispiele war Jörg Haider in dieser Zeit in fast jeder Pressestunde des ORF gut. Zwei davon: Einmal traf es einen völlig unbekannten Lehrer in Oberösterreich, der von Haider als Alkoholiker identifiziert wurde, um seinen Kampf gegen die sicher vorherrschende Parteibuchwirtschaft auf der individuellen Ebene zu führen. Der Mann konnte sich nicht wehren. Ein andermal traf es den Schwiegervater des Journalisten Wolfgang Fellner, den Haider, um die eventuelle Kritik Fellners gleich vorweg zu neutralisieren, als Sozialschmarotzer darstellte. Er verfehlte seine Wirkung nicht. Fellner war die nächsten Minuten nahezu sprachlos.

Die Methode wurde jedoch auch intern angewandt, und zwar ohne jede Skrupel. So wurde zum Beispiel der frühere Vorsitzende der Freien Gewerkschaft Österreichs (FGÖ), Josef Kleindienst, als Freiheitlicher von Jörg Haider einfach als nicht existent erklärt. Nachdem Kleindienst den so genannten »Spitzel«-Skandal (unerlaubter Zugriff auf Polizeidaten zu politischen Zwecken) mit seinen Aussagen transparent machen wollte, wollte Haider nie etwas mit ihm zu tun gehabt haben, was an sich schon ein Angriff auf die Intelligenz jedes denkenden Bürgers hätte sein müssen, weil Haider die Gründung einer eigenen Gewerkschaft als seine Großtat im Kampf gegen die Sozialpartnerschaft propagiert hatte. Peter Westenthaler bezeichnete den Mann überhaupt als irgendeinen »Dahergelaufenen«. Ende der 90er-Jahre war das Trio noch in trauter Dreisamkeit lachend auf Fotos erschienen.

Noch härter traf es die vor einigen Monaten aus ihrer Funktion als FP-Generalsekretärin wieder ausgeschiedene ehemalige steirische Landesrätin Magda Bleckmann, die nach ihrer persönlichen Tragödie, mit einem als Bankräuber schließlich erschossenen Mann verheiratet gewesen zu sein, von der Partei massiv mit Verdächtigungen und Andeutungen über ihre psychische Verfassung unter Druck gesetzt wurde. Es gehört zu den unerklärlichen Verhaltensweisen, dass Bleckmann sich wieder in eine hohe Parteifunktion holen ließ, es sei denn, sie hat sich von Herbert Scheibner et al. coachen lassen, wie man derartige Dinge um »der Sache« willen einfach wegstecken kann. Oder von Finanzminister Karl-Heinz Grasser, der sich nach einem Zwist mit Jörg Haider nicht nur den Vorwurf der »Käuflichkeit« durch die SPÖ wegen Frank Stronach (Westenthaler), sondern auch jenen der »Niederträchtigkeit« (Haider) gefallen lassen musste und diesen offenbar so problemlos verkraftet hat, dass er zwei Jahre danach als Star des FP-Teams in die Koalition mit der ÖVP einziehen konnte.

Im Oktober 2000 wunderte sich Andrea Frei in einem Leserbrief an »Die Presse«, warum »die österreichische Zivilgesellschaft nicht erkennt, dass sich demokratische Haltung in erster Linie daran zeigt, wie eine Partei mit ihren Kritikern umgeht, sowohl innerhalb als auch außerhalb der eigenen Reihen. Die Selbststilisierung der FPÖ als letzter Hort der Anständigen konnte nur dadurch funktionieren, dass sie ständig und unglaublich flexibel neu bestimmte, für wen die Rechtfertigungsmaschine und für wen die Diskreditierungsmaschine eingesetzt wird.«

Man kann sich der Frage der Leserbriefschreiberin anschließen und sie umformulieren: Warum also erkennt die österreichische Zivilgesellschaft nicht oder nicht ausreichend, dass sich die demokratische Haltung eines Landes in erster Linie im Umgang mit seinen Kritikern zeigt? Weil sich, so wäre zu behaupten, in Österreich bei vielen Bürgern – im Osten aus historischen Gründen mehr als im Westen des Landes – eine Tradition des Kritik-Transfers herausgebildet hat. Damit ist gemeint, dass sich viele eher der Parole »Wo lassen kritisieren? Wo protestieren?« verschrieben haben als der für eine solche Aktivität notwendigen Haltung. Die gesamten 90er-Jahre scheinen diese These zu untermauern: Je unzufriedener die Bevölkerung mit der Stagnation der großen Koalition aus SPÖ und ÖVP ob deren Unfähigkeit, auf die durch den Umbruch in Europa (vom Bürgerkrieg in Jugoslawien angefangen bis zum Durchbruch des Eisernen Vorhangs) neu entstandenen Probleme entsprechend zu reagieren; die theoretisch als notwendig erkannten Reformen in Wirtschafts- und Sozialpolitik und auch im politischen Verhalten als solches in Angriff zu nehmen, geschweige denn durchzuziehen – je ungeduldiger die Bevölkerung also wurde, desto größer wurde der Zustrom zu Jörg Haider und den Freiheitlichen in den Wahlzellen. Dort ließ sich unerkannt und völlig ungeniert gegen die Zustände protestieren, ohne dass man dafür am Tag danach in irgendeiner Weise persönlich geradezustehen hatte. Im Gegenteil, man konnte danach sogar öffentlich das Gegenteil von dem behaupten, was man getan hatte, was bei nicht wenigen Politikern dieser Jahre zu gehöriger Fassungslosigkeit führte, weil sie sich die Verluste ihrer jeweiligen Parteien bei den vorangegangenen Wahlen nur schwer erklären konnten, wurden sie doch nur von Leuten angesprochen, »die sie ohnehin gewählt haben«.

Am brutalsten musste dieses Verhalten wohl die frühere Obfrau des Liberalen Forums, Heide Schmidt, nach dem Rauswurf des LIF aus dem Parlament bei der Wahl am 3. Oktober 1999 erfahren.

Nach der letzten Landtagswahl in Kärnten, die der FPÖ und Jörg Haider völlig unerwartet erkennbare Stimmenverluste ersparte, war das umgekehrte Phänomen zu beobachten: Am Tag danach wollte kaum jemand Haider gewählt haben und es ließ sich nicht mehr erklären, woher denn der hohe Anteil an Wählerstimmen von über 42 Prozent eigentlich kommen konnte.

Der Zusammenhang mit der Kritikunfähigkeit vieler Österreicher ergibt sich so: Wer es sich zur Gewohnheit gemacht hat, vornehmlich »in Deckung« seine Kritik kundzutun, der schätzt es nicht, wenn von ihm verlangt wird, diese Deckung aufzugeben. Daher ist man in Österreich – siehe Thomas Bernhard, siehe Claus Peymann, siehe Elfriede Jelinek, siehe auch die unglücklichen Sanktionen der EU-14 nach der »Wende«, die sich ja in so vielen Bereichen seither nicht als solche herausstellen sollte – auch rascher mit Begriffen wie Nestbeschmutzer und Vaterlandsverräter zur Stelle als in anderen vergleichbaren Ländern und reagiert entsprechen aggressiv. Oft wird dabei übersehen, dass eine Kritik an den Zuständen in Österreich oder an einer bestimmten Gruppe ja auch einem verzweifelten Wohlwollen entspringen kann. Gerade weil einem das Land am Herzen liegt und man nicht einzusehen vermag, warum in einem so leicht überschaubaren Land mit vergleichsweise so geringen Problemen, in dem die Mehrheit der Bevölkerung es sich eigentlich leisten könnte, die Beseitigung von Missständen durch Missfallensäußerungen schneller zu erzwingen als anderswo – warum also in so einem Land ein Mindestmaß an politischem Anstand nicht durchsetzbar sein sollte.

Das scheint nicht bedacht zu werden, weshalb die Kritik an der Kritik mitunter seltsame Blüten treiben kann.
Als Beispiel: Bei einem, wie man in Wien sagen würde, gutbürgerlichen Abendessen ereiferte sich ein Rechtsanwalt in wenig eleganten Worten über eine an diesem Tag veröffentlichte Kritik an einem Fernsehauftritt Wolfgang Schüssels. Thema war die eben erfolgte Aufhebung eines Gesetzes durch den Verfassungsgerichtshof. Schüssel meinte dazu völlig ungerührt und unverfroren, daran könne man eben die Qualität dieser Regierung erkennen, die nicht den »Fehler« macht, einfach per Verfassungsbestimmung ein Gesetz der Überprüfung durch das Höchstgericht zu entziehen. Moderatorin Ingrid Thurnher war entweder so angetan von der Anwesenheit Schüssels im Studio oder so konzentriert auf ihre nächste Frage, dass ihr spontan eine entscheidende Kleinig-

keit entgangen ist: »Diese Regierung« käme überhaupt nicht in Versuchung, diesen Fehler zu machen, weil sie nämlich die erforderliche Zweidrittelmehrheit der Abgeordneten im Parlament gar nicht kontrolliert, über die notwendigen Stimmen der Opposition nicht verfügen kann und somit nur mit etwas über 50 Prozent Schüssels Großzügigkeit absichern kann. Der Eindruck, den der Bundeskanzler also beim Zuseher erweckte, beruhte auf völlig falschen Fakten.

Dieses klarzustellen war ein Gebot der intellektuellen Redlichkeit. Besagter Rechtsanwalt geriet jedoch ungeachtet der eleganten Umgebung einer Wiener Palaiswohnung derart in Rage, dass er zur Begrüßung meinte, wenn er die Klarstellerin schon sehe, habe er genug; wenn er Artikel von ihr lese, werde ihm schon schlecht.

Das war der Beginn eines wirklich angenehmen Abends, an dem man zuerst versuchte, den Mann zu beruhigen, und ihn dann mit den Fakten allein ließ. Nach gebührender Zeit kehrte der Rechtsanwalt zurück und wollte sich inzwischen bei einem ebenfalls anwesenden Mitglied des Verwaltungsgerichtshofs erkundigt haben. Dieser habe ihm bestätigt, dass die Kritik an den Aussagen des Bundeskanzlers auf der Faktenlage beruhe. Zu einer Entschuldigung im engeren Sinn konnte sich der Rechtsanwalt nicht durchringen. Der Vorfall aber zeigt, dass auch ein Akademiker, der wenn schon keine tiefe, so doch oberflächliche Kenntnis der rechtlichen Grundlagen und verfassungsmäßigen Gegebenheiten haben sollte, dann völlig die Contenance und die kühle Überlegung verliert, wenn er auch nur in die Nähe eines vermeintlichen »Nestbeschmutzers« kommt.

Zwei weitere Beispiele, beide betreffen FP-Politker, zeigen den geringen Stellenwert der intellektuellen Redlichkeit in der Öffentlichkeit. Irgendwann nach der Regierungsbildung 2000 äußerte Jörg Haider in einem weiteren Schlagzeilenanfall den Wunsch, als Vizekanzler in das Kabinett Schüssel I einzutreten. Susanne Riess-Passer werde ihm sicher nicht im Weg stehen, sie wisse schon, was zu tun sei. Das klang sensationell. Die Frage nach der realen Verwirklichung von Wunsch und Willen wurde überhaupt nicht gestellt. Es klang so, als wäre der Wunsch schon die Wirklichkeit. Kein Wort davon, dass ihn Regierungschef Wolfgang Schüssel erst hätte Bundespräsidenten Thomas Klestil vorschlagen müssen, dieser erst seine Zustimmung hätte geben müssen; kein Wort auch davon, dass Schüssel nicht ganz bei Sinnen hätte sein müssen, wäre er darauf eingegangen – aus internationalen wie aus persönlichen Gründen; kein Wort davon, dass Haider seinen Wunsch also nur über einen Bruch der Koalition mit der ÖVP verwirklichen hätte können.

Noch schwerer aber wog die Aussage von Riess-Passer, bei Beamtenstreiks würde der Bund die ersten drei Tage nicht bezahlen. Kein Wort davon, dass sie zuerst eine Änderung des entsprechenden Gesetzes im Parlament hätte einbringen und durchsetzen müssen; kein Wort vom parlamentarischen Fahrplan; und auch keines darüber, dass sich der Koalitionspartner ÖVP sehr schwer getan hätte, angesichts der vielen beamteten Abgeordneten die entsprechende Mehrheit sicherzustellen.

Wahrscheinlich liegt einer der Gründe dafür, dass die Öffentlichkeit mit Gleichgültigkeit und/oder Desinteresse auf derartige Verstöße gegen die Faktenlage und die Logik reagiert, in einer Kombination aus Obrigkeitsglauben und Verachtungs-Reflex.

Seit Jahren kann man in Österreich in Umfragen das Phänomen der Gleichzeitigkeit registrieren, das für zwei völlig gegensätzliche Positionen jeweils eine Mehrheit zustande bringt. So sprechen sich regelmäßig, wenn ihre Meinung dazu eingeholt wird, die Österreicher mehrheitlich für die Beibehaltung der Neutralität und gleichzeitig für eine verstärkte Teilnahme Österreichs an einer europäischen Sicherheitspolitik aus.

Das Gefangensein in den eigenen Widersprüchen ist für die Mehrheit der Österreicher allerdings keine neue Erfahrung. Schon 1991 zeigte eine Vergleichsstudie zwischen Österreich, Deutschland und der Schweiz, dass im Stolz auf ihre Heimat die Österreicher von niemandem übertroffen werden, dass sie aber mit der aktiven Gestaltung dieser Heimat wenig im Sinn hatten. Seither hat sich einiges geändert: Die Österreicher besitzen nicht mehr die meisten Parteibücher, haben nicht mehr die höchste Wahlbeteiligung, lediglich die Verachtung der Parteien und Politiker ist geblieben. Die Studie damals zeigte, dass sich die Österreicher einfach nicht zutrauen, durch eigene, individuelle Aktivitäten irgendetwas zu bewegen, geschweige denn zu ändern. Die Konsequenz, die seither aus dieser Befindlichkeit gezogen wurde, ist Wahlenthaltung, Politik-Abstinenz, Politiker-Verdrossenheit. Gerade seit 2002/03 scheint sich dies neuerlich verstärkt zu haben: Auf der politischen Bühne steht nach der Neuauflage der schwarz-blauen Regierung personell in der FPÖ und sachlich im gesamten Team – bei Gesundheits-, Pensionsreform, bei Budget- und Wirtschaftspolitik – ein Stegreiftheater auf dem immer gleichen Spielplan, geht der Hauptdarsteller Wolfgang Schüssel manchmal schweigend von links nach rechts oder wirft ein paar Stichwörter in die Truppe – und das alles vor einem zwar zunehmend unzufriedenen, aber unbeteiligten Publikum.

Das Ergebnis der Umfrage 1991 hat sich indes stärker bewahrheitet, als man annehmen konnte oder es dem Land gut täte: Es wies ein großes nationales Selbstbewusstsein aus, das seit der Zeit der Sanktionen der anderen 14 EU-Mitgliedstaaten gegen das Kabinett Schüssel I und dann wieder im EU-Wahlkampf 2004 mit der unsäglichen Debatte um »Verräter«, »Vaterlandsverräter« und »Nestbeschmutzer« bedauerlicherweise immer zu einem Patriotismus-Anfall pervertiert – und gleichzeitig aber ein sehr geringes politisches Selbstvertrauen. Die Kluft, die 1991 beschrieben wurde – nämlich zwischen unzufriedener Grundstimmung und erstarrtem Verharren in skeptischer Distanz zur politischen Gestaltung –, hat sich wohl kaum verringert. Auch deshalb – und weil sich in den letzten 15 Jahren eine Tradition des Missbrauchs zu parteipolitischen Zwecken herausgebildet hat – haben sich neue Formen der Bürgerbeteiligung an der Politik in Österreich nie wirklich entfaltet: Vom Ausländervolksbegehren der FPÖ Anfang der 90er-Jahre bis jüngst zum Volksbegehren der SPÖ gegen den Sozialabbau wurden die meisten dieser Begehren parteipolitisch vereinnahmt; jene Begehren, die massenmedial von der »Kronen Zeitung« begleitet und gefördert wurden, konnten dagegen vergleichsweise gut abschneiden; solche ohne diesen Flankenschutz, solche also, bei denen es rein auf das Engagement der Bürger ohne Parteien- und Medienunterstützung angekommen wäre, fielen enttäuschend aus.

Politik wurde und wird zunehmend als abstrakt, komplex und immer mehr – aufgrund des Anschauungsunterrichts der FPÖ – als konfus empfunden. Das geht der Bevölkerung anderer Staaten nicht anders, das spezifisch Österreichische daran ist nur die hartnäckige Weigerung, sich in die eigenen Angelegenheiten einzumischen, wobei die Regierungen seit 1986 zuerst durch Erstarrung und innere Blockade, nunmehr durch die Unprofessionalität der in kurzen Abständen wechselnden FP-Teams und die Unberechenbarkeit der inneren Verfasstheit der FPÖ die willkommene Ausrede dazu beisteuerten. Die Behauptung, dass davon wiederum die Politiker profitieren, wird nur schwer zu widerlegen sein. Denn die Politik leistet sich selbst jeden nur erdenklichen Widerspruch, weil er nicht geahndet wird – von einer Wählerschaft, die zuerst ihre eigenen Widersprüche überwinden müsste. Diese Arbeit an sich selbst kann den österreichischen Wählern niemand abnehmen.

Was bringt normale, wahrscheinlich politisch gar nicht besonders gebundene Bürger dazu, so zu reagieren? Die These bleibt aufrecht: Es liegt mit einer an Sicherheit grenzenden Wahrscheinlichkeit an einer inhärenten Hilflosigkeit, die das Verhältnis der Österreicher zu ihren politischen Vertretern prägt. Diese in Verbindung mit Kritikunfähigkeit und Kritikunwilligkeit führt bei der einzigen wirklichen Kontrollinstanz der Politik in einer Demokratie, bei den Wählern nämlich, hierzulande dazu, dass Verstöße gegen die theoretisch anerkannten Spielregeln, gegen die Prinzipien der Aufrichtigkeit und der Verlässlichkeit einfach nicht sanktioniert werden; was wiederum bei den politischen Akteuren jeglicher Couleur – vielleicht mit Ausnahme des Liberalen Forums und der Grünen – in den letzten Jahrzehnten bei manchen besonders den Glauben – und sei es nur unterbewusst – verstärkte, dass fast alles politisch ungestraft möglich sein müsste.

Interessant dabei ist die unterschiedliche Reaktion auf Kritik an den Zuständen in Österreich. Kommt sie von Künstlern wie Thomas Bernhard, wird sie im besten Fall »erduldet«; kommt sie schließlich von einer Nobelpreisträgerin für Literatur, von Elfriede Jelinek, beginnen die meisten Politiker sie auch noch zu begrüßen, um frühere Abfälligkeiten zu vertuschen; kommt sie aber von Journalisten, die sich seit Jahren in allen Umfragen auf dem letzten Platz der österreichischen Respektskala mit den Prostituierten abwechseln, lösen sie in der interessierten Öffentlichkeit Aggressionen aus. Kommt sie aber von jemandem, den man als Autoritätsperson, noch dazu als konservative, wahrnimmt – und sei es wegen unbestreitbarer, aber längst vergangener Verdienste um die Republik –, nimmt man weder an Form noch Inhalt Anstoß.

Gerd Bacher ist so eine Person. Der frühere ORF-Generalintendant hatte in den 70er-Jahren »Österreich als Dünnschiss« bezeichnet und am 23. März 1998 im Palais Liechtenstein, einige Jahre nach dem Ende seiner ORF-Karriere, eine neuerliche Sternstunde erlebt – diesmal als Unterstützer der Wiederkandidatur Thomas Klestils zum Bundespräsidenten. Es war, als hätte der Wortgewaltige nur auf diesen Augenblick gewartet, um wieder einmal selbstverliebt in die eigene Sprache mit seinen Wortkeulen auf Österreich eindreschen zu können; jedenfalls auf jenes Österreich, das nicht im Lager Thomas Klestils stand: »Noch nie wurde die Wahl zum Bundespräsidenten zu einem derartigen PR-Klamauk zwischen Schamlosigkeit, Ahnungslosigkeit und Anmaßung missbraucht«, meinte Bacher. »Wer gedacht hat, dass die Bundespräsidentenwahl »a gmahte Wiesn« werden würde (sie wurde, Anm.), hat übersehen, in welchem Wandel die politische Landschaft und in welchem Zustand sich die Öffentlichkeit ganz allgemein befindet. Häme, Niedertracht, Respektlosigkeit kennzeichnen oft den politischen Jargon, ein exhibitionistischer Hang zur Lächerlichkeit tobt sich aus; man verkennt als Mündigkeit, was nur Würdelosigkeit ist. Zumutbar ist alles. Der Verlust öffentlicher Würde gibt den Weg frei zum Paradies schrankenloser Individualität und hemmungsloser Selbstverwirklichung. In diesem Vorwahlklima stößt man immer wieder auf gespenstische politische Anspruchslosigkeit, auf Unprofessionalität, die sich als Tugend gebärdet, als ob es in irgendeinem Beruf gut wäre, nichts davon zu verstehen. Eine Art von Sektierertum gefällt sich in Heilserweckung, dass bei dieser Gelegenheit eine neue Kraft jenseits der etablierten Apparate wirksam werden könnte. Das mag ja manchen gefallen, nur darf daran erinnert werden, wer da gewählt werden soll: der Bundespräsident, die denkbar staatlichste

Instanz unserer Verfassung und nicht eine gesellschaftspolitische Ikone.«

Dass Bacher hier einer Kandidatin (Gertraud Knoll) das demokratisch verbriefte Recht auf passive Wahl einfach abgesprochen hat, schien damals niemanden zu stören; dass er mit diesem Auftritt eine Bestätigung seines eigenen negativen Bildes von einem Land voll von »Häme und Respektlosigkeit« – unbewusst und ungewollt – lieferte, schienen weder er noch andere zu merken. Warum also glauben so viele österreichische Politiker, ihre Wähler ohne Not hinters Licht führen zu können?

Die Geschichte ist voll von Beispielen, die beweisen, dass bestimmte politische Ankündigungen, bestimmte Aussagen, Festlegungen und/oder Dementis einen größeren politischen oder wirtschaftlichen Schaden angerichtet haben, als sie Nutzen für die Öffentlichkeit gestiftet hätten.

Die Besonderheit in Österreich liegt einerseits in der Betonung auf »ohne Not«, andrerseits in der Gepflogenheit, auch Dinge in Abrede zu stellen, für die binnen kürzester Zeit der Wahrheitsbeweis angetreten werden kann. Dabei muss der Vorwurf »ohne Not« schwerer wiegen, denn in keinem Fall seit 1970 ging es Österreich um die Gefährdung der Republik, um Leben oder Tod oder um Krieg und Frieden.

Drei Beispiele, einfach willkürlich herausgegriffen, sollen das illustrieren.

Als es 1986 um die Suche nach einem Kandidaten der SPÖ für die Bundespräsidentenwahl ging, konfrontierte man den damaligen Gesundheitsminister Kurt Steyrer mit der Information, seine Kandidatur sei offenbar bereits beschlossene Sache. Die Schlagzeile des nächsten Tages lautete: »Kurt Steyrer: Bin sicher kein Kandidat«. Zwei Tage später war er sicher der Kandidat. Kurt Steyrer hatte ohne jede Not eine Lüge veröffentlichen lassen; obwohl er verschiedene Alternativen in der Reaktion gehabt hätte – von »Kein Kommentar« bis zum Verweis auf vielleicht noch ausstehende Beschlüsse in den SP-Gremien. Er hätte auch ganz simpel sagen können: Fragen Sie mich in ein paar Tagen.

Oder aus dieser Zeit die unglückselige Vorgangsweise Fred Sinowatz' in der Waldheim-Affäre, die ihn jahrelang verfolgte und schließlich vor Gericht brachte: Hätte Sinowatz nach den ersten Meldungen, er habe bereits im SP-Vorstand das angekündigt, was seine Partei später so sehr zu ihrem eigenen Schaden durchgezogen hat – nämlich Kurt Waldheims angeblich »braune Vergangenheit« öffentlich zu machen – gesagt: Ja, es sei seine Aufgabe als Vorsitzender, alle Möglichkeiten zu bedenken, seiner Partei zum Erfolg zu verhelfen, und im Übrigen hätte die Öffentlichkeit ein Anrecht, zu wissen, ob der Präsidentschaftskandidat der ÖVP einen ehrlichen Umgang mit seiner eigenen Vergangenheit pflege oder nicht, ob er – wenn schon nicht braune Flecken in seiner Biografie, so wenigstens weiße Flecken in seinem Gedächtnis habe – hätte er das also zugegeben, dann wäre Österreich nicht nur eine der hässlichsten Wahlbewegungen der jüngeren Geschichte, Sinowatz viel persönlicher Kummer, dem Land etliche antisemitische Töne und der Öffentlichkeit eine neue Bestätigung des Vorurteils, in der Politik werde gelogen, was das Zeug hält, erspart geblieben. Hätte Sinowatz seine Rede vor dem burgenländischen Parteivorstand bestätigt, wäre das noch nicht sein politisches Ende gewesen, das wenige Monate danach ohnehin nicht mehr zu vermeiden war. Er hätte von so einem Eingeständnis auch keinen physischen Schaden davongetragen.

Oder jener Vorfall im Sommer 1997, nach dem Wolfgang Schüssel, damals Außenminister, nur durch beharrliches Leugnen der Realität dem Ende seiner VP-Obmannschaft nach nur zwei Jahren entkommen ist: Damals gab die ÖVP nach der so genannten »Frühstücksaffäre« im Garten der Politischen Akademie in Wien ein Sommerfest, bei dem die Anwesenden nur ein Thema kannten: Wie viel wäre wohl noch auf die weitere Karriere des VP-Vizekanzlers zu setzen? Kaum jemand äußerte Zweifel daran, dass sich die »Frühstücksaffäre« so abgespielt hat, wie sie in den Medien berichtet wurde; verschiedene Meinungen gab es lediglich darüber, ob Schüssel seine Linie des Leugnens durchhalten werde können oder nicht.

Was war geschehen? Laut Medienberichten und Erzählungen der anwesenden Journalisten hat Schüssel im Juni 1997 am Rande des EU-Gipfels in Amsterdam, mit Journalisten frühstückend, in einem Hintergrundgespräch Hans Tietmeyer, den damaligen Chef der deutschen Bundesbank, eine »richtige Sau« genannt, als dieser die Goldreserven verkaufen wollte, um das Budgetdefizit Deutschlands zu senken. Als Ausdruck wie Inhalt des Gespräches publik wurden, hagelte es Dementis. In jener Sommernacht in der Politischen Akademie wenig später wussten viele von Schüssels Parteifreunden davon zu berichten, wie persönlichkeitskonform eine solche Beurteilung anderer Personen bei Schüssel sei. Daher war auch niemand wirklich überrascht, als Schüssel zu einem Kurzbesuch nach Frankfurt eilte, um Tietmeyer über die angeblichen »Missverständnisse« aufzuklären, die es laut vorhergehender Dementis ja eigentlich gar nicht gegeben habe.

Es ist bis heute nicht erklärlich, warum Schüssel damals nicht wie etwa der legendäre CSU-Vorsitzende und bayerische Ministerpräsident Franz Josef Strauß – auch kein Freund der reinen Wahrheit – reagiert hatte: »Richtige Sau? Natürlich und ich sage noch dazu, eine wirklich wirtschaftsschädigende.« Auch Schüssel hätte in dieser Situation damals keinen wirklich irreparablen Schaden genommen, hätte er den Vor- und Ausfall vielleicht noch mit seinen Emotionen »für Österreich« erklärt; ihn seinem eigenen unermüdlichen Bemühen, Schaden von Österreich und der EU abzuwenden, oder Überarbeitung zugeschrieben. Der österreichische Wähler, allzeit bereit, solche Dinge zu verzeihen, vor allem, wenn sie sich gegen einen »Piefke« richten, hätte es verstanden – sich vielleicht in seiner eigenen gelegentlichen Wortwahl noch gerechtfertigt und sogar »erhöht« gefühlt. Wenn ein Vizekanzler solche Ausdrücke verwenden kann! Stattdessen hat Schüssel aber jene Journalisten, die Ohrenzeugen waren, unter Druck gesetzt oder unter Druck setzen lassen.

Immer wieder beschädigten Politiker ihre Glaubwürdigkeit und die ihrer Partei ohne ersichtliche politisch-existenzielle Notwendigkeit, weil sie oft fälschlicherweise annehmen, die Wahrheit könnte für sie oder ihre Partei irgendwelche Nachteile im parteipolitischen Spiel um die Macht verursachen.

Einen Anschauungsunterricht in dieser Hinsicht lieferte das Dreikönigs-Treffen der ÖVP zum Jahreswechsel 1994/95 in Schloss Leopoldskron bei Salzburg. Die Anzeichen einer schweren Erkrankung des damaligen Außenministers Alois Mock waren beim besten Willen und beim größten Verständnis für die Arbeitsüberlastung des »Mister Europa«, der dem EU-Beitritt Österreichs, just in diesen Leopoldskron-Tagen erreicht, auch einen Gutteil seiner Gesundheit geopfert hatte, nicht mehr zu übersehen. Die mediale, öffentliche und halb-öffentliche Diskussion wurde in diesen Tagen von der Frage beherrscht, wie krank denn Mock nun wirklich sei. VP-Chef und Vizekanzler Erhard Busek sah sich am Rande des Dreikönigs-Treffens veranlasst, den Gesundheits-zustand Mocks mit Hinweis auf ärztliche Atteste anders darzu-stellen, als er wirklich war. Natürlich war Busek in einem persön-lichen Dilemma: Ohne Zustimmung Mocks hätte er die Wahrheit nicht öffentlich machen können, schon deshalb nicht, weil Mock zu diesem Zeitpunkt erstens in und außerhalb der ÖVP ungeheu-er populär war und Busek sich zweitens sofort dem Vorwurf aus-gesetzt gesehen hätte, er beschädige in einer menschlich inakzep-tablen Art einen Parteifreund, mit dem er in den Jahren zuvor mit Ausnahme der EU-Mitgliedschaft bei kaum einem Thema über-eingestimmt hatte. Hätte Busek damals mehr Rücksicht auf die Glaubwürdigkeit als auf Mock genommen, es hätte sein ohnehin negatives Image eines rücksichtslosen VP-Mannes nur noch ver-stärkt, was damals in Unkenntnis des kommenden parteiinternen Massakers und seiner Ablöse als VP-Chef wenige Monate später aber nicht in seinem Sinn sein konnte. Dennoch: Das Schauspiel, das an diesem Winterabend in Leopoldskron geboten wurde, war beschämend.

In Alternativen gedacht: Welcher politische Schaden wäre Busek und/oder der ÖVP wirklich aus der Wahrheit erwachsen, dass sich Mocks Gesundheitszustand aufgrund der Überlastung wäh-rend der EU-Verhandlungen, die er doch hervorragend für Öster-reich bewältigt habe, verschlechtert hat?

Es gibt aber noch viel banalere Beispiele in der jüngsten Vergan-genheit: Als Bundeskanzler Wolfgang Schüssel im Sommer 2004 Außenministerin Benita Ferrero-Waldner als EU-Kommissarin für Brüssel nominierte und daher das Außenamt neu zu besetzen hat-te, antwortete er auf die Frage nach der Nachfolge am Ballhaus-platz: »Ich habe noch nicht nachgedacht.« Damit verbot er sich zwar alle weiteren Fragen, zeigte sich einmal mehr der Realität gegenüber völlig gleichgültig, setzte sich aber neuerlich der Kritik aus, die nur deshalb wirkungslos blieb, weil offenbar bei den Medien und in der Wählerschaft in Bezug auf Schüssel bereits gewisse Glaubwürdigkeits-Ermüdungserscheinungen eingetreten sind. Wäre es anders, hätte man auf einer Antwort insistieren müssen, denn es gab für dieses Nicht-Nachdenken nur zwei Erklärungen: Entweder handelte der Bundeskanzler als Regierungschef fahrlässig oder aber er sagte die eklatante Unwahrheit und mutet der Öffentlichkeit zu, diese auch noch zu akzeptieren.

In Alternativen gedacht: Schüssel hätte antworten können, er habe eine so große Auswahl an potenziellen Ferrero-Nachfolgern, dass ihm die Wahl schwer falle und er noch einige Zeit benötige; er hätte erklären können, die Zeit dränge nicht, er müsse noch Gespräche führen, er werde die Nominierung rechtzeitig bekannt geben. Er hätte auch nur »Kein Kommentar« sagen können. Allein, zu verkünden, er habe noch nicht »nachgedacht«, deutete auf eine äußerst bedenkliche Missachtung der Wähler und der Öffentlichkeit hin.

Warum also glauben Politiker – und hier wurden nur einige wenige Beispiele angeführt –, die Bürger in Österreich in Scharen hinters Licht treiben zu können?

Eine mögliche Antwort, für die aufgrund der Erfahrung viel spricht, findet sich pikanterweise in der Autobiografie des früheren amerikanischen Präsidenten Bill Clinton. Weit hergeholt? Schon. Aber faszinierend. Clinton sucht eine Antwort auf seine eigene rhetorische Frage, warum er sich auf die Affäre mit der Praktikantin Monica Lewinsky eingelassen habe, und findet sie in der wirklich banalen Feststellung: »Because I could«, weil ich es einfach konnte. Das heißt nichts anderes als: Clinton hatte die Macht, die Gelegenheit, das Motiv und die Mittel; niemand war imstande, dem Präsidenten der Vereinigten Staaten Grenzen zu ziehen. In Interviews, die der Veröffentlichung seiner Autobiografie im Sommer 2004 folgten, regte Clinton oft selbst an, über dieses »Weil ich es konnte« in der Politik nachzudenken.

Eine andere mögliche Antwort wäre, dass »die Wahrheit« der Mehrheit der Österreicher tatsächlich nicht zumutbar ist. Wenn dem so ist, muss man sich aber um der Ehrlichkeit willen auch mit den systemimmanenten Gründen dafür auseinander setzen. Und diese liegen in der traditionellen Unfähigkeit oder im tradierten Unwillen der Politiker, Fehler ihrer Politik zuzugeben und Kursänderungen als Folge dieser Fehler zu erklären. Gerade seit der »Wende« 2000 wird diese Unfähigkeit auf die Spitze getrieben. Das politische und gesellschaftspolitische Unterfutter ist aus Angst gewoben: Angst davor, anderen Parteien, die bei aller öffentlichen Beschwörung der eigenen Konsens- und Kompromissfähigkeit all die Jahre immer als »Gegner« angesehen wurden, eine die eigene Partei schädigende Front zu eröffnen; Angst der jeweiligen Führung vor den Funktionären der eigenen Partei, die das Eingeständnis eigener Fehler, an denen sie wenn schon nicht per aktivem Beschluss, so doch mit schweigender Zustimmung auch beteiligt gewesen sein mussten, als Zeichen der Schwäche sehen und möglicherweise entsprechend bei der nächsten Führungswahl quittieren würden.

Auf die kleine österreichische Welt, die Zumutbarkeit der Wahrheit für die Bürger und auf deren Indifferenz dieser Wahrheit gegenüber bezogen, heißt das: Weil sich über die Jahre hinweg eine Kultur des Flunkerns derart in der Einstellung vieler Österreicher verfestigt hat, dass mit einem hohen Akzeptanzgrad und einer flüchtigen Erinnerung zu rechnen war. Wenn man mit der Verdrehung oder Verleugnung der Wahrheit kurzfristig irgendwelches politisches Ungemach vermeiden kann, dann tut man es – weil man es eben »einfach kann«, wohl wissend, dass Verdrehung und Verleugnung der Wahrheit in Österreich grosso modo nicht unter Strafe gesetzt wird.

Drei Beispiele sollen zeigen, wie Wähler die jeweilige »Wahrheit« bestraft oder auf der gleichen Ebene die »Unwahrheit« belohnt haben.

In den Weihnachtstagen 1982 hatte sich Bundeskanzler Bruno Kreisky, wie es ihm zur Gewohnheit geworden war, in sein Haus nach Mallorca zurückgezogen – und von dort das so genannte »Mallorca-Paket« nach Österreich geschickt, ein Wahlgeschenk, dessen Annahme die Österreicher bei der Nationalratswahl 1983 dankend ablehnen sollten. Nach all den fetten Jahren in der Wirtschafts- und Budgetpolitik, die Kreisky und die SPÖ über die biblischen sieben Jahre zum Schaden der österreichischen Wirtschaft mit einer Schuldenpolitik par excellence ausgedehnt hatten, war man bei den Sozialdemokraten zum Schluss gekommen, dass man nun endlich einen Plan zur Sanierung des Staatshaushaltes vorlegen musste – und sich unter den Sachzwängen der leeren Kassen gar nicht mehr für die vor Wahlen üblichen Versprechungen, auch fürderhin ohne jede finanzielle Belastung des Steuerzahlers auskommen zu können, entscheiden konnte.

Ergo entschied sich Kreisky für eine Zinsertragssteuer, die dann im Laufe des Wahlkampfs sehr bald das für die breite Öffentlichkeit verständliche, für die SPÖ enorm schädliche Etikett der »Sparbuchsteuer« bekommen sollte. Im dritten Teil seiner Memoiren (»Der Mensch im Mittelpunkt«) schrieb Kreisky den Verlust der absoluten Mehrheit der SPÖ 1983 nicht etwa der Möglichkeit zu, dass der Wähler den geplanten Zugriff auf Spareinlagen als Eingeständnis einer eben über Jahre verfehlten Wirtschaftspolitik gewertet hatte, sondern den Medien: »… weil es den Medien gelungen ist, den Österreicherinnen und Österreichern eine gigantische Wahllüge zu verkaufen, nämlich dass ich, wenn ich gewählt werden würde, die Absicht hätte, 20 Prozent der ersparten Gelder für den Staat in Anspruch zu nehmen, während es in Wirklichkeit 20 Prozent des Zinsertrages waren, der damals weit über der Inflationsrate lag … Die geplante ›Quellensteuer‹ oder besser Zinsertragssteuer wurde deshalb in Aussicht genommen, weil Zinserträge in Österreich eigentlich schon bisher steuerpflichtig waren, aber tatsächlich zum überwiegenden Teil nicht versteuert wurden.«

Ob es im Rückblick vereinfachend gesehen wird oder nicht, Tatsache ist, dass die Stimmenverluste der SPÖ 1983 zum überwiegenden Teil auf die geplanten Belastungen und hier vor allem auf die Quellensteuer zurückgeführt werden. Also wird das so genannte »Mallorca-Paket« auch als der große taktische Fehler des alternden und kranken Bruno Kreisky in die Geschichte eingehen.

Die Behauptung, dass vielmehr die SPÖ und Bruno Kreisky zu lange an einer – jedenfalls für die geänderten Verhältnisse – falschen Wirtschafts- und Budgetpolitik festgehalten haben und dass diese Unfähigkeit der Korrektur schuld an den Verlusten von 1983 war, lässt sich natürlich aufstellen, aber nicht verifizieren. Dennoch: Hätte man mit der »Wahrheit« argumentiert

58

und nicht mit vorgeschobenen Begründungen wie »Steuergerechtigkeit«, mit der – wie Bruno Kreisky selbst anführte – ein Volk von kleinen Steuerhinterziehern nicht wirklich etwas anfangen wollte, wären die Dinge möglicherweise anders verlaufen; wahrscheinlich auch nicht mehr in Richtung absoluter SP-Mehrheit, denn die Verschleißerscheinungen und der Gesundheitszustand Kreiskys waren unübersehbar, aber möglicherweise in Richtung mehr Ehrlichkeit.

Die Konsequenzen des Mallorca-Pakets für die SPÖ sollten sich langfristig für den Umgang mit der Wahrheit als fatal erweisen. Sie ließen nämlich in den Köpfen der handelnden Politiker die Überzeugung entstehen, man sollte vor den Wahlen alles sagen, nur nicht die Wahrheit; man sollte alles versprechen, auch Pläne, von deren Undurchführbarkeit man zum Zeitpunkt der Verkündigung schon überzeugt ist. In diesem Sinn – und nicht wegen ihrer anderen politischen Konsequenzen: der schwachen kleinen Koalition unter Fred Sinowatz und Norbert Steger, die wiederum den Aufstieg Jörg Haiders bedingte und hervorbrachte, der wiederum die Entwicklung der 90er-Jahre prägte – ist die Nationalratswahl 1983 wohl im Nachhinein als historisch zu sehen: als Verstärker der Angst der Politiker vor der Wahrheit in Wahlkampfzeiten.

Mehr als zehn Jahre später bietet sich das zweite Beispiel an: Im Wahlkampf 1994 wurde VP-Vizekanzler Erhard Busek bei einer Pressekonferenz nach der für die rot-schwarze Regierung so erfreulichen Zweidrittel-Ja-Mehrheit bei der Volksabstimmung über den Beitritt Österreichs zur EU gefragt, ob er nach der Nationalratswahl die Zusammenarbeit mit der SPÖ unter Franz Vranitzky fortzusetzen gedenke. »Ja«, lautete die Antwort. »Ohne Wenn und Aber?« war die nächste Frage. »Ja« war wieder die Antwort. Diese klare Antwort wurde ihm in und außerhalb der Partei nie verziehen und festigte auch bei den wenigen, die ihm in der ÖVP wohl gesonnen waren, noch stärker die Überzeugung, dass man es mit der Wahrheit vor Wahlen nicht ernst nehmen soll. Dabei wäre eine verschwommene Antwort, die manche in der FPÖ vielleicht als verschlüsselte Bereitschaft zur Zusammenarbeit hätten auslegen können, in diesem Fall im höchsten Maß unehrlich gewesen. Dies nicht allein wegen der öffentlichen und privaten Abneigung Buseks Jörg Haider gegenüber und dessen Art, Politik zu machen, sondern auch aus der – wie sich später herausstellen sollte – richtigen Einschätzung, dass eine FPÖ in der Regierung am Vorabend des eigentlichen EU-Beitritts Österreichs nicht europafähig gewesen wäre. Es waren die radikalen Jahre der FPÖ. Allein der Zeitplan der Herbstwahl 1994 und des Beitritts im Jänner 1995 hätte bei einiger objektiver Betrachtung jede Koalition mit der FPÖ verboten. Österreich hätte die europäische Gemeinschaft als neues Mitglied mit einer als rechtsextrem angesehenen Partei betreten sollen?

Doch für objektive Einschätzungen dieser Art war damals nicht die Zeit. Als die Oktober-Wahl im Jahr 1994 für beide Regierungsparteien SPÖ und ÖVP desaströs endete, wurde die Schuld daran jedenfalls in der ÖVP auch dem »ohne Wenn und Aber« des Obmanns zugeschoben, was die Lust auf ein unwürdiges Ablöse-Spiel, wie es wenige Monate später einsetzte, nur vergrößern sollte.

Auch Busek hätte die Möglichkeit gehabt, diese Ankündigung mit dem Eingeständnis politischer Fehler zu begründen; Fehler, die allerdings nicht nur der ÖVP im Umgang mit Jörg Haiders Freiheitlichen unterlaufen sind, sondern auch den Medien. Auch eine ÖVP unter Busek hätte von 1991 bis 1994 als Regierungspartei viel rascher reagieren müssen und den bereits sehr erstarrten Koalitionspartner SPÖ – Franz Vranitzky inklusive – zu entschiedeneren Reaktionen auf die von Haider aufgezeigten Fehlentwicklungen, Pfründenwirtschaft, Privilegien-Misswirtschaft drängen müssen und wahrscheinlich auch können. So war also nicht die Wahrheit der Ankündigung Buseks allein schuld an dem Wahldebakel der ÖVP.

Ein Jahr später, nachdem Buseks Nachfolger in Partei und Regierung, Wolfgang Schüssel also, aufgrund von positiv interpretierten Umfragedaten die Kooperation mit Franz Vranitzky abrupt beendet und somit nach nur einem Jahr Neuwahlen erzwungen hatte, schien es, als hätte der Bundeskanzler und SP-Chef aus dem Wahrheits-Debakel seines Vizekanzlers 1994 die Konsequenz gezogen. Vor zehn Jahren war schon die Reform des Pensionswesens das beherrschende politische Thema des neuerlichen Wahlkampfs. Vranitzky schrieb seinen berühmten Pensionsbrief, schwarz auf weiß und mit rot-weiß-roter Umrandung, um die parteipolitische Schlagseite mit der Aura des Regierungschefs abzuschwächen. Darin unterstellte er nicht nur der ÖVP, bestehende Pensionen kürzen und das gesetzliche Pensionsalter überfallsartig erhöhen zu wollen – Dinge, die noch weitere fünf Jahre bis zur »Wende« zu warten hatten –, sondern er versprach auch, er werde höchstpersönlich die Pensionen sichern und neue Arbeitsplätze schaffen. Aus heutiger Sicht entbehrt natürlich die Reaktion der ÖVP darauf nicht einer gewissen Pikanterie: Schüssel und der oberösterreichische Landeshauptmann Josef Pühringer versandten an alle Senioren eine Art Pensionsgarantie, im Bundeskanzleramt wurde medienwirksam ein Generationenvertrag unterzeichnet, der nicht mehr als ganz allgemeine Floskeln enthielt und von dem man danach nie wieder etwas gehört hat. Je mehr sich die ÖVP allerdings über Vranitzkys Amtsbrief mit Worten wie »Ungeheuerlichkeit« und »Amtsmissbrauch« erregte, die »glatte Unwahrheit« anprangerte und den »Rentenklau« wieder belebte, desto größer natürlich die Aufmerksamkeit für diesen Brief.

Selbstverständlich war der Brief Wahlpropaganda der reinsten Sorte und Ausdruck der immer geringeren Zumutbarkeit für die Wähler. Nachdem es Schüssel nicht gelang, bei der folgenden Wahl die SPÖ von Platz 1 zu verdrängen, festigte sich die Meinung, jener Pensionistenbrief mit dem so geringen Wahrheitsgehalt habe zum Erfolg der SPÖ beigetragen, wenn er nicht überhaupt dafür hauptverantwortlich gemacht wurde.

Dieses Fallbeispiel der Belohnung einer Unwahrheit sollte für die weitere Entwicklung ähnlich fatale Folgen haben wie die vermeintliche Bestrafung der Wahrheit 1983.

Dass in beiden Fällen natürlich noch andere Faktoren ausschlaggebend für das Resultat waren, dass die ÖVP 1995 nicht schlüssig erklären konnte, warum sie Bundeswahlen vom Zaun brechen muss; dass damals die öffentliche Bereitschaft über Änderungen bei der Altersversorgung noch völlig unterentwickelt war – das alles wurde außer Acht gelassen. In der Politik, so die große deutsche Journalistin Marion Gräfin Dönhoff einmal, zählt nämlich kaum das, was ist, sondern lediglich, wie die Menschen politische

Entscheidungen wahrnehmen. Daher wurde ab 1995 mehr noch als vorher die Verdrehung der Wahrheit zum erlaubten und probaten Stilmittel auch der Politik abseits der FPÖ.

Welche abträglichen Folgen diese Entwicklung auf Anstand und Aufrichtigkeit in der Politik hatte, wird immer dann deutlich, wenn in den Medien oder in politischen Zirkeln vor der Wahrheit gewarnt wird. Dass man auf der politischen Bühne alles sagen dürfe, nur nicht die Wahrheit, ist eine jener Feststellungen, die eine Zivilgesellschaft wie die österreichische – ohnehin substantiell bereit, von jenen Politikern, die sie im Normalfall hofieren, das Schlechteste anzunehmen – schwer beschädigt.

Ein anschauliches Beispiel, mit welchen Missverständnissen in diesem Zusammenhang operiert wird, die sich dann im Wege der Multiplikatoren Medien und Funktionäre vervielfachen, lieferte die Präsentation eines Wirtschaftsprogramms in der SPÖ im Sommer 2004: Christoph Matznetter, einer jener angeblichen Shooting Stars, die in SPÖ und FPÖ in den letzten Jahren schon häufig verglüht sind, sah sich gedrängt, mit einem Entwurf an die Öffentlichkeit zu gehen, in dem auch Steuererhöhungen angedacht waren. Der Erotik der »Kronen Zeitung« kann sich auch ein Wirtschaftsprüfer nicht entziehen, schon gar nicht einer, der sich bereits auf dem Weg zu höheren Ehren wähnt. Das ist auch ein österreichisches Naturgesetz – bis auf weiteres jedenfalls.

Kaum hatte Matznetter seine mediale Aufmerksamkeit eingeheimst, da dämmerte es den SP-Strategen, dass erstens der Inhalt des Entwurfes mit Ausbau des Staatsanteils und Anhebung von Steuern – so simpel kommuniziert, wie Matznetter dies tat – kontraproduktiv sein könnte. Schnell zog sich die Parteispitze – wie in all diesen Fällen üblich – auf die Ebene der normalen Missverständnisse und gängigen Medienschelte zurück. Wieder einmal war der großen Oppositionspartei unter Alfred Gusenbauer ein spektakulärer Selbstfaller gelungen, dessen Schaden durch die ständige Verneinung seiner Existenz nur noch vergrößert wurde. Man hätte nach diesem politischen Faux pas zur Tagesordnung übergehen oder vielleicht darüber sinnieren können, warum die SPÖ in den vier Jahren ihrer Oppositionsexistenz und der Führung Alfred Gusenbauers diesen auffälligen Hang zur periodischen Selbstbeschädigung entwickelt hat. Weil allerdings in der Öffentlichkeit aus diesem Beispiel einfach schlechten Parteimanagements die Erkenntnis abgeleitet wurde, Ehrlichkeit sei schädlich, Vorspiegelung falscher Absichten politisch profitabel, ist dieser Vorfall allgemeiner zu beurteilen. Matznetter wurde damals geraten, niemals wieder »zu sagen, was man wirklich denkt«. Eine völlig überzogene Reaktion und ein völlig falscher Schluss aus der schlechten politischen Performance eines Nicht-Routiniers. Hier ging es nicht um Wahrheit oder die Vertuschung derselben, sondern um einen politischen Schnellschuss, um der Publicity und der Liebedienerei in einem Massenmedium willen. Professionelle politische Arbeit völlig abseits der Wahrheitsdiskussion hat auch mit der Kenntnis um die Wirkung von Begriffen zu tun. Hätte Matznetter das gewusst, den Begriff Sparbuchsteuer daher nicht einmal in den Mund genommen, hätte er Alfred Gusenbauer, seiner Partei und anderen SP-Politikern den beschämenden Eiertanz um ihre wirtschaftspolitische Vorstellung und den Politikern insgesamt eine weitere Verstärkung ihres negativen Images erspart. Aber aus dem Mangel an Professionalität eines mediengierigen Wirtschaftssprechers den Leitsatz für die Politik – Sage niemals, was du denkst – abzuleiten fügt dem Ganzen mehr Schaden zu als eine kurze Phase der Verwirrung in der SPÖ.

Müssen Politiker einen gewissen Lügen-Reflex parat haben? Müssen sie spontan einmal abstreiten ohne nachzudenken, ob die Wahrheit für sie wirklich einen ausschlaggebenden Nachteil und sie um einen politischen Vorteil brächte? Wäre dieser Lügen-Reflex Bestandteil dessen, was man modernsprachlich einen »genetischen Code« für Politiker nennt? Wäre er mehr als reine Gedankenlosigkeit? Und wie viel Gedankenlosigkeit wäre in der Politik tragbar?

In Zeiten der Verunsicherung des Parteiapparats und/oder der Parteiführung fällt die Neigung zur Aufrichtigkeit in der österreichischen Politik meist in jenem Ausmaß, in dem die Panik vor vermeintlichem Schaden für die Partei oder Verlusten bei Wahlen ansteigt. Das konnte man in den 90er-Jahren bei SPÖ und ÖVP beobachten und es seit 2002 »begleitend« bei den Freiheitlichen verfolgen. Nur das Liberale Forum unter Heide Schmidt lieferte im Wahlkampf 1999 die Ausnahme, die die Regel bestätigt: Je mehr man Verluste zu fürchten begann, desto trotziger positionierte man gesellschaftspolitische Randthemen im Zentrum der Wahlauseinandersetzung. Aber selbst Vertreter des LIF waren in diesem aufgeregten Wahljahr nicht gegen die Verdrehung von Fakten, die Angriffe auf die Intelligenz ihrer Wähler, gegen Täuschung der Öffentlichkeit immun. Damals herrschte eine Atmosphäre, in der politisch alles erlaubt schien: Keine Prognose war zu kraus, keine Vermutung zu sehr an den Haaren herbeigezogen, um nicht unter die Leute gebracht zu werden. Manipulanten liefen scharenweise durch die politische Landschaft und hofften, dass erstens ihre Aussagen nie überprüft werden und zweitens von all ihren Leichtfertigkeiten doch irgendetwas Positives für ihre Ziele bei den Wählern hängen bleibt.

Sogar der beim LIF quer eingestiegene Steuerberater Johannes Strohmayer durfte ungestraft Prognosen über den damaligen Vizekanzler Schüssel abgeben und als Faktum behaupten, dass sich dieser selbst noch vor der Nationalratswahl am 3. Oktober 1999 als EU-Kommissar in Brüssel versorgen werde. Wozu an einen Bestellungsmodus denken, wozu den Kommissionspräsidenten ins Kalkül ziehen? Schüssel konnte dies nicht einmal fünf Jahre später als Bundeskanzler ...

Das war die Zeit, auf die ein Satz Josefs II. zutraf: »Bei den Hottentotten und Irokesen könnten sich nicht schauerlichere und lächerlichere Dinge ereignen als in der österreichischen Staatsverwaltung, besonders in den Hofstellen und in der Staatskanzlei. Man könnte Komödien darüber schreiben, die jenen unglaublich erscheinen müssen, die sie nicht miterlebt hätten.« Denn alle Festlegungen und Aussagen von Politikern nach dieser Oktober-Wahl 1999 schienen zu beweisen, dass sich in mehr als 200 Jahren im politischen Innenleben Österreichs doch weniger geändert haben kann, als man glaubt. So hatte die SPÖ etwa im Wahlkampf plakatiert »Kein neues Sparpaket«. Zwei Monate später musste der damalige Finanzminister Edlinger mit einer prozentuellen Streichung der Ermessensausgaben just ein solches verordnen. Ähnlich verhielt es sich mit Aussagen zum Pensionssystem. Aber auch in der Hofburg versetzte man der ganz normalen Logik durchschnittlich intelligenter Menschen fortwährend einen Tiefschlag nach dem anderen. Es gab Wochen und Monate nach der Nationalratswahl 1999, da hatte man den Eindruck, die wichtigsten Personen erlitten von einem Tag auf den anderen einen Gedächtnisschwund, und zwar immer wieder von Neuem. Die Filmindustrie kennt den so genannten Continuity-Experten, jenen Fachmann also, der darauf zu achten hat, dass sich eine Szene logisch an die vorhergehende anschließt, dass zum Beispiel keine falsch geschminkten Stars vor der Kamera stehen, nur weil es eine längere Drehpause gegeben hat, dass es keine falschen Requisiten, keine falschen Dialoge gibt, die die vorhergehenden oder nachfolgenden Szenen unverständlich machen.

In den Herbsttagen 1999 hätte ganz Österreich und seine Politik einen solchen Continuity-Experten benötigt. Bundespräsident Thomas Klestil zum Beispiel verbat zu einem bestimmten Zeitpunkt dem damaligen SP-Chef Viktor Klima öffentlich den Mund, als dieser ob der stockenden Gespräche mit der ÖVP eine SP-Minderheitsregierung als einzig mögliche Überwindung der Hürden auf dem Weg zu einer neuen Regierung darstellte. Klestil wolle eine Regierung mit breiter Mehrheit, man möge sich gefälligst drum bemühen, ließ die Präsidentschaftskanzlei wissen. Davon war kurz darauf plötzlich nichts mehr zu hören. Klestil erweckte vielmehr den Eindruck, er würde eher eine SP-Minderheitsregierung als eine mit einer parlamentarischen Mehrheit von ÖVP und FPÖ akzeptieren.

Konnte man Klestil noch zugute halten, dass er nicht wirklich die Kontrolle über das Drehbuch jenes Regierungsbildungs-Films hatte, der da vor den Augen der Österreicher ablief, für die ÖVP konnte man das nicht ins Treffen führen. Der Öffentlichkeit wurden Sequenzen geboten, die schemenhaft Verhandlungen mit der SPÖ zeigten, während das Publikum zunehmend den Eindruck gewann: Die ÖVP will überhaupt nicht mehr. Alles, was an Einwänden von VP-Seite vorgebracht wurde, war ein Scheinargument. Man hätte die Gespräche jederzeit platzen lassen können wegen ebenjener Themen, die dann auch tatsächlich zum Scheitern führten – Finanz-, Budget- und Sicherheitspolitik. Im Nachhinein wurde die vergeudete Zeit als taktische Meisterleistung der ÖVP und Wolfgang Schüssels dargestellt, dass es sich hier aber in Wahrheit um eine Täuschungsaktion für eine allzu geduldige

Bevölkerung gehandelt haben könnte, wurde nicht in Betracht gezogen.

Wegen des durchschlagenden Erfolges, die SPÖ mit einem ganzen Stapel gezinkter Karten im Spiel um die Macht ausgestochen zu haben, wurde diese Art des Spiels dann nach der Angelobung der Regierung am 4. Februar 2000 fortgesetzt – und zwar in immer neuen Varianten. Denn das gilt es auch in der Politik zu beachten: Einmal als erfolgreich erlebte Mechanismen werden immer wieder zur Anwendung gebracht.

Der kleinen Koalition wurde das Spiel mit den gezinkten Karten auch deshalb erleichtert, weil die Zuschauer, sprich die Wählerschaft, wie gebannt auf die so genannten Spielverderber in den 14 anderen EU-Ländern starrten und sich so halb vom Spieltisch abgewandt hatten. Jedes Mal, wenn sie sich wieder den Vorgängen am Tisch der Macht zuwenden wollten, schrie irgendeiner der Spieler »Sanktionen« oder »Verräter« und schon galt die ganze Aufmerksamkeit der Zuseher wieder den vermeintlichen Feinden in der EU.

Unter diesen Umständen konnte man die Bürger geradezu an der Nase führen, auch noch nach Aufhebung der EU-Sanktionen, denn allein mit der Erinnerung an sie war im Herbst 2000 noch trefflich Ablenkungspolitik zu betreiben, wie zum Beispiel eine Episode mit der damaligen VP-Generalsekretärin und heutigen Gesundheitsministerin Maria Rauch-Kallat zeigte. Sie verstieg sich nach der Landtagswahl in der Steiermark dazu, den Rücktritt des damaligen Infrastrukturministers Michael Schmid als ganz normalen Vorgang darzustellen. Dieser hatte einen Spontanurlaub angetreten und war daraufhin gar nicht mehr im Amt erschienen. Rauch-Kallat hatte sich just zu diesem Zeitpunkt mit einer Kampagne »Stark. Schwarz. Weiblich« profiliert. Und in der Tat: Stark war die Verharmlosung dramatischer Vorgänge in den Reihen des Koalitionspartners damals schon; stark auch der nur schwach kaschierte Versuch, die Menschen einfach für dumm zu verkaufen.

Aus der blauen Taktik, eine möglichst große Anzahl von potenziellen Wählern möglichst lange und bei möglichst vielen Themen hinters Licht zu führen, war so ohne Skrupel eine schwarze geworden. Und Rauch-Kallat hat damals auch den Beweis dafür

66

angetreten, dass Unehrlichkeit in der Politik nicht immer ein Vorrecht der Männer ist, auch wenn dies in den so genannten Netzwerk-Veranstaltungen so mancher Frauengruppen um Rauch-Kallat oft so dargestellt wurde.

# Von der entbehrlichen Lüge

Als Benita Ferrero-Waldner im Wahlkampf 2004 um die Bundespräsidentschaft in einem TV-Interview auf die Frage, ob sie im Leben je gelogen habe, knapp mit »Nein« antwortete, war das zumindest für einen Wähler Grund genug, ihr nicht die Stimme zu geben. Er hätte es getan, wie er schriftlich mitteilte, doch als er dieses »Nein« gehört habe, habe er gewusst: Sie lügt. Nicht nur er.

Warum, so dachte man sich damals gegen Ende der Wahlbewegung, warum nur macht eine Politikerin, die zum Erstaunen vieler eine wirklich gute Wahlkämpferin war, einen solch folgenschweren Fehler? Denn diese Verneinung einer Lüge musste zwangsläufig eine Lüge sein. Niemand kann von sich behaupten, noch nie im Leben die Unwahrheit – und sei es die harmloseste – gesagt, noch nie geflunkert zu haben. Benita Ferrero-Waldner hätte die Möglichkeit gehabt, sich auf eine Definition des Begriffs einzulassen, wozu der anwesende Journalist wahrscheinlich weder die Nerven noch die Zeit gehabt hätte. Sie hätte auch einfach mit der Gegenfrage »Wer denn nicht?« antworten können und die ganze Nation hätte zustimmend genickt. Und sie wäre einem Volk, das mit Liebe sich selbst und andere beschwindelt, wahrscheinlich noch um einige Grade sympathischer geworden.

Es ist nicht anzunehmen, dass Ferrero-Waldner, getrieben und erschöpft, wie sie in diesem Wahlkampf war, Franz Grillparzers Zeilen aus »Weh dem, der lügt« so verinnerlicht hatte, dass sie in Panik erst recht der Wahrheit nicht die Ehre geben wollte: »Das Schlimmste ist das falsche Wort, die Lüge. / Wär nur der Mensch erst wahr, er wär auch gut.« Für sie sollte in diesem Zusammenhang dann groteskerweise tatsächlich das falsche Wort zur falschen Zeit das »Schlimmste« werden.

Es gehört zur Ironie mancher zeitlicher Abläufe, dass just fünf Monate später der Wiener Philosoph Konrad Paul Liessmann publizistisch ein Plädoyer für die Güte der Lüge im Leben hielt und dazu alle Geistesgrößen von Platon bis Friedrich Nietzsche als Zeugen aufrief. Liessmann argumentierte – wohl immer auf die Berufung der Geistesgeschichte –, dass die Lüge noch immer mehr Fantasie, Begabung, Kenntnis und Talent bedinge als die Wahrheit. Liessmanns Traktat liest sich wie ein Freibrief für Politiker und alle, die sich für fähiger, klüger, schlauer und verwegener halten als andere.

Nicht behandelt Liessmann allerdings die Frage, ob der Zweck der »gemeinen Lüge«, im Sinn von allgemein und alltäglich – sich nämlich in ein besseres Licht zu stellen – in der Politik auch ganz ohne Not zu rechtfertigen ist. Ob der Lust zur Täuschung tatsächlich nachgegeben werden muss, wenn sich die Konsequenzen dieses Nachgebens im politischen Geschehen millionenfach, nämlich auf die Wähler, auswirken. Denn eines ist bezogen auf die österreichischen Verhältnisse jedenfalls wahr: Nichts ist so unnotwendig, so überflüssig und so banal wie jene Überzeugung, die sich in allen Gesellschaftsschichten und in jeder Region des Landes und in den meisten Altersgruppen festgesetzt hat: Politiker lügen – und zwar alle.

Dieses generelle Urteil ist ungerecht, lässt sich aber nicht revidieren und wird umso härter, je öfter es verkündet wird – in den Salons wie an den Stammtischen. Es gab aber in den letzten 30 Jahren der politischen Entwicklung in Österreich nicht eine einzige krisenhafte Phase, in der die Abweichung von der Wahrheit zwingend gewesen wäre, um Schaden vom Land abzuwenden.

Schon Grillparzer zählt in seinem Schauspiel die verschiedenen Motive für die Lüge auf, wenn auch für jene im individuellen Bereich: Eitelkeit, Stolz, falsche Scham, Großmut, Stärke, einfach Neigung und stellt schließlich die Frage: »Was sagst du, es sei nicht, da es doch ist, und wiederum es sei, da es doch nie gewesen?« Und damit deutet er an, was in der österreichischen politischen Landschaft der Lüge solch lange Beine macht: Die Kleinheit des Landes, die begrenzte Anzahl der Akteure, jeder jedem bekannt; zudem lange Zeit ohne politisches Korrektiv mit Ausnahme der Jahre 1975 bis 1986, in denen sich die ÖVP vom Schock des Machtverlustes 1970 langsam erholt hatte und zu einer wirklichen Oppositionspartei im westlich-demokratischen Sinn gewachsen war. Zwar war das Spannungsverhältnis von Regierung und Opposition auch damals nicht in dem demokratiepolitisch wünschenswerten Ausmaß vorhanden, weil die Verflechtungen, die in der Nachkriegszeit zur Vermeidung von Konflikten gewoben worden sind, zu eng waren: zwischen Wirtschaft und Gewerkschaft unter dem – und dies sei wörtlich gemeint – Deckmantel der viel gerühmten Sozialpartnerschaft einerseits; den VP-dominierten Bundesländern und der sozialistisch bestimmten Bundesregierung andrerseits. Aus all dem ergaben sich Interessengemeinschaften, deren Vertreter sich gegenseitig bei der Manipulation der Wahrheit dem Wahlvolk gegenüber absicherten und schließlich deckten.

Daraus ergeben sich zwei spezifisch österreichische Charakteristika, die hervorgehoben werden müssen, bevor der Einwand kommt: Auch Politiker anderer Länder nehmen es mit der Wahrheit nicht so genau.
Die erste Eigenheit liegt eben in der Kleinheit und der relativ simplen Struktur des Landes, in dem der Mangel an Wahrhaftigkeit aufgrund geringerer Verschleierungsmöglichkeiten und eines geringeren Anonymitätsschutzes sich rascher als anderswo als solcher beweisen lässt. Zahlenmäßig ist die politische Elite relativ klein, was eine höhere Aufdeckungsgeschwindigkeit bedeutet. Das heißt, eine Lüge wird als solche rascher erkannt und enttarnt als anderswo. Neutralisiert wird der Effekt lediglich durch die zweite Eigenheit: die Liebe der Österreicher zum Kavaliersdelikt; ein Begriff, der in seiner exakten Definition eine »strafbare Handlung« bedeutet, »die von bestimmten Gesellschaftsschichten als nicht ehrenrührig angesehen wird«. Lügen von Politikern wären somit politisch abzustrafen. Wenn aber »bestimmte Schichten« die gesamte Gesellschaft umfassen und in dieser ohnehin die Überzeugung festsitzt, dass »alle Politiker lügen«, dann fällt mit der Zeit der ganze Straftatbestand weg.
Und weil in ihrer Liebe zum Kavaliersdelikt niemand die Österreicher übertreffen soll, beziehen sie sogar aus den häufigen Verstößen im politischen Bereich eine gewisse Rechtfertigung für ihr eigenes Verhalten.
Eine Episode aus der Ära Bruno Kreiskys zeigt den spezifisch-österreichischen Mechanismus auf: Kreisky hatte sich in einem

Interview zur Aussage hinreißen lassen, dass, wenn »die Juden ein Volk seien, sie ein mieses seien«; Worte, die er später dementierte und so nie gesagt haben will. Weder verübelte die Mehrheit der Österreicher ihm seinen Antisemitismus noch sein Abstreiten. Im Gegenteil. Kreisky bot zweifache Identifikationsmöglichkeiten: Zum einen bewilligte er gewissermaßen den unterschwellig vorhandenen Antisemitismus der 70er-Jahre, der als solcher ja gar nicht von so großem Übel sein konnte, wenn er selbst dem Juden Kreisky nicht fremd war. Zum anderen legitimierte er in gewisser Weise das eigene Flunkern. Das stieß beim Wahlvolk auf Gegenliebe.

Nicht jede Verdrehung oder Vertuschung der Wahrheit ist zwangsläufig schon Lüge. Nur die bewusste falsche Darstellung von Tatsachen ergibt bei aller Rücksicht auf die »subjektive« Wahrheit des Psychologen und Kommunikationswissenschaftlers Paul Watzlawick eine Lüge. Dass dieser übrigens so sehr die »Toleranz für die Wirklichkeit anderer« betont und die Wirklichkeit des einen jener des anderen als völlig gleichberechtigt beschreibt, wird wohl mit seiner österreichischen Abstammung zu tun haben. Diese garantiert eben besagte Toleranz. Dass er aber in seinem Konstruktivismus dann verlangt, man möge für diese eigene Wirklichkeit auch die volle Verantwortung übernehmen, muss als Konsequenz seiner Erfahrungen im Ausland, vornehmlich in den Vereinigten Staaten, zusammenhängen. In Österreich wäre er wohl nie zu solchen Schlüssen gekommen: Für etwas die Verantwortung übernehmen, »sie nicht jemandem anderen in die Schuhe schieben« zu können, das ist bei einer ausschließlich österreichischen Sozialisation nicht denkbar. Jedenfalls nicht bei einer ostösterreichischen.
An dieser Stelle muss auf die nicht unbeträchtlichen Unterschiede zwischen dem Osten und dem Westen des Landes hingewiesen werden. Denn Herr Schlawiner war und ist Wiener oder stammt aus Wien und Umgebung. Dass der »Duden« seine Herkunft als »Slawonier«, also als »Slowene« identifiziert, weil die slowenischen Hausierer in der Habsburgermonarchie als »besonders gerissen, pfiffig und unzuverlässig« galten, muss vor allem in Zeiten der Erweiterung der Europäischen Union und nach dem Zutritt

Sloweniens ins Haus der EU als politisch völlig inkorrekt zurückgewiesen werden und als Hinweis auf die historischen Wurzeln des Herrn Schlawiners ohne längeren Exkurs auf die osteuropäischen und Balkan-Einflüsse auf die Hauptstadt des Habsburgerreiches genügen.

Wahr ist jedoch, dass sich vor allem junge Menschen aus den westlichen Bundesländern, die es ja nun häufiger in den Osten Österreichs verschlägt als Angehörige ihrer Eltern- oder Großelterngeneration, mit dem spezifisch ostösterreichischen Umgang mit der Wahrheit ab dem Zeitpunkt, ab dem sie endlich erkannt haben, dass bei weitem nicht gemeint was gesagt wird, relativ schwer tun. Wahr ist zweitens, dass die hohe Kunst der Heuchelei, der Indirektheit, um nicht den Begriff Falschheit zu verwenden, wie sie in der Bundeshauptstadt gepflegt wird und dort das Politische seit Jahrhunderten geprägt hat, auch heute noch von manchem, der aus der Provinz hergereist ist, um in der Bundeshauptstadt Karriere in einer Rasanz anzustreben, die ihn und seine Fähigkeiten überfordern muss, dann gegebenenfalls diese hohe Kunst als Erklärung und Entschuldigung für sein eigenes Scheitern anführt.

Als ein ehemaliger Chefredakteur der »Presse« aus Kärnten nach drei Jahren Wien-Aufenthalt die Stadt unter Absingen schriller Klagelieder über die Intrigenwirtschaft wieder verließ, fand sich in den Reaktionen auf diese Lieder bezeichnenderweise kein Hinweis auf ein mögliches Selbstverschulden des Scheiterns des Journalisten, obwohl »tout Vienne«, wie es in solchen Fällen immer noch als Echo aus früheren Zeiten und völlig unmodern heißt, wusste, dass der wahre Grund für dieses Scheitern nicht die Inkompetenz der Intrige, sondern vielfach unter Beweis gestelltes und mit der Bedeutung der Position nicht zu vereinbarendes schlechtes Benehmen war, begleitet offenbar von einem Übermaß an Arroganz als Resultat tiefer Unsicherheit. Wer nicht weiß, wie viel Trinkgeld in einem Wiener Nobelrestaurant zu berappen ist und schlechte Adjustierung für den lässigen Umgang mit der abgeleiteten Medienmacht hält, der hätte sich über die vielfach erlebte Zurückweisung und Herablassung in der Wiener Gesellschaft nicht wundern müssen.

Bezeichnend aber waren auch hier die Reaktionen, die nicht etwa darin bestanden, dass man dem so Gescheiterten Mitleid bezeugte, sondern darin, dass man all seine Kritik, abgesehen von deren Ursprung und wahren Auslöser in einigen Fällen auch berechtigte Kritik, zum Großteil pauschal zurückwies. Wer sich wie viele Ostösterreicher ungern in den Spiegel sieht, weil dort eben das Zerrbild eines offenen und ehrlichen Bürgers zu sehen ist, der zertrümmert lieber den Spiegel. In diesem Fall traf ein verletztes individuelles Ego aus der »Provinz« auf ein verletztes kollektives der Hauptstadt. Die Ursache für die Beschädigung beider: malträtierte Wahrheit.

Nun kann man sich ja damit trösten, dass Wien nicht Österreich sei, was in allen Fällen, in denen es zu einem derartigen Aufprall von Ego kommt, angeführt wird, Tatsache ist aber, dass zumindest das politische Geschehen in Österreich in Wien gestaltet wird und daher Einfluss auf ganz Österreich hat. Deshalb ist der nonchalante Umgang mit der Wahrheit sehr wohl von – will man es hochtrabend formulieren – nationaler Bedeutung. Wie also wird Wahrheit manipuliert? Durch Verschweigen, weil auch dadurch die Realität falsch dargestellt werden kann. Die Bürger/Wähler allerorts – sicher nicht nur in Österreich, das sei einmal festgestellt und nicht immer wieder wiederholt – sind in ihren Entscheidungen von der Darstellung der Realität durch die Politiker abhängig.
Wenn sie nun seit einigen Jahren eine politische Führung im Bundeskanzleramt am Wiener Ballhausplatz haben, deren hervorstechende Eigenschaft als »Schweigen« beschrieben wird; in Wolfgang Schüssel einen Bundeskanzler, der offenbar seinen Decknamen »Der Schweiger« auch noch als Auszeichnung und Gütemerkmal auffasst, dann sind zwei Fragen zu stellen und eine Antwort zu geben: Welche Öffentlichkeit in welcher Medienlandschaft kann »Schweigen« in der Politik als Qualitätsbeweis akzeptieren? Und: In welche Richtung entwickelt sich die demokratische Verfasstheit des Landes, dass es offenbar weder innerhalb der politischen Struktur der Opposition noch außerhalb der Zivilgesellschaft gelingt, dieses Schweigen zu brechen und als das zu entlarven, was es sein könnte: eine ganz gemeine, im Sinn von gewöhnliche, Unterlassungssünde? Die Antwort: Eine Gesell-

schaft, die es schätzt, von der Realität so wenig wie möglich zur Kenntnis nehmen zu müssen, und ihrer autoritären Neigung auch 60 Jahre nach Wiedererlangung eines halbwegs demokratischen Staatsgefüges nachhängt.

In der für Kritiker schwierigen Zeit der Sowjetunion veröffentlichte der Dichter Alexander Solschenizyn 1974 den Aufruf, »nicht mit der Lüge zu leben und diese in nichts bewusst zu unterstützen«, denn in diesem Fall wären Lösungen in der Veränderung der russischen Gesellschaft unmöglich, weil sich so nie etwas »von selbst lösen« werde. Auf Österreich bezogen findet sich darin und in dem Hang der Bürger/Wähler, in vielem die Realität und ihre notwendigen politischen Lösungen einfach aus ihrem Leben auszublenden, die Erklärung für die Endlos-Schleifen bestimmter konkreter Probleme: Wer über Jahre hinweg die »Lügen« im parteipolitisch motivierten Postenschacher doch irgendwie akzeptiert, der darf sich über jede neue Blütezeit dieser österreichischen Unsitte nicht beklagen. Wer seit nunmehr über einem Vierteljahrhundert, um nur ein Beispiel zu nennen, beobachtet, wie das österreichische Gesundheitswesen durch bestimmte Fehlentwicklungen, die in den meisten Fällen mit politischer Kleingeisterei und persönlichem Ehrgeiz zu tun haben, den Rahmen der Finanzierbarkeit sprengt und geduldig den zehnten Reformanlauf in dieser Zeit beobachtet und somit seit den späten 70er-Jahren und der Ära der glücklosen Gesundheitsministerin Ingrid Leodolter die Serien-Lügen über die endgültige Neuordnung dieses Bereiches akzeptiert hat, der braucht sich darüber nicht erregen, dass das Problem der explodierenden Kosten noch immer nicht gelöst ist.

Die exakte Definition der Lüge trifft in einem Land auf allergrößte Schwierigkeiten, in dem – zumindest im politisch bestimmenden Teil, also in Ostösterreich – aus einer Vorliebe zum Relativen dem alles erschlagenden Argument »Geh sei nicht so« oder eben »Wir wern kan Richter brauchen« nur schwer etwas entgegengehalten werden kann, weil darin auch eine Verweigerung der inhaltlichen Auseinandersetzung liegt.

Deshalb nur ein Versuch: Es lügt, wer etwas anderes sagt, als er für wahr hält – und hier beginnt schon die erste Schwierigkeit.

Auch Politiker können einem Irrtum unterliegen und etwas für
»wahr« halten, was objektiv falsch ist. Es muss also bei einer
öffentlich gemachten Aussage eine bewusste Absicht zur Täuschung vorliegen, um sie zu einer Lüge zu machen. In anderen
Staaten kann es theoretisch Situationen geben, in denen durch
eine solche Lüge Schaden abgewendet werden sollte oder müsste.
Diese Einschränkung trifft auf die österreichischen Verhältnisse
deshalb nicht zu, weil es seit Jahrzehnten keine existenzielle Krise
gegeben hat, die solches rechtfertigen würde.
Lügen bedingen die Sprache, weil nur dadurch Meinungen, Haltungen, Taten – vergangene und künftige – vermittelt werden
können. Und als »wahr« dargeboten werden. Das Publikum ist
nicht verpflichtet, aus etwaigen (körper)sprachlichen Besonderheiten den Wahrheitsgehalt einer Aussage ausloten und ableiten
zu müssen. Obwohl diese Möglichkeit in Einzelfällen bestand
und besteht. Der frühere SP-Geschäftsführer aus einer Zeit, in
der dieser noch Zentralsekretär hieß, Karl Blecha also, schien
sich bei jeder schonungslosen oder schonungsvollen Verdrehung
der Wahrheit durch ein leichtes Augenzucken zu verraten. So war
es jedenfalls über fast zwei Jahrzehnte die Überzeugung der politischen Beobachter, die meistens den diversen Überprüfungen
standhielt. Blechas Auge und die geschundene Wahrheit wurden
bis zu seinem Rücktritt 1989 zum fixen Begriffspaar im innenpolitischen Journalismus.
In späteren Jahren wurde das verräterische Zucken in Kreisen
der Freiheitlichen Partei durch die Geschwindigkeit des Redens
abgelöst. Was als Ergebnis eines bestimmten Trainings – ganz offensichtlich der NLP-Schulung – daherkam, war in Wirklichkeit
die Methode, bestimmte Aussagen unüberprüfbar zu machen:
Wer nie einen Satz unterbricht um Luft zu holen, gibt dem Gegenüber weder die Möglichkeit, das Gesagte zu verarbeiten, noch
die Chance, Zweifel am Wahrheitsgehalt äußern zu können. Nun
gab es bei der FPÖ in den letzten Jahren Meister der Methode,
denen es gelungen ist, die wahrheitsverschleiernde Absicht dieser
Redeweise zu vertuschen; und Lehrlinge, denen auch noch nach
Jahren die Absicht anzumerken ist und die damit wenigstens auf-
merksame Beobachter, nicht aber Bürger/Wähler verstimmen.
Zur ersten Gruppe gehört unter anderem die frühere Vizekanz-

lerin Susanne Riess-Passer, der es zudem noch gelungen ist, ihre Atemlosigkeit zum Markenzeichen zu machen. Zur zweiten Kategorie war und ist Finanzminister Karl-Heinz Grasser zu zählen, dessen Technik der ständigen Wiederholungen und deplazierten Propagandasprüche nur mit der Weisheit der professionellen Spin-Doktoren – also jener Polit-Berater, die einen Politiker auf erfolgversprechende Verhaltensweisen trainieren – zu erklären ist: Was nicht mindestens 40-mal aus dem Mund eines Politiker kommt, wird vom Publikum nicht aufgenommen.

Es lügt in der Politik aber auch derjenige, der alle Fakten, die seine eigenen Absichten und Ansichten widerlegen oder ihnen schaden könnten, nicht zur Kenntnis nimmt oder so weit verdrängt und sie durch jene Annahmen ersetzt, die ihn stützen, dass er zwar in seinen öffentlichen Äußerungen nicht gegen die Wahrhaftigkeit verstößt, sich aber gar nicht erst die Mühe macht, die Tatsachen mit seiner Verpflichtung zur Wahrhaftigkeit, also mit seinem Gewissen in Einklang zu bringen. In diesem Sinn sollte man immer hellhörig werden, wenn ein Politiker wie Wolfgang Schüssel auf bestimmte Vorhaltungen und Kritikansätze bei Presseauftritten oder im Parlament den Satz verwendet: »Das ist nicht meine Realität« oder »Ich lebe in einer anderen Realität«. Diese Phrasen suggerieren dem Gegenüber immer eine Art Überlegenheit, indem unterstellt wird, das Gegenüber kenne nicht alle relevanten Fakten, was ja in Wirklichkeit tatsächlich nie auszuschließen ist. Sie bedeuten aber eigentlich nichts anderes als das Konstrukt einer eigenen Realität, in der alles zu sagen erlaubt ist, was den eigenen Absichten und dem eigenen Vorteil dient. Denn dies ist auch, wie in einer Diskussion über »Lügen ist leben« hervorgehoben wurde, immer ein Ziel und ein Motiv der Lüge: die Absicherung des eigenen Vorteils.
Besonders deutlich sichtbar aber werden die langen Beine der Lüge in der österreichischen Politik, wenn man sie als Vortäuschung edler Motive begreift, die so gar nicht das eigene Handeln bestimmen: Dann werden plötzlich aus Versprechungen vor politischen Wahlen objektiv notwendige Verbesserungen für den Bürger/Wähler, während es doch in Wahrheit wieder nur um Stimmensammeln geht; dann wird der Zeitpunkt einer populären

Entscheidung ohne Scham als genau der richtige verkündet, während es doch nur um die Nachwirkung dieser Entscheidung auf das Stimmverhalten der Bürger/Wähler geht. Das heißt, der Widerspruch zwischen öffentlichen Äußerungen und inneren – ob nun individuell oder parteikollektiv – Absichten konstituiert den Tatbestand der Lüge, der streng genommen auch ein Rechtsbruch ist; nämlich ein Verstoß gegen das Recht der Öffentlichkeit, die Wahrheit zu erfahren. Allein, it takes two to tango, wie die Angelsachsen sagen. Es muss also zwei für eine erfolgreiche Vortäuschung geben: einen, der täuscht, und einen, der sich täuschen lässt. Auf Österreich bezogen bedeutet dies: Das Zusammenwirken einer relativ starren und lange Zeit unveränderten politischen Struktur inklusive einem engmaschigen Interessengeflecht mit der Apathie der Mehrheit der Bürger und/oder deren Talent, diese Strukturen zum eigenen Vorteil zu nützen, ergeben eine unausgesprochene Kooperation von Täuschenden und Getäuscht-Werdenden. Deshalb auch die für manch andere Staaten ungewöhnlich langen Phasen der Geduld und das ungewöhnlich langsame Reaktionsvermögen der Bevölkerung.

Nur ein Beispiel: Es dauerte mehr als 12 Jahre – von den späten 80er-Jahren bis 2002 –, bis die Wähler auf die Vortäuschungen der FPÖ unter Jörg Haider reagierten. Und es ist anzunehmen, dass sie ohne die Selbstzerstörung der Freiheitlichen nach Knittelfeld 2002 auch danach noch nicht auf die eklatanten Täuschungen in Bezug auf Politikerprivilegien, Postenvergabe, Schutz für den »kleinen Mann« reagiert hätten. Ohne die Eigendemontage hätte man wahrscheinlich die Gier, mit der sich die FPÖ nun als Regierungspartei im Staat selbst bediente, gar nicht so recht bemerkt oder trotz kritischer Medienberichterstattung bemerken wollen.

Politik funktioniert zum Wohle der Gesellschaft dann, wenn zwischen Politik und Gesellschaft das Vertrauen intakt ist. Diesen Gemeinplatz kann man beim Thema Lügen in der Politik leider nicht umgehen. Lügen aber zerstört Vertrauen. Da hilft auch der Hinweis auf bestimmte Situationen, in denen eine Notlüge – dieser vor allem im Katholischen zur Beruhigung des eigenen Gewissens so beliebte Begriff – angebracht ist, nichts. In ihrer klassischen Definition dient die Notlüge dazu, von sich oder anderen Schaden abzuwenden. Nur weil jemand keinen Schaden erleiden oder zufügen will, ist er vor allem in der Politik nicht vom ständigen Bemühen um die Wahrheit dispensiert, wenn sich auch vor allem katholische Politiker diese Dispens immer häufiger selbst erteilen: Mit einer Notlüge Schaden von sich abwenden bedeutet nichts anderes, als die Verantwortung für sein Tun oder für seine Entscheidungen und das Handeln und Entscheiden anderer im eigenen Kompetenzbereich nicht übernehmen zu wollen. Schaden von anderen abwenden heißt im Politischen immer, die eigene Partei nicht um irgendwelche Vorteile bei den Wählern bringen zu wollen.

Nimmt man kommunikationswissenschaftliche Erkenntnisse zum Maßstab, dann erübrigen sich sowohl die Fragen wie die Regeln wie auch jeder Versuch, in der Politik in Österreich oder anderswo der Wahrheit zum Durchbruch verhelfen zu wollen: Demnach wären nur 40 Prozent aller Äußerungen auf allen Ebenen des gesellschaftlichen Wirkens »wahr« und 60 Prozent gelogen.

Die »Wahrheit« ist in der österreichischen Politik nicht nur eine »Tochter der Zeit«, wie Andreas Khol sagte, sondern sie ist vor allem eine »missbrauchte Tochter«, wie sich an verschiedenen Beispielen der letzten vier Jahre zeigen lässt. Im Februar 2000 trat die Regierung mit dem Versprechen an, es werde keine neuen Steuern geben, worauf man bei der folgenden Erhöhung von Abgaben und Gebühren aller Art den Begriff »Steuer« so umformulierte, dass die zahlende Bevölkerung bald die Übersicht darüber verlor, welche Erhöhungen sie nun hinzunehmen habe. Im Fall der Tabaksteuer kam es dabei zu einem besonderen Kunststück. Sozialminister Herbert Haupt lehnte im Jänner 2002 eine »Erhöhung der Tabaksteuer« noch kategorisch als untaugliches Mittel zur Sanierung der Krankenkassen ab. Wenig später war derselbe Erhöhungsakt, nämlich die Anhebung der Tabaksteuer, gar keine Steuererhöhung mehr, sondern eine Art »befristeter Selbstbehalt mit dem Angebot einer Ausstiegshilfe für Raucher«. Aus einem gebrochenen Versprechen wurde so eine Wohltat für die Getäuschten und ein Beitrag zur Volksgesundheit. Und die Krankenkassen sind noch immer nicht saniert und steuern auf ihre nächste Belastungsrunde zu. Allein, große Aufregung gab es darüber nicht, wobei nicht die

Erhöhung der Tabaksteuer oder die nicht sanierten Kassen, sondern der Bruch des Versprechens gemeint ist.

Ähnliches kann man seit der Einführung der Studiengebühren an Österreichs Universitäten beobachten. Aus der Festlegung von Unterrichtsministerin Elisabeth Gehrer im Herbst 2000, dass es überhaupt keine Diskussion um Studiengebühren gebe, wurde kurz darauf ein Beschluss der Regierung zur Einführung der Studiengebühren ab dem Wintersemester 2001. Es gab eine kurze Aufregung, aber über die Höhe der Gebühren und nicht über die wissentlich falsche Festlegung der Ressortchefin. Seither sind die Universitäten zwar auch nicht saniert, aber ruhig.

Besonders pikant sind natürlich die diversen Festlegungen im Lager der Freiheitlichen, dass mit ihrer Regierungsbeteiligung ab 2000 das Ende des Proporzes und der Parteibuchwirtschaft gekommen sei, und im Lager der ÖVP, dass es nur mehr rot-weiß-rote Ministerien geben werde. Inzwischen haben die Bürger/Wähler nach den diversen Personalentscheidungen in der Sozialversicherung, bei den ÖBB, im ORF, im Rechnungshof und anderen Institutionen den Überblick verloren. Wer aber überfordert ist, wird üblicherweise ab einem gewissen Punkt apathisch. Damit kann die derzeitige Regierung vortrefflich leben. Hochgelobte Manager bei der ÖBB und in der ÖIAG stehen vor dem Ende ihrer Verträge, weil sich entweder das Lob, das als Begründung zur Umfärbung und Verdrängung der bisherigen Manager nicht hoch genug sein konnte, als unberechtigt herausgestellt hat oder der Posten für einen weiteren Parteigänger von ÖVP und FPÖ benötigt wird.

# Von der verrohten Sprache

Was in Österreich als »Beschimpfung« eines Politikers gilt, ist in den letzten Jahren und Jahrzehnten nie klar definiert worden. Die Chronik der Verbalattacken ist lang und wird auch dann nicht akzeptabler, wenn auf die Wortwahl einer längst vergangenen Zeit verwiesen wird. Für die Sprache, die in der politischen Auseinandersetzung in Österreich verwendet wird und wurde, gilt der gleiche Befund wie für die anderen Politik-Bereiche: Die Kleinheit des Landes, die im Vergleich zum Rest der Welt – mit Ausnahme der Schweiz, Liechtensteins, Monacos, San Marinos – geradezu lächerlichen Probleme, die überschaubare Größenordnung dieser Probleme und die an und für sich eingespielte Zusammenarbeit der Institutionen müssten theoretisch eine relativ ruhige politische Arbeit unter maximaler Berücksichtigung bestimmter Formen und Grundsätze ohne Gehässigkeit ermöglichen.

Dem ist nicht so. Das politische Leben in Österreich neigt zu Fieberschüben öffentlicher gegenseitiger Aversion, die sich am besten in der Sprache und dem Umgang mit ihr ablesen lässt. So war zum Beispiel nach der »Wende« der Kärntner FP-Chef und treue Diener von Jörg Haider, FP-Klubchef Martin Strutz, Opfer eines derartigen Fieberschubs, als er ultimativ verlangte, dass »Beschimpfungen des Kärntner Landeshauptmanns nicht mehr länger ohne Konsequenzen bleiben dürfen und nicht mehr hingenommen werden«. Das klang nach der Einführung des Tatbestandes »Majestätsbeleidigung«. Wenn aber die Attacken auf Haider inakzeptabel waren, weil dieser Landeshauptmann ist, dann hätte auch die Abwertung des Wiener Landeshauptmanns Michael Häupl durch Haider Konsequenzen haben müssen: Häupl habe das Problem, »dass mit der rapiden Zunahme seines Körpergewichts die geistige Reife nicht mithalten kann«. Oder: War Haiders Aussage über die anderen Landeshauptleute Österreichs, sie wollten »nur repräsentieren und nichts arbeiten« (Interview 1999), bewundernd gemeint oder als Beschimpfung gedacht? Was will ein Politiker vom Schlage Strutz nicht »mehr hinnehmen« und an welche Konsequenzen denkt so jemand, sofern er überhaupt denkt, was nicht der Fall gewesen sein kann, weil Strutz seine Aussagen nicht zu Ende gedacht hat. Dann hätte sogar er bemerken müssen, dass in einer Demokratie keine Differenzierung bei »schutzwürdigen« Politikern gemacht werden kann. Haider als Kärntner Landeshauptmann sollte vor Beschimpfungen geschützt werden, aber der Landeshauptmann von Wien nicht?

Und wie ist das mit der Unzurechnungsfähigkeit, die sich so manche Politiker gegenseitig gerne attestierten? »Die sind nicht mehr zurechnungsfähig, diese Regierungsmitglieder«, hatte Haider schon am 1. Dezember 1994 befunden. Der heutige Bundeskanzler zählte dazu. Was war mit der Beschreibung Haiders als »Stallbursche« durch Wolfgang Schüssel 1995? Oder was wollte Haider über Schüssel sagen, als er ihn 1996 als »Mascherlträger«, der keine Verantwortung tragen kann, beschrieb? Und war die Aussage des damaligen SP-Finanzministers Rudolf Edlinger über den Kärntner Landeshauptmann (wenn schon kein Nazi, dann aber ein »Depp«) eine Beschimpfung, die nach Konsequenzen schrie? Auch im Februar dieses Jahres war Haider Landeshauptmann, als André Heller ihn für den »österreichischen Typus des intelligenten Trottels« hielt. Als Wiens VP-Chef Bernhard Görg Haider am 1. April 1999 als »skrupellos, charakterlos und gewissenlos« bezeichnet hat, war Haider allerdings noch nicht Landeshauptmann. Erst knapp eine Woche später. Als dieser aber Politiker als »rote und schwarze Filzläuse« bezeichnet hatte (April 1994), waren manche von ihnen Bundesminister. Für wen also wollte Strutz die Schutzklausel einführen?

Selbstverständlich steht hinter Ankündigungen solcher Art nie ein ernsthafter Wille und wohl auch nicht die Absicht zur konsequenten Durchsetzung. Deshalb spielt es auch etwa für das aktuelle politische Geschehen nie eine Rolle, was die verschiedenen Akteure in der Vergangenheit übereinander in der Öffentlichkeit gesagt haben oder nicht. Dieser Mangel an Ernsthaftigkeit ist einer der Gründe für die Verachtung, die so viele Wähler den politisch Verantwortlichen entgegenbringen. Allein wenn man auf die gegenseitigen Qualifikationen, die sich Jörg Haider und

Wolfgang Schüssel in Zeiten der FPÖ-Opposition in aller Öffentlichkeit an den Kopf geworfen haben, und zusätzlich die späteren Lobeshymnen der beiden über die Zusammenarbeit ihrer Parteien im Kopf hat, muss man erkennen: Ein so kurzes Gedächtnis, eine so große Fähigkeit des Verzeihens und Vergessens kann die Mehrheit der Österreicher gar nicht besitzen.

Haider hatte Schüssel vor der »Wende« mit Hohn überschüttet, allerdings auch – sobald es um einer möglichen Koalitionsoption willen opportun schien – mit Lob; was jedenfalls mehr war, als Schüssel vor 1999 je über sich gebracht hat. Seine unerträgliche Leichtigkeit in der Änderung seiner Einstellung schien mit jedem Schritt näher zur Macht größer zu werden.

Aber was waren die beiden füreinander nicht alles vorher? Schüssel war für Haider ein »Kämmerer, der mit der Muttermilch des rot-schwarzen Proporzes aufgezogen worden ist« (1995); a »Mascherlträger, a klaner Schüssel, der auf an Hügl kreut, damit er a wo oben ist« (1995); der »beste sozialistische Vizekanzler, den die SPÖ je hatte« und Obmann einer Partei, die 1997 schon »nimmer zu retten war«, nicht mehr existierte, »in Agonie dahinsiecht, zu keinem wirklichen Kraftakt fähig ist«. In diesem Jahr glaubte Haider noch, Schüssel »hat seine Zukunft hinter sich, weil er 1995 beim Versuch, die Verantwortung an sich zu reißen, kläglich gescheitert ist«. Drei Jahre später war Schüssel Bundeskanzler von Haiders Gnaden; fünf Jahre später demolierte er Haiders FPÖ bei der Nationalratswahl 2002.

In Bezug auf Schüssel scheint Haiders Fantasie immer etwas unterentwickelt gewesen zu sein. Noch im August 1999 konnte er sich nicht vorstellen, dass Schüssel als »fleischgewordener Ausdruck des Kammersystems« aus den sozialpartnerschaftlichen Bahnen und somit aus einer Regierung mit der SPÖ ausbrechen werde. Im Herbst 2002 konnte er sich offenbar nicht vorstellen, dass Schüssel wegen des Rücktritts Susanne Riess-Passers die Koalition aufkündigen würde, obwohl er bei einigen Mathematikkenntnissen sich ausrechnen konnte, dass ÖVP und FPÖ keine parlamentarische Mehrheit für irgendwelche Gesetze haben würden.

Da war Schüssel in Bezug auf Haider schon viel ideenreicher und realistischer. 1995 hatte er den FP-Obmann noch für ein »sehr begabtes Chamäleon mit großen Flecken auf seiner ideologischen Landkarte« gehalten. Es hat ihn nur »aufgeregt, dass mit Haider auch die Republik Flecken kriegt«. Vier Jahre später hat ihn das nicht mehr aufgeregt. Im Gegenteil, die Aufregung im Ausland war jener Kitt, der die kleine Koalition in den ersten neun Monaten ihrer Existenz auch vortrefflich zusammenhielt, sodass nicht einmal drei Rücktritte in dieser Zeit – Justizminister Michael Krüger, Sozialministerin Elisabeth Sickl und Infrastrukturminister Michael Schmid – ihr etwas anhaben konnten.

War Haider für Schüssel 1995 noch der »Gröfaz, der größte Freiheitliche aller Zeiten«, dessen »Vertrag mit Österreich« für die ÖVP unbrauchbar war und der sich mit seinem Auftritt vor Vertretern der ehemaligen Waffen-SS in Krumpendorf als »ernsthafter Politiker einmal mehr disqualifiziert hatte«, so war er vier Jahre später sein Partner bei der Unterschrift des Koalitionsvertrages. Zwischenzeitlich sah Schüssel in Haider »einen Politiker, der bemüht ist, so viel wie möglich aus Emotionen, Angst und Aggressivität aus den Leuten herzugewinnen«, und in den Jahren 1997 bis 1999 jedenfalls »keinen Partner«, da er einer ist, »der die Brandfackel der nationalen Stereotypen ganz bewusst verwendet«. Schüssel wollte damals nicht »Hass« sagen, was sich wenig später natürlich als praktisch erwies, weil ein Pakt mit einem Politiker, dem man zuvor bezichtigt hat, Hass in das Land zu tragen, vielleicht noch schwieriger zu erklären gewesen wäre. Nimmt man Schüssel bei seinem Wort im März 1999 – »Der Führer der Freiheitlichen wird immer Jörg Haider heißen«, was zu dieser Zeit noch das ultimative Gegenargument gegen eine Zusammenarbeit war –, dann hätte man alle seine Aussagen über die Regierungsarbeit mit Susanne Riess-Passer und ihre Person nicht zum Nennwert nehmen dürfen. Denn von Februar 2000 bis Herbst 2002 galt die Devise, dass Riess-Passer die Partei absolut im Griff habe und der kleinen Koalition daher kein wie immer geartetes Ungemach droht.

Aber Politiker aller Couleurs haben – wie so viele Bürger auch – offenbar eine geradezu unbegrenzte Fähigkeit, zu tolerieren, was toleriert werden muss, wenn es die politische Opportunität erfordert, um nicht von Opportunismus zu sprechen. 1997 noch hatte Haider Schüssel eine neue Karriere als »Hias« im »Musikantenstadl« und der ÖVP ein baldiges Ende vorhergesagt. Zwei Jahre später war der »Hias« im Bundeskanzleramt und die ÖVP wenig später bis zum ersten Platz in der Republik wieder belebt. Diese Zeitlinie scheint zu beweisen, dass sich Toleranz in der Politik den gegenseitigen Verächtlichmachungen gegenüber langfristig doch zu lohnen scheint.

Abgesehen von den persönlichen und nicht nur politischen gegenseitigen (Ab-)Qualifizierungen, die in dem Maß zunahmen, in dem die FPÖ unter Jörg Haider immer erfolgreicher wurde, und die seit den frühen 90er-Jahren die politische Auseinandersetzung prägten, profitierten vor allem Vertreter der Freiheitlichen von einem Begriff, der ungefähr im gleichen Zeitraum von den USA nach Europa transferiert wurde: Political correctness, was im deutschen Sprachraum unter »politisch korrekt« verbreitet und neusprachlich als »PC« abgekürzt wurde. Dahinter verbirgt sich die Annahme, dass die Sprache Ausdruck und Konsequenz einer nicht festgelegten gesellschaftspolitischen Konvention ist, und sich daher die genaue Beachtung der Sprache auf die gesellschaftspolitische Konvention niederschlägt.

Wer sich also der »politischen Korrektheit« der Sprache in der Politik verschrieben hat, der sieht darin entweder bei ausreichender Beachtung eine Garantie für die Festigung des »Wünschenswerten« oder bei eklatanter Missachtung den Ausdruck des Protestes gegen die Konvention und den Versuch, über die Sprache in den Köpfen des Publikums (sprich Wählers) die gewünschten Veränderungen herbeizuführen.

Auf die österreichischen Verhältnisse bezogen bedeutete dies vor allem für Vertreter der FPÖ unter der eloquenten Führung Haiders die permanente Möglichkeit zum Tabubruch einerseits und die mühelose Ausgestaltung und Stärkung der Rolle der Verfolgten andererseits. Dem ununterbrochenen Tabubruch allein in der Sprache entsprach die fortgesetzte öffentliche Aufregung darüber. Wäre der Begriff der »politischen Korrektheit« nicht gerade in dieser Zeit zu seiner Verbreitung gelangt, hätten die verschiedenen Verletzungen dieser propagierten Korrektheit nicht jenen Grad der Aufmerksamkeit erreicht, den die FPÖ für ihre Gegen-Positionierung in der politischen Landschaft Österreichs so dringend benötigte. Denn nur in dieser Gegen-Position lag über Jahre hin ihre Stärke – und nicht in den realen, nachvollziehbaren und überprüfbaren politischen Handlungen.

Andererseits: Wer »politische Korrektheit« als Einschränkung der Meinungsfreiheit, Verdrehung der Wahrheit und Anschlag auf den Hausverstand sehen will, der kann ihre Befürworter mühelos und breitenwirksam als Gesinnungsterroristen und Tugend-Tyrannen denunzieren. Der Begriff, der ursprünglich die Absicht einer Gesellschaft ausdrücken sollte, in der Sprache die Abwertung verschiedener sozialer Gruppen – Frauen, Minderheiten, Behinderte, Angehörige einer bestimmten Bevölkerungsgruppe – zu unterbinden, der Begriff wurde also von beiden Seiten missbraucht: von seinen Gegner wie seinen Befürwortern, jedenfalls in Österreich.

Was damit gemeint ist, lässt sich am Beispiel der Demonstration gegen die Ausländerfeindlichkeit der FPÖ, wie sie in deren Anti-Ausländer-Volksbegehren wahrgenommen wurde, erklären. Dieses Volksbegehren galt vielen in Österreich und nicht nur der Linken, wie sich bei der Demonstration am 23. Jänner 1993 zeigen sollte, als der bis dahin ärgste Verstoß gegen das »Wünschenswerte« – und dies war, entgegen der Realität, die von der damaligen Bundesregierung nur unzureichend beachtet worden war, eine den Ereignissen rund um Österreich adäquate Akzeptanz der zunehmenden Zahl der Ausländer. Die FPÖ hatte, wie Heide Schmidt nach ihrem Austritt aus der Partei und der Gründung des Liberalen Forums erst einige Zeit danach zu erzählen wusste, bei der Einleitung ihres Anti-Ausländer-Volksbegehrens damals bewusst mögliche Ausschreitungen in Kauf genommen; in Wahrheit aber durch bewusst herbeigeführte »politische Unkorrektheit« auf eine maximale Mobilisierung ihrer Anhängerschaft und einen maximalen Zugewinn neuer Anhängerschichten abgezielt.

Die »politisch Korrekten« hatten die Herausforderung angenommen. 250.000 marschierten mit Kerzen über die Wiener Ringstraße. Es war eine der eklatanten Fehleinschätzungen des damaligen Ressortleiters der »Presse«-Außenpolitik und späteren Chefredakteurs Andreas Unterberger, dass er diese Demonstration wenig später in einem »Spectrum«-Artikel als lächerliche Ansammlung linker Gutmenschen verächtlich gemacht hatte. Nichts war von der Wahrheit dieses kalten Wintertages weiter entfernt. Zu Tausenden waren damals nämlich auch junge Menschen und vor allem Familien unterwegs, von denen man annehmen konnte, dass sie erstens in den gutbürgerlichen Bezirken Wiens beheimatet waren und zweitens durchaus zur Leserschicht der »Presse« gehörten. Wer damals die Keule der »lächerlichen politischen Korrektheit« schwingen wollte, traf eben nicht nur Alt-Gewerkschafter, Sozialdemokraten und links-linke Grüne, sondern durchaus auch junge bürgerliche Österreicher – bürgerlich auch im Sinne der »Presse«.

Aber da gab es in Österreich schon keine Grenzziehung mehr zwischen der korrekten Verwendung bestimmter Begriffe und der – auf Maximierung der Aufmerksamkeit und des Effekts ausgerichteten – Verdrehung ein und desselben Begriffs. Auch in der politischen Sprache hatte sich eine Art Neoliberalismus breit gemacht. Das Gefühl für das, was »noch geht, noch anständig ist« und was nicht, war vielen schon abhanden gekommen. Auch dadurch wurde jene Polarisierung in der Politik begünstigt, die phasenweise für eigene Zwecke mehr oder weniger geschickt instrumentalisiert oder beklagt wird.

Da war in den letzten Jahren begrifflich kein Halten mehr. Dabei folgten zum Beispiel auch in der Endzeit der großen Koalition sogar die beiden kleineren Oppositionsparteien Grüne und Liberales Forum bereitwillig der FPÖ über die bis dahin akzeptablen Grenzen. Im Frühjahr 1997 etwa kündigten alle drei Oppositionsparteien an, sie werden die Arbeit in den parlamentarischen Ausschüssen boykottieren, was zur Folge hatte, dass sich Regierung und Opposition Begriffe wie »Notwehraktion«, »Demokratieverweigerung«, »Verfassungsbruch« oder »parlamentarische Gewaltanwendung« an den Kopf warfen – ohne Rücksicht darauf, dass unter Umständen solche »Killerphrasen« die Demokratie als solche beschädigen können. Zu diesem Zeitpunkt hatten viele in den Parteien die »Angemessenheit der Mittel« in der Politik schon längst aus den Augen und jedes Gefühl für die Wirkung der Sprache verloren. »Notwehr« ist möglicherweise in einer echten Krisenphase angebracht, sollte die Demokratie bedroht sein. Davon war aber aufgrund der stabilen parlamentarischen Verhältnisse damals überhaupt keine Rede: Der Streit ging 1997 um einen parlamentarischen Untersuchungsausschuss zum Selbstmord des Kontrollbank-Vorstandes Gerhard Praschak, der erwartungsgemäß von der rot-schwarzen Regierungsmehrheit abgelehnt worden war. So legitim die Forderung nach einer parlamentarischen Untersuchung der Vorwürfe des Postenschachers war, so überzogen war die Reaktion auf die Ablehnung. Vor allem die verbale. Am Rande sei bemerkt, dass die FPÖ seit Eintritt in die Regierung unter totaler Amnesie leidet und ihre damalige Forderung zum Untersuchungsausschuss als Recht der Minderheit im Parlament gnädig dem Vergessen überantwortet hat.

Oder ein Beispiel zur Unredlichkeit der Propaganda: In letzter Zeit ist es Mode geworden, zur Propagierung der eigenen Wohltaten nur mehr in Superlativen zu sprechen. Das war schon in den 90er-Jahren mit Erstaunen zu bemerken, als Österreich noch laut rot-schwarzer Diktion das »beste System der Altersversorgung Europas« hatte, offenbar so »am besten«, dass es in den 90er-Jahren schon reformiert und später, also in den letzten Jahren, total verändert werden musste.
An ihre Diktion der Superlative in der großen Koalition will die ÖVP nun natürlich nicht mehr erinnert werden. Diese Diktion aber richtet deshalb so viel Schaden an, weil sie sich jeder Überprüfung durch den normalen Adressaten der Botschaft entzieht. Welcher Bürger zwischen Bregenz und Eisenstadt hat schon das faktische Rüstzeug oder die Neigung oder die Zeit, in einem gesamteuropäischen Vergleich diese Behauptung auf ihren Wahrheitsgehalt hin zu überprüfen. Das heißt, hier wird mit dem zu erwartenden Mangel an Information und Wissen Politik gemacht, auf Wirkung spekuliert ohne die geringste Absicht, den Wahrheitsbeweis auch nur vordergründig anzutreten. In diesem Sinne wurde Österreich in den letzten Jahren das »kinderfreundlichste Land Europas« mit der »besten Verwaltung Europas« und sogar das »umweltfreundlichste Land der Welt«. Falls die Medien in der einen oder anderen Grafik – oft nicht als Reaktion auf den Anspruch, sondern bei anderer Gelegenheit – die Behauptungen als haltlos entlarven, ist die Behauptung meist schon 40-mal aufgestellt – eine Messeinheit, von der Politologen behaupten, sie sei

in der öffentlichen Kommunikation die einzig gültige: Ein und dasselbe 40-mal verkündet, werde vom Publikum (sprich Wähler) schließlich als wahr aufgenommen und abgespeichert.

Ohne das kurze Gedächtnis der Bürger und ohne die nationale Neigung, doch alles nicht so »wörtlich« zu nehmen, gäbe es in der Politik wahrscheinlich einen sorgfältigeren Umgang mit der Sprache. Die beliebteste Beruhigungs-Forderung, die Worte doch nicht auf die Waagschale zu legen – warum eigentlich nicht? – mag ja in Wahlkampfzeiten noch irgendwie durchgehen, was aber ist nach geschlagener Wahl?
Als prägnantes Beispiel dafür, mit welch unerträglicher Leichtigkeit die ÖVP auch sprachlich ihre eigene Wende vom Partner der SPÖ zu deren Gegner vollzogen hat, sind TV-Auftritte und Parlamentsdebatten nach dem 4. Februar 2000 noch gut in Erinnerung. Die Öffentlichkeit hat nicht nachgefragt, auch weil sie daran gewöhnt ist, ja nicht alles so »wörtlich« zu nehmen. Der Schaden für die Glaubwürdigkeit der Politik wurde nicht hinterfragt. Wer zum Beispiel einen Fernsehauftritt der beiden Klubchefs Peter Kostelka (SP) und Andreas Khol (VP) nach der Bildung der blau-schwarzen Koalition mitverfolgt hat, der musste sich damals fragen: Entweder haben die beiden eine perfekte Show in ihren neuen Rollen Regierungspartei – Opposition abgezogen, oder sie haben in den letzten Jahren bis zur Selbstverleugnung für die alte rot-schwarze Regierung zusammengearbeitet. Anders war so viel Aversion und wechselseitige Überheblichkeit bei Männern ihres Alters und ihrer Professionalität wohl nicht erklärbar.
Doch das war nicht der erste Anlass zur Verwunderung: Bei einer Sondersitzung des Nationalrates hatte sich schon der damalige Wirtschaftskammer-Generalsekretär Günter Stummvoll gefreut, dass die ÖVP »jetzt endlich einen Partner« habe, mit dem man das alles, was man mit der SPÖ nicht machen konnte, durchsetzen könne. Die Leichtigkeit und die Rasanz, mit der manche VP-Politiker umzudenken vermochten, hat von Anfang an Verblüffung ausgelöst. Einige von ihnen gestehen in privaten Gesprächen durchaus ein, dass man in der öffentlichen Präsentation der eigenen »Wende« doch vielleicht mehr Distanz an den Tag hätte legen können; beim politischen und emotionellen Wechsel weni-

ger dick hätte auftragen sollen. Doch was zählen in der Politik schon private Gespräche, wenn der Mut fehlt, die privat geäußerten Ansichten auch den Bürgern zu vermitteln? Aber nicht einmal die Tatsache, dass in der ÖVP bald jede Zurückhaltung aufgegeben wurde und der Chor des Jubels über den neuen Partner FPÖ in seiner Lautstärke für Bürger und Wähler eigentlich schon jenseits der Schmerzgrenze lag, machte offenbar stutzig. Eigentlich hätte man die simple Frage diskutieren müssen: Lügen sie jetzt oder haben sie 14 Jahre lang gelogen? Allein, das interessierte niemanden. Die ÖVP hatte eine verständliche Erklärung parat: Man fühle sich befreit und stark (auch als Dritter), habe mehr Regierungserfahrung und könne die Dominanz auskosten. Das alles hat sich seither nur verstärkt.

In dem völlig neuen Selbstwertgefühl – unterfuttert mit Rachegelüsten für vergangene Demütigungen wie den Verkauf der »schwarzen« CA an die »rote« Bank Austria – machten VP-Politiker bald aus Sozialdemokraten »Sozis«, »rote Gfrieser‹« und »rotes Gsindel« – ganz privat natürlich, bestenfalls in internen Sitzungen und Veranstaltungen. Nach einem dieser Ausbrüche verließ ein emeritierter Universitätsprofessor, den man hier aus Rücksicht auf seine Person auch nicht mehr identifizieren muss, eine VP-nahe Institution. Plötzlich rächte sich, dass die SPÖ zuerst unter Franz Vranitzky aus Überheblichkeit, dann unter Viktor Klima aus Überforderung und Schlichtheit jahrelang nicht zur Kenntnis genommen hat, wie viel Aversions-Potenzial sich auf der rechten Seite des Hohen Hauses aufgestaut hat. Und dieses schlug sich dann anfänglich in einer Sprache, später dann auch in Handlungen nieder, die im Sommer 2004 den ehemaligen Gesundheitsminister und SP-Präsidentschaftskandidaten Kurt Steyrer bei einer Begegnung veranlassten, von seinen Erinnerungen an die »30er-Jahre« zu sprechen. Die extreme Sensibilität eines 80-Jährigen? Hoffentlich, denn die Bürger scheinen es gelassen hinzunehmen.

Eines der populärsten und bekanntesten Beispiele, wie in Österreich mit Sprache Politik gemacht wird und wie sehr politische Begriffe den Änderungen der Zeitläufte unterliegen, ist jenes des Begriffs »speed kills«, mit dem der damalige VP-Klubobmann

Andreas Khol die Taktik der Partei umschreiben wollte, Gegebenheiten per Gesetz so schnell zu verändern, dass die SPÖ als
nunmehr große Oppositionspartei weder zum Denken noch zum
Nachprüfen noch zum Reagieren kommt. Seitdem der Verfassungsgerichtshof aber die wichtigsten Gesetze dieser Phase wegen
Mangel an formaler oder inhaltlicher Qualität an den Absender
zurückgeschickt hat, will in der ÖVP niemand mehr den Begriff
verwenden – und Andreas Khol hat eine andere Funktion, jene
des Ersten Nationalratspräsidenten, repräsentativ, aber nicht
wirklich Ehrgeiz-kompatibel.
»Speed kills« war als politischer Begriff in zweifacher Hinsicht
problematisch: Erstens weil er einer vielleicht weniger fremdspra-
chenkundigen, aber Action-Film-erprobten breiteren Öffentlichkeit die Assoziation »töten« aufdrängt und dies einer Demokratie
nicht angemessen ist – aber auch dafür ist das Fingerspitzengefühl
bereits abhanden gekommen. Zweitens bewies er den sorglosen
Umgang mit der Sprache in der Politik, was auch nicht gerade
vertrauensfördernd war. Der Begriff stammte nämlich in seiner
ursprünglichen Bedeutung aus dem US-Wahlkampf 1992 zwischen George Bush sen. und Bill Clinton. Er meinte damals die
blitzschnelle Reaktion des Herausforderers auf alle Bush-Aussa-
gen, auf dass durch ein dichtes Netzwerk von Information mittels modernster Technologie die Antwort des Gegenkandidaten
gleichzeitig mit der Aussage des US-Präsidenten in die Medien
gelangte; solcherart sollte jeglicher Vorsprung Bushs in der The-
menführerschaft zunichte gemacht werden.
Der frühere glücklose SP-Bundesgeschäftsführer Andreas Rudas
wollte das Konzept im Nationalratswahlkampf 1999 übernehmen. Es funktionierte nicht. Khol verfälschte den Begriff gehörig.
Er wollte mit dem Tempo der Reformarbeit der neuen Bundesregierung alles andere zudecken und übertünchen. Die Absicht
traf damals, wie Meinungsforscher zugaben, die Gemüts- und
Gefühlslage vieler Österreicher punktgenau. Die Bevölkerung
glaubte damals noch, dass die Zeiten der »Packelei« (Synonym:
Sozialpartnerschaft, große Koalition) vorüber seien; endlich
etwas weiter gehe, nicht alles verwässert, zerredet und auf die
lange Bank geschoben werde. Die Zeit seither belehrte sie eines
Besseren. Die Berufung einer ganzen Reihe von Freiheitlichen in

Spitzenfunktionen unter Missachtung der Ausschreibung und des Angebots – letztes Beispiel: die Bestellung des Präsidenten des Rechnungshofs, des ehemaligen Klubdirektors der FPÖ Josef Moser – muss zur Ernüchterung geführt haben. Und die kurze Lebensdauer des Kabinetts Schüssel I mit Riess-Passer, das freiheitliche Chaos seither, kam dem Bedürfnis vieler Österreicher nach Ruhe auch nicht wirklich entgegen.

Es ist seither so ziemlich alles eingetreten, wovor Politologen schon in jener Zeit gewarnt haben, in der »speed kills« zum bekanntesten politischen Begriff zählte: In dem Moment, in dem in der Bevölkerung die Erleichterung über das Auflösen des rot-schwarzen Reformstaus abklingen werde, könnte das Gefühl/die Einsicht auftauchen, es werde zu rasch »aus der Hüfte geschossen«, die Regierung fahre über alles und jeden »drüber«, es könnte also die Stimmung kippen. Dafür blieb der Wende-Regierung aber nicht einmal genügend Zeit. Die Wahl 2002 veränderte wiederum alles, nur nicht die Befürchtung der Experten, der Verfassungsgerichtshof werde die Sozialversicherungsreform, die Zivildienst-Reform, Teile der Universitätsreform zurückschicken.

# Von den gefährdeten Medien

Ein heißer Dienstag im Sommer 2004. Die österreichische Bundesregierung tritt zu ihrem einzigen Ministerrat in diesen Urlaubsmonaten zusammen. Sie hat in der Tat auch etwas zu beschließen: Die Nominierung von Außenministerin Benita Ferrero-Waldner zur EU-Kommissarin. Der so genannte Steinsaal im Bundeskanzleramt am Wiener Ballhausplatz summt. Unzählige Journalisten, Kameraleute, Fotografen vertreten sich wie üblich die Füße, lungern in den Sesseln und Bänken. Kaffee, Erfrischungsgetränke, alles wie üblich. Die Fenster sind weit offen, die Luft steht.

Zu Zeiten Bruno Kreiskys, Fred Sinowatz' und Franz Vranitzkys postierten sich die Mitglieder der schreibenden Zunft vor der Tür, durch die Kreisky, Sinowatz und Vranitzky – Viktor Klimas Kanzlerschaft ist heute nicht einmal mehr eine Erinnerung wert – aus dem Ministerratssaal kommen sollten (die Kameras wurden erst im Anschluss aufgebaut). Die Tür öffnete sich, dann konnte das Frage-Antwort-Spiel beginnen – von Kreisky eingeführt, schon unter Sinowatz stockend, unter Vranitzky und Klima langsam verkommend.

An diesem Dienstag im Sommer 2004 öffnet sich die linke Tür zu jenem Raum, in dem auch die offiziellen Essen des Bundeskanzlers für ausländische Gäste meist stattfinden. Vorne an der rechten Seite der ominöse Milchglastisch mit den über die letzten Jahre wechselnden Sprüchen. Gerade ist »Mit ganzer Kraft für Österreich« en vogue, es war aber auch schon der Sinnspruch »Zukunft braucht Verantwortung« angebracht – und dann noch von Fall zu Fall ein aktuelles Taferl etwa mit dem Propagandaspruch »Weniger Steuern, mehr fürs Leben«. Die Bilder dieser Aufstellung zeigen, dass Bundeskanzler Wolfgang Schüssel an dem Tisch so postiert ist, dass bei der Ablichtung und einer »Totalen« im Fernsehen, also einer Nahaufnahme, gerade noch das Wort »Kraft« vor seiner Person zu lesen ist.

Der Spiegel im Rücken der Pressekonferenz-Gebenden ebenfalls milchig, eine österreichische Fahne und ein EU-blauer Hintergrund angedeutet, links die EU-Fahne in voller Pracht, rechts die österreichische, Bundesadler inklusive. Ungefähr zehn Schritte vor dem Tisch die Batterie der TV-Kameras, die Kameraleute mit dem Rücken zu den Journalisten, die artig auf den kleinen goldenen Sesseln in Zehner-Reihen sitzen, streng geteilt durch einen Mittelgang.

Der politische Wert dieser Aufstellung zeigt sich jedes Mal verblüffend klar: Die Distanz zwischen den Vertretern der Regierung, Bundeskanzler Wolfgang Schüssel dieses Mal mit seinem Vize Hubert Gorbach, und den Journalisten mitsamt der dazwischen liegenden »Barriere« an TV-Kameras erweist sich als absolut prohibitiv für ein Frage-Antwort-Spiel, was ganz offensichtlich im Sinne der Inszenierer sein muss, denn Augenkontakt mit den Befragten ist für jene Journalisten, denen ein guter Kanzleramt-Geist ein Mikrofon auf einer langen Stange unter die Nase hält, nicht möglich.

Selten hat man in den letzten Jahrzehnten die Absicht der Inszenierung eines politischen Auftritts so leicht durchschaut wie bei diesem neuen Arrangement der lästigen Pflichtübung des Bundeskanzlers, den Journalisten auch noch Auskunft über die Arbeit der Regierung geben zu müssen. Haltet Abstand, nehmt zur Kenntnis, was ich zu sagen habe, und basta!

Nach einigen Jahren dürfte Wolfgang Schüssel endlich seine Ideal-Inszenierung gefunden haben, nachdem er in der Regierung mit Riess-Passer noch im vollen Blickfeld der Journalisten an zwei Glaspulten stand, danach für kurze Zeit einen Tisch hatte, hinter dem er sich verstecken konnte, weil die Glasplatte überhöht war (und sich daher bald als unbrauchbar herausstellte: Wer will schon bei der Anstrengung ertappt werden, über ein Glas hinausschauen zu müssen?)

So aber ist Schüssel in Kontrolle, hält sich die Journalisten sprichwörtlich vom Leib, hat keine unkontrollierten Fragen zu gewärtigen und bekommt, was am wichtigsten ist, verlässliche statische Bilder in den Hauptnachrichtensendungen des ORF-Fernsehens. Die erste Reihe ist zudem mit Pressereferentinnen und anderem Personal der Regierung okkupiert. Doppelte Abschirmung also. Und genau so läuft das Pressefoyer, das zu einem Presseauftritt ohne Risiko herabgestuft wurde, dann ab. Der Kanzler gibt die zu diesem Zeitpunkt schon jedes Neuigkeitswerts beraubte Nominierung Ferrero-Waldners für den Posten in Brüssel bekannt – und liefert die Sensation, dass sie in der Regierungssitzung Applaus dafür bekommen habe, auch gleich noch mit. Der Vizekanzler berichtet, dass er berichtet habe – von einer Reise nach Ex-Jugoslawien, die allerdings auch schon einige Zeit her war. Und wenn einer eine Reise tut, dann kann er seinen Minister-Kollegen auch etwas erzählen. Der Nachrichtenwert dieses Presseauftritts tendierte nicht einmal nach null, die Null war offenbar beabsichtigt.

Dann durften die Journalisten an die Themen: Was er denn zu dem Vorschlag seiner steirischen Parteifreunde zur Einführung der Ehe für Homosexuelle sage, wurde Schüssel gefragt.

»Am besten gar nichts.«

Warum?

»Deshalb.«

Wann man denn mit der Fertigstellung des großen Reformprojekts der Harmonisierung der Pensionssysteme rechnen könne, nachdem die ersten Termine bereist verstrichen sind, wurde Schüssel gefragt.

Wann es fertig sei, lautete die knappe Antwort.

Ob schon bekannt sei, welches Ressort Ferrero-Waldner in Brüssel bekommen werde, wurde der Bundeskanzler gefragt.

Nein, denn das sei Sache des Kommissionspräsidenten. (Das sollte sich innerhalb von 24 Stunden als Flunkerei herausstellen, denn am nächsten Tag verkündete der neue Kommissionspräsident die Aufteilung und es ist nicht anzunehmen, dass die Außenministerin und damit der Bundeskanzler vorweg davon nicht informiert waren. Wenn doch, müsste man beiden ein bedenkliches Problem mit ihrem Standing in Brüssel nachsagen.)

Was denn Vizekanzler Hubert Gorbach zu den verschiedenen Linien in der FPÖ bezüglich eines EU-Beitritts der Türkei sage?

Gorbach sieht keine Linien, nur verschiedene Meinungen. Der Rest sind unerhebliche Ausführungen zur Türkei.

Wo denn der außenpolitische Nutzen für Österreich liege, wenn Finanzminister Karl-Heinz Grasser in Serie über den Nachbarn Deutschland herzieht?

Schüssel macht einen Exkurs in den Stabilitätspakt der EU und den Verstoß Deutschlands dagegen.
Wo aber der außenpolitische Nutzen für Österreich sei, wenn Grasser in einem Interview mit dem »Münchner Merkur« Deutschland als an einer »Herz-Lungen-Maschine dahinsiechend« beschreibt, während Österreich wirtschaftlich topfit sei? Schüssel verweist auf eine »Wortwahl«, die nicht die seine sei.
Basta. Ende der Vorstellung.
Der Bulk der Journalisten erhebt sich, die beiden Spitzen der österreichischen Bundesregierung entschwinden durch die eine, der Rest durch die andere Tür. Es gab keine Spielmacher bei dieser Veranstaltung nach der Regierungssitzung, weil es kein Spiel von Frage und Antwort gab.

Etwas vermisste man bei dieser Gelegenheit: Den Hinweis Schüssels, dass sich eine der Fragen auf eine »virtuelle« Realität beziehe, die eben nicht die seine sei, weil er lebe in der realen Realität und nicht in der virtuellen der Journalisten. Schüssel hatte diesen Begriff schon kurz nach der Übernahme der ÖVP im Jahr 1995 verwendet. Bei fast jeder Gelegenheit verwies er kritische oder skeptische Fragen zur Situation der ÖVP oder zu seiner eigenen dorthin, den Fragenden signalisierend, dass sie erstens keine Ahnung haben und sich zweitens mit einer künstlichen Realität beschäftigen, die unter seiner Wahrnehmung sei – ein Verhalten, das er für völlig unangebracht halte.
Dass er den Begriff dabei sinnwidrig verwendete, tat der Wirkung keinen Abbruch. Laut Lexikon meint »virtuell« etwas, das »der Kraft oder der Möglichkeit nach« sehr wohl »vorhanden« ist, also das Gegenteil von künstlich, falsch, unwirklich oder eingebildet.
Dennoch scheitern seit 2000 die meisten Journalisten an dieser, Schüssels, ultimativen Behauptung, Virtuelles sei nicht real. Was sollte man danach noch sagen oder fragen?

An diesem Dienstag im Sommer 2004 ziehen die Journalisten wieder einmal murrend ab; beklagen sich über die verlorene Zeit und die zunehmende Sinnlosigkeit der Presseauftritte des Bundeskanzlers. Auf die Frage, warum sie sich diese verkrampfte Inszenierung gefallen ließen, warum sie sich zu Statisten für ein paar Minuten TV-Bericht hergeben, wissen die meisten keine Antwort. Das Gedankenspiel, wie rasch sich womöglich doch das Verhalten des Bundeskanzlers ändern würde, säße er dienstags allein in dem Raum neben dem Steinsaal, wollen sie nicht mitmachen. Die Antwort auf die Frage, warum das inhaltliche Zusammenspiel der Medienleute völlig abgebrochen wurde, jeder nur sein eigenes und einziges Thema vorbringt, nicht nachhakt und auch kein anderes Mitglied der Medienzunft das Thema aufgreift, wollen sie nicht beantworten.

Im Grunde ist es auch nicht notwendig, denn die Situation stellt sich relativ klar dar und hängt mit einer Entwicklung am österreichischen Medienmarkt in den letzten zehn Jahren zusammen, deren Beginn ziemlich genau zu datieren ist:

Am 14. Oktober 1992 kommt nächtliches Leben in das ansonsten so ruhige Liechtenstein-Viertel des neunten Wiener Gemeindebezirks. Großauftrieb vor dem Palais. Grelle Beleuchtung. Endlose Wagenkolonnen, entnervte Parkplatzsucher. Die Mitglieder der Nomenklatura von Politik, Medien, Werbung, Wirtschaft und solche, die dazu gehören wollten, eilen herbei. Was damals als Lifestyle galt, wurde, versehen mit durchkomponierter Corporate Identity, aufdringlich zelebriert. Es schien, als hätten alle Yuppies der Stadt und darüber hinaus – und derer gab es zu diesem Zeitpunkt in Politik und Wirtschaft bereits genügend – an diesem Abend ein Rendezvous mit der Mediengeschichte des Landes. Etwas übertrieben vielleicht, aber gut inszeniert; etwas vulgär vielleicht, aber das sollte sich erst später herausstellen. Da war die »News«-Gruppe bereits ins Zentrum gerückt, hatte für ihre Feste schon die Türen von Staatsoper und Burgtheater aufgestoßen. Damals in dieser Herbstnacht 1992 wurde das neue Produkt der Medien-Brüder Wolfgang und Helmuth Fellner aus der Taufe gehoben, »News« eben. Und Bundespräsident Thomas Klestil war der Pate. Er war erst seit einigen Monaten im Amt und wohl damals noch der Meinung, er könnte mit Hilfe von Medien seinen erfolgreichen Wahlkampf-Slogan »Macht braucht Kontrolle« gegenüber der immer unpopuläreren Verkrustung der großen Koalition und ihrer Exponenten in die erste Amtszeit retten.

96

Eine der vielen Fehleinschätzungen Klestils und eines der vielen Missverständnisse seiner beiden Amtszeiten. Es wurde später viel darüber gerätselt, wer ihn damals so schlecht beraten hat, einem vergleichsweise so nichtigen Anlass wie einer Magazin-Gründung durch seine Schirmherrschaft und Anwesenheit so viel Bedeutung zukommen zu lassen. Es ist aber anzunehmen, dass es wahrscheinlich gar keines Rates bedurft hatte: Klestil dürfte einfach seine Rolle als Staatsoberhaupt auf »populär« angelegt haben und dazu wäre gute Stimmung bei einem bunten Magazin mit Erfolgsaussicht sicher sehr hilfreich.

Es gehört zu den Treppenwitzen des letzten Jahrzehnts, dass sich Klestil dann kaum 18 Monate später ausgerechnet mit einem Interview in ebendiesem Magazin eine Selbstbeschädigung zufügte, von der er sich nie wieder erholen sollte. In einem mehrseitigen Interview im Winter 1994 versuchte er sich damals als »Opfer« in seiner eben zerbrochenen Ehe darzustellen und den mutwillig verlassenen Ehemann zu präsentieren.

Im Jahr 1992 war das noch nicht vorauszusehen. Das Datum aber bleibt für die Entwicklung in den Medien relevant. »News« wurde – mit welchen Mitteln immer, mit Mitteln, welche die ganze Skala von aggressiv kommerziell über nachrichtenschöpfend bis journalistisch unseriös umfassen – zu einer unleugbaren wirtschaftlichen Erfolgsstory; ob nun Politiker, Medienleute oder Leser die Nase rümpfen oder nicht. In gewisser Hinsicht wurde »News« die »Kronen Zeitung« des Magazinsektors: Die so genannte A-Schicht der Leser, Opinion Leaders, Akademiker, Maturanten, Intellektuelle genierten sich zwar, das Produkt zu kaufen und zu konsumieren, taten es aber dennoch, was die Verkaufszahlen binnen kürzester Zeit bewiesen. Dieser Erfolg ist, von außen betrachtet, auf der simplen Erkenntnis aufgebaut, dass man dem Medienkonsumenten ein Produkt zu bieten habe, das ihn inhaltlich nicht anstrengt, dennoch aber das Gefühl vermittelt, er sei nach Durchsicht des Magazins nun wirklich informiert, habe die eine oder andere »Geheiminformation«, den einen oder anderen »Geheimplan« aufgeschnappt und könne mit diesem Wissen da und dort Eindruck machen. Dass der Wahrheitsgehalt meist der Überprüfung nicht standhielt, wie die zahlreichen Titelgeschichten über »Wie Haider Bundeskanzler werden will« beweisen, spielt dabei keine Rolle. Es geht um das Gefühl, das der Konsument bei der Lektüre von sich hat, es geht um die Mischung, mit der die Medienmacher ein möglichst positives Gefühl erzeugen, und darin war/ist Wolfgang Fellner zur Zeit am Medienmarkt unschlagbar.

Sollte ihm die Umsetzung eines ähnlichen Konzepts demnächst auf dem Tageszeitungsmarkt gelingen plus der Realisierung neuer Tendenzen, wie sie sich am US-Medienmarkt im multi-funktionalen Journalismus (Print, Audio, Video) abzeichnen, wird das nicht nur die monopolähnliche Stellung der »Kronen Zeitung« beschädigen, sondern alle andere Printmedien zu Gegenstrategien herausfordern. Ob diese dann in einer schlagartigen Erhöhung der journalistischen Qualität mit allen finanziellen Konsequenzen bestehen würden, bleibt abzuwarten – und anzuzweifeln.

Unbestritten sind die Auswirkungen des so genannten »News«-Journalismus auf die gesamte Medienszene. So haben zum Beispiel die Magazine »News« und im Nachziehverfahren »profil« vor dem Regierungswechsel 2000 eine bisher nie derart ausgeprägte Rolle in der Verstärkung einer politischen Stimmung gespielt, wahrscheinlich auch deshalb, weil die »Kronen Zeitung« aus welchen Gründen immer in dieser Phase entgegen dem Klima im Lande verbissen auf Kontinuität gesetzt hat. Damals war die öffentliche und vor allem die veröffentlichte Meinung von einer Sehnsucht nach »Wechsel« geprägt, sie war in einer Stimmung, in der politische Veränderung an sich schon der höhere Wert war, wenn auch niemand zu sagen vermochte, wie diese gestaltet werden sollte.

Die politischen Magazine haben damals stärker sogar als in all den Jahren zuvor unter dem Vorwand, den weiteren Aufstieg Jörg Haiders und der FPÖ verhindern zu wollen, diesen Woche für Woche herbeigeschrieben. Jede Titelgeschichte über eine mögliche schwarz-blaue Koalition, jede über die geheime Kurz-, Mittel- und Langzeitstrategie des FP-Obmanns zur Eroberung der Macht erzielte bei der Leserschaft einen Gewöhnungsprozess, nahm der möglichen Regierungsbeteiligung der FPÖ den Geruch des erschreckenden Tabubruchs mit den Spielregeln und Traditionen der letzten Jahrzehnte. Kollegen von den Magazinen waren stets gebührend empört, wenn man sie auf diesen »Kollateral-schaden« ihrer Berichterstattung hinweisen wollte. Erstens, so befanden sie, sei man nach wie vor äußerst kritisch in der Berichterstattung; zweitens sei es erwiesene Tatsache, dass sich Titelgeschichten einerseits über Sex, andererseits über Jörg Haider am besten verkaufen. Wir sind bereits im Zeitalter der Quoten.

In einer Randbemerkung sei erwähnt, dass zum Glück der Magazine und aller Journalisten sich Jörg Haiders Analyse vom September 1999 als grundlegend falsch erwiesen hatte. Bei einer Pressekonferenz damals glaubte er zu wissen, dass die Medien ein eminentes Interesse am Fortbestand einer großen Koalition hätten, weil eine Regierung mit FP-Beteiligung derart »gut sein würde, dass es nichts mehr zu berichten geben werde«. Davon konnte angesichts der personellen, politischen und parteiinternen Turbulenzen unmittelbar nach Regierungseintritt der FPÖ 2000 wohl keine Rede sein. Es gab mehr zu berichten als je in den ereignislosen Zeiten ohne FP-Regierungsbeteiligung.

In diesen Zeiten zeigte sich aber auch für alle, die sehen wollten, die Fratze der Beliebigkeit in den Medien stärker als je zuvor. Als Beispiel: »News« brachte kurz vor der Wahl – immer unter dem offiziellen Mantel der Haider-Kritik – folgende Titelgeschichte: »Haider lässt die Puppen tanzen«, wobei auf den ersten Blick nicht klar war, dass die Puppen seine eigenen Parteifreunde waren. Die mediale Botschaft lautete: Haider kann andere nach seiner Pfeife tanzen lassen. Eine bessere politische Werbung hätte Haider nie bezahlen können. Solche Überlegungen aber wurden in den Redaktionen nicht mehr angestellt, weil bereits die handfesten kommerziellen Interessen der Auflage (sprich Inseratenpreis) überwogen. Haider-Titel waren damals Verkaufshits. Es waren zu diesem Zeitpunkt vornehmlich Journalisten und Medienleute mit einer Affinität zu Mitte-Links (um nicht von SP-Nähe zu schreiben), die ein Ende der innenpolitischen Fadesse unter SP-Dominanz und den Anfang der Wende herbeischrieben, den medialen Boden dafür aufbereiteten. Das ist nicht zu kritisieren, weil lediglich einer Stimmung im Land Rechnung getragen wurde. Allein, es wäre anständig gewesen, es nicht auch noch abzustreiten.

Im Jahr 1999 hatte aber eine Entwicklung ihren Höhepunkt erreicht, die mit dem Aufstieg Jörg Haiders und nicht zufällig mit der Bildung der neuen großen Koalition 1986 ihren Anfang genommen hat. Beide Entwicklungslinien verliefen parallel und haben einander, genauer betrachtet, auch gegenseitig bedungen. Erstens: In dem Moment, in dem durch den Regierungseintritt der ÖVP auf Einladung der SPÖ 1986 dem Land eine wirklich starke Opposition mit allen bürokratischen und apparatbedingten Möglichkeiten abhanden gekommen ist, hat der Aufdecker-Journalismus vor allem in den Magazinen eine Talfahrt begonnen. Der dicke, undurchdringliche Mantel des gemeinsamen Machtinteresses hatte sich wieder über das Land gelegt; die Grünen als solche waren politisch zu schwach und vor allem noch nicht in den Institutionen vertreten.

Bei den Mega-Skandalen der 80er-Jahre hatte es sich nämlich gezeigt, dass die Ursprungsinformationen entweder von der damals starken Oppositionspartei ÖVP oder von jenen Teilen der Regierungspartei SPÖ selbst kamen, die mit innerparteilichen Entwicklungen nicht einverstanden waren. Nach dem Wechsel von Fred Sinowatz zu dem smarten Banker Franz Vranitzky, der einen so ganz anderen Politiker-Typ verkörperte, weil er eben einen Politiker mehr »gab«, als er einer war, hatte die SPÖ vor allem nach dem überraschenden ersten Platz bei der Ad-hoc-Wahl 1986 wieder das Regierungs- und Machtglück erfasst. Die Neigung gewisser Flügel in der Partei, den unerwarteten Machterhalt aufs Spiel zu setzen, ließ abrupt nach.

Auf diese Weise vom Informationsfluss abgeschnitten, erlahmten die Enthüllungsjournalisten, vor allem Alfred Worm (Stichworte: AKH und »profil«) und Gerald Freihofner (Stichwort: Lucona). Die große Enthüllung dieser Zeit fand außerhalb der Medien durch die Hartnäckigkeit eines Hans Pretterebner und das Interesse einer Versicherungsgesellschaft statt. Doch Pretterebners Bücher »Der Fall Lucona« und das »Netzwerk der Macht« entfalteten nie jene Wirkung wie die mediale »Begleitung« von AKH, Hannes Androsch und Noricum. Zwei mögliche Gründe gibt es zur Erklärung: Erstens stand Pretterebener schon in einer Zeit weit rechts, als die Stimmung im Land dies noch nicht honorierte; zweitens ließ er sich 1994 von Jörg Haider vereinnahmen und führte ein Jahr lang eine absolut unpassende und unauffällige Existenz als Nationalratsabgeordneter. Persönliche Gründe bleiben hier außer Betracht.

Ab 1986 hätte also – politisch wie faktisch – die FPÖ mit Informationen versorgen können, sie wäre aber nur auf sehr unwillige Abnehmer getroffen, denn zu tief war das Misstrauen jener Gruppe gegenüber, die man am September-Parteitag in Innsbruck und danach als »Stoßtrupp« Rechtsradikaler und verkappter Krypto-Nationalsozialisten erlebt hatte; zu laut dröhnten die Nazi-Sprüche, mit denen etwa Norbert Steger das Vergasen angedroht worden war, im Ohr. Mit dem braunen Dampf, der von Innsbruck aus vermeintlich über das Land zog – bis etwa 1989 die europäische Entwicklung Jörg Haider breitenwirksamere Themen in die Hand gab –, mit diesem Dampf wollten fast alle Medien nichts zu tun haben.

Mit ihrer Reaktion aber in der Zeit danach, als Haider mit Missständen durch die Flüchtlingsströme aus dem Osten und Süden, mit einer politisch, wenn schon nicht rechtlich, inakzeptablen Pfründewirtschaft, mit der Anprangerung von Privilegienauswüchsen zu punkten begann, machten sich die Medien an der Versteinerung der 90er-Jahre und somit am Aufstieg der FPÖ mitschuldig.

Mitschuldig nicht durch Unterdrückung der Information, sondern durch Nichtbeachtung der Quellen und einen Mangel an Recherche. In diesem Satz ist ein großes Maß an Selbstkritik verpackt. Die Erinnerung ist noch wach: Jede »Enthüllung«, die Haider in diesen Jahren – und er hatte sich sein Netzwerk von Informanten bereits systematisch aufgebaut – lautstark in die Medien brachte, wurde meist als falsch, überzogen oder rassistisch abqualifiziert; einer gründlicheren Recherche nicht wert. Es hätte anders laufen sollen: Missstände in den Wiener Schulen wegen eines zu hohen Anteils an Ausländerkinder? Wo war die Überprüfung, wo der Lokalaugenschein, wo die Reportage? Wo wurde das Thema so lange gehalten, bis sich die damals ungebührlich säumige Wiener Stadtverwaltung zu einer Aktion entschlossen hätte?

Die Medien haben damals das Ausländer-Thema mindestens ebenso lange negiert wie die große Koalition, wollten sich wahrscheinlich ihre eigene Euphorie über die Entwicklung in Osteuropa nicht durch die unangehmen Fakten der Auswirkungen stören lassen. Und vor allem wollten viele damals nicht in die Nähe des Verdachtes geraten, ähnlich ausländerfeindlich oder gar rassistisch zu erscheinen wie Haider, indem sie womöglich manche seiner Kritiken damals durch die vorhandenen Fakten bestätigen hätten müssen.

Privilegienstadel Nationalbank, Steuerhinterziehung im ÖGB? Wo war die Sachrecherche, um den Zustand zu beenden oder Jörg Haider der Lüge zu überführen?

Damals wurde medial in Österreich eine Riesenchance zur Selbstreinigung und zur Etablierung gewisser Standards vertan – aus lauter Panik, mit der eigenen Recherche mitunter Haider bestätigen zu müssen. Hätten wir, die Journalisten, sie wahrgenommen, hätte es zumindest einen Gewinn gegeben: Die große Koalition unter Franz Vranitzky – nicht eben ein Politiker, der zu raschem Handeln neigte – wäre in Bedrängnis gekommen, aufgelockert und im Endeffekt wahrscheinlich weniger jammervoll geworden, als sie es dann wurde.

Die Situation der Medien hatte sich also mit dem Eintritt der ÖVP in die Regierung 1986 und dem Oppositionsmonopol der FPÖ grundlegend geändert. Die Gegnerschaft von FPÖ und den meisten Medien verbot den einen, den als »Feinde« gesehenen Journalisten Primärinformationen zukommen zu lassen, und den anderen, jeden Hinweis aus der FPÖ auf mögliche journalistische »Fundgruben« ernst zu nehmen. Abgesehen von dem geänderten Kräfteverhältnis Regierung – Opposition verhinderte und verhindert noch immer die Kleinheit des Marktes, des politischen und wirtschaftlichen, den demokratiepolitisch wünschenswerten Ausbau des investigativen Journalismus. In einem Land, in dem 20 Minuten nach einer telefonischen Recherche diese bereits vor jedem Chefredakteur zu rechtfertigen ist, weil in kürzester Zeit jeder jeden davon in Kenntnis gesetzt hat, in einem solchen Land ist kritisches Hinterfragen schwierig.

Wenn Medienleute heute gerne dieser großen Koalition, in der lange Zeit die gesamte Regierung und nicht nur Bundeskanzler Franz Vranitzky in Würde erstarrt ist, die Schuld an Stillstand und Reformstau geben, dann sind sie auf einem Auge blind. Diese Schuld trifft zumindest zu gleichen Teilen die Medien. Da ist ein Schuldbekenntnis mit eingeschlossen.

Irgendwann in diesen Jahren setzte das große journalistische Versagen ein: Immer mehr wurde das, was sein sollte, zur Richtschnur der journalistischen Tätigkeit und nicht das, was war. Nicht sein sollte der Erfolg Jörg Haiders und seiner – nach dem Abgang Norbert Gugerbauers und der Trennung Heide Schmidts – immer unangenehmer, weil immer präpotenter werdenden Truppe bei gleichzeitiger medialer Ausnutzung der Marke »Haider«.

Diese Entwicklung verlief parallel zu den wirtschaftlichen Veränderungen in der österreichischen Medienszene, zu Konzentration und Reichweitenjagd, zu Gewinnstreben und Auflagensteigerung.

Anfangs völlig unbemerkt und offiziell diktiert von den wirtschaftlichen Problemen der meisten Printmedien setzte ein Prozess ein, der bei seiner Fortsetzung zu wirklich demokratiepolitischen Schäden führen könnte: Aus Kostengründen war man in vielen Medien dazu übergegangen, den journalistischen Stab drastisch zu verjüngen, dem Nachwuchs aber gleichzeitig jede Absicherung zu verweigern – arbeitsrechtlich wie sozialrechtlich. Das bedeutet, man lässt junge Journalisten gegen ein Zeilenhonorar zuerst gegeneinander schreiben, was die Oberflächlichkeit, Fehleranfälligkeit und die Unlust zu langwieriger Recherche sehr fördert. Die kostensparende Variante der »Pauschale« wird oft jahrelang als Lohn der Fron angedeutet und manchmal auch verwirklicht. Sie ergibt noch immer keine für Selbstbewusstsein und Courage notwendige soziale Absicherung. Bei aller Verbesserung des Anfangstrainings im journalistischen Handwerk mit Lehrredaktionen sonder Zahl und der Anhebung der Berufsvoraussetzungen – die nicht mehr, wie der ehemalige ORF-Generalintendant Gerd Bacher einmal meinte, nur in der »Frechheit besteht, diesen Beruf ergreifen zu wollen« – hat sich die eigentliche Arbeitssituation der Journalisten bedenklich verschlechtert, vor allem der politischen.

Journalisten, die mit Blick auf das möglicherweise abrupte Ende ihrer Karriere dennoch hartnäckig bleiben, werden zu Ausnahmeerscheinungen. Von diesen hat die Politik keine bohrenden Fragen zu befürchten, mit den anderen hat sie leichtes Spiel. Dabei ist – mit Ausnahme des staatlichen ORF – nicht so sehr die Angst vor politischen Interventionen in den Redaktionen bedeutsam – gute Chefredakteure wissen diese immer abzuwehren –, es sind die subtileren Druckmittel: das Infragestellen der Qualität mittels Denunzierung des Fragestellers; der wirtschaftliche Druck durch Streichung entsprechender Inserate (in Vorwahlzeiten ein besonders beliebtes Instrument der Politiker vom Schlage eines Erwin Pröll); oder Verweigerung von Interviews.

Es ist unschwer zu erkennen, dass solche Methoden auf die Arbeit von arbeitsrechtlich abgesicherten Journalisten weniger Einfluss haben als auf jene von geringfügig Beschäftigten mit der Möglichkeit der sofortigen Auflösung des Dienstverhältnisses. Diese Entwicklung in den Medien wird oft bedauert, ganze Vereine zur Förderung der journalistischen Qualität werden gegründet, substantielle Verbesserungen in den Arbeitsbedingungen bringen solche Aktivitäten allerdings nicht. Wie auch? Geht es in einem Zeitungsmarkt wie Österreich – auf dem fast die Hälfte aller Medienkonsumenten zu einem Produkt, nämlich der »Kronen Zeitung« greifen, der zu drei Viertel von drei Produkten, nämlich »Krone«, »Kurier« und »Kleine Zeitung« beherrscht wird – doch bei fortschreitender Konzentration nur mehr um Gewinn und eben Quote. Das soll, so die gar nicht mehr verheimlichte Absicht der Zeitungsbetreiber, durch »billiges« Personal erreicht werden. Billiges Personal aber treibt ein Geschäft, in dem mit Glaubwürdigkeit, Vertrauen, Gewissenhaftigkeit gehandelt werden sollte, langfristig in den Konkurs. Dabei kann es nicht im Interesse der Medieneigentümer sein, so lange am Personal zu sparen, bis die billigste Variante – die Wiedergabe offizieller Verlautbarungen – notwendig ist. Denn damit würde man gegen die eigenen Interessen verstoßen: Printprodukte, die kaum mehr Spannung liefern und erzeugen können, werden auf Dauer völlig uninteressant.

Der staatliche ORF spielte in der Entwicklung der letzten zehn Jahre eine eigene Rolle, nur bei der Behandlung Jörg Haiders unterschied er sich kaum von den Printmedien. ORF und »News« zusammen aber verstärkten einen Trend, der nicht in Österreich

neu entstanden ist, gegen den aber auch die Politik hier immer weniger resistent wurde:
1. die totale Personalisierung der Politik,
2. die Botschaft der Kurzformeln,
3. die Eventkultur in der Politik, in der nicht mehr Inhalte, sondern nur mehr Ereignisse, weil medial leicht aufbereitbar, zählen.

Die Personalisierung hatte zwar schon mit Bruno Kreisky und seinem Slogan »Kreisky, wer sonst?« 1979 begonnen, da aber bei dessen Charisma und seinem Hang, ganz Österreich ununterbrochen für sein Image, sein Ansehen und seine Politik in die Pflicht zu nehmen, noch eine gewisse Berechtigung. Zur Perfektion aber geriet der ÖVP dieser Trend im Wahlkampf 2002 mit dem Slogan »Wer, wenn nicht er«. Das führt natürlich im Nachhinein bei einem Bundeskanzler, der wie Wolfgang Schüssel am liebsten nicht nur von den Journalisten, dem eigenen Koalitionspartner, der Opposition, sondern auch von den Bürgern in Ruhe gelassen werden möchte, zu einer etwas unfreiwilligen Komik.

Die Veränderungen bei den medialen Inszenierungen der Politik und die Entwicklung hin zur Eventpolitik beschrieb der ehemalige Intendant des Westdeutschen Rundfunks, Friedrich Nowottny, laut »Süddeutscher Zeitung« einmal so: Früher sei den Medien die Aufgabe zugekommen, die Politiker zu beobachten. »Heute beobachten die Politiker die Medien und suchen sich ihren Raum für Inszenierungen.« Jörg Haider brachte es in dieser Disziplin bis vor einigen Jahren zur Perfektion, Franz Vranitzky versuchte es immer wieder, Josef Riegler und Erhard Busek war dies zuwider, was daran zu merken war, dass ihre Eventauftritte immer etwas Peinliches hatten; Viktor Klima ließ sich zu Events schicken, doch bei ihm merkte man sofort die Absicht und war verstimmt. Erst Wolfgang Schüssel erreichte wieder einen politisch verwertbaren Effekt, vor allem wenn er über Regierungsevents noch Eintracht und Gemeinsamkeit mit dem FP-Teil unter Susanne Riess-Passer demonstrieren konnte.

Erstaunlicherweise oder erwartungsgemäß – je nach Standpunkt – waren es jüngst nicht die Medien, die eine inszenierte Radfahr-Tour im Marchfeld in Frage stellten und deren Sinnhaftigkeit bezweifelten, sondern der ehemalige Justizminister Dieter Böhmdorfer, dem das Eventgetue des Bundeskanzlers bei gleichzeitiger Verweigerung politischer Information und Verhinderung politischer Mitentscheidung beim Koalitionspartner auf die Nerven ging.

# Vom politischen Neoliberalismus

Neoliberalismus in der Wirtschaftspolitik ist zum Modebegriff der jüngsten Vergangenheit geworden – offen gesagt, angedeutet, meist auch unausgesprochen, weil negativ besetzt. Neoliberalismus musste in Österreich oft als Verteufelungsbegriff herhalten, um den politischen Gegner bei einer breiten Öffentlichkeit ins schlechte Licht zu rücken. Neoliberal wird in der meist oberflächlich geführten Diskussion häufig als Synonym für Kälte, soziale Hartherzigkeit und Rücksichtslosigkeit verwendet.

Wenn zum Beispiel in den turbulenten Jahren seit 2000 ein freiheitlicher Politiker dem abtrünnigen Finanzminister Karl-Heinz Grasser und dessen Popularität einen Dämpfer verpassen wollte, heftete er ihm meist das Schimpf-Etikett »neoliberal« an. Ganze linke oder national-soziale Flügel diverser Parteien erklärten ihren Widerstand gegen bestimmte Reformen mit der Ablehnung des Neoliberalismus, ohne diesen je exakt auszuführen. Die neoliberale Keule eignete sich für Herabsetzungen jeglicher Art.

Nimmt man jedoch die klassischen Merkmale der Theorie des Neoliberalismus her, so wird man bemerken, dass sich in Österreich fast Jahrzehnte vor der Wiederentdeckung des Neoliberalismus im Wirtschaftlichen dieser bereits im Politischen festgefressen hatte. Die ersten Anzeichen der Privatisierung der Politik sind in der Rückschau lange vor der Privatisierung der staatlichen Unternehmen und Dienstleistungen auszumachen. Man hätte sie schon Ende der 70er-Jahre erkennen können.

Ein Lehrbeispiel lieferte der AKH-Skandal und der Skandal um die Steuerberatungskanzlei »Consultatio« und die Verstrickung des damaligen Finanzministers Hannes Androsch in diesen. Hellhörigkeit wäre angebracht gewesen, als Hannes Androsch, in den Gängen des Parlaments auf seine Interessen in der Steuerberatungskanzlei angesprochen und mit der Frage konfrontiert, ob es nicht unvereinbar und in Europa einmalig sei, dass ein Finanzminister an einer Steuerberatungskanzlei persönlich profitiere, völlig verblüfft und verständnislos geantwortet hat: »Wieso? Ich zahle ohnehin die doppelte Parteisteuer.« Der entsprechende Bericht blieb ohne jede Aufmerksamkeit und Wirkung. Das heißt, zu diesem Zeitpunkt war die Sensibilität schon so weit abhanden gekommen, dass die offenkundige Mutation der so genannten Parteisteuer, die jeder Träger eines öffentlichen Amtes an die ihn nominierende Partei abzuführen hat, zu einer Art »Schutzgeld« für private Aktivitäten kein weiteres Aufsehen erregte und niemand daran öffentlich Anstoß nahm. Wäre es anders gewesen, hätte Androsch nicht mit dieser Offenheit geantwortet.

In diesem Vorfall findet sich bereits das grundsätzlich negative Menschenbild der Theorie des Neoliberalismus: Früher oder später, so kann man es interpretieren, werde jeder Mensch, vor allem jener mit Zugang zu öffentlichen Ämtern, versuchen, sich selbst und seinen Freundeskreis zu bevorzugen – im wörtlichen Sinn zu »bedienen«.

So wie sich der neoliberale Staat zur Gänze aus der Wirtschaft zurück ziehen sollte, so zog er sich aus vielerlei Gründen allmählich aus dem Politischen zurück, was dann die Missachtung ethischer, moralischer und, wie die 90er-Jahre zeigen sollten, auch ideologischer Grundsätze erleichterte. Wenn frei nach den Säulenheiligen des Neoliberalismus Friedrich August von Hayek und Milton Friedman der Staat seine ethische und soziale Verantwortung weitgehend an den Einzelnen abgibt und man diese Übertragung ins Politische übersetzt, war man bald bei der Beliebigkeit der Worte und Taten, die dann wiederum den erfolgreichsten Proponenten in Jörg Haider fand, angelangt. An den Konsequenzen dieser Entwicklung leidet die österreichische Politik seither; und vor allem deshalb, weil bei der engen Verflechtung des Politischen mit dem Privaten und der Kleinheit des Landes ein Gutteil der Wählerschaft dieser Beliebigkeit mit Bewunderung begegnete und sich an ihr, wo es ging und geht, ein Beispiel nahm. Der berühmte »Trickle-down-Effekt«, von dem man sich in einer sich selbst und den Gesetzen des Marktes überlassenen Wirtschaft erhoffte, dass sein positiver Effekt von der gesellschaftlichen Spitze bis zu den sozial und leistungsmäßig Schwachen »durchsickern« würde, fand in Österreich in einer ganz absurden Weise im Politischen statt.

Man würde der Entwicklung aber nicht gerecht werden, würde man der allgemeinen Versuchung erliegen, die Ära Kreisky zu verklären und den »Sonnenkönig« ob seiner späten und verbitterten Klagen über den Verlust der moralischen Grundsätze der Sozialdemokratie aus der Verantwortung entlassen. In der Disziplin der »Beliebigkeit« war Jörg Haider etwa nur der Musterschüler Kreiskys.

Selten gelingt es, beim Nachzeichnen politischer Entwicklungslinien den Ausgangspunkt zeitlich genau zu bestimmen. In diesem Fall lässt er sich mit Monat und Jahr benennen und auch mit Thema: die Volksabstimmung über das Kernkraftwerk Zwentendorf. Man kann sogar von einem »Sündenfall« der österreichischen Politik in Hinblick auf politische Moral und Anstand – im bürgerlichen Sinn von Verlässlichkeit – sprechen. Die Bewertung, ob es sich im Nachhinein bei der Ablehnung der Atomenergie nicht eher um einen politischen »Glücksfall« gehandelt habe, ist deshalb hier irrelevant, weil diese Ablehnung zum Zeitpunkt der Entscheidung nicht auf die Sache, also auf die Kernenergie als solche, bezogen war. Vielmehr ist anzunehmen, wenn auch nach mehr als 20 Jahren nicht unwiderlegbar zu beweisen, dass ohne Kreiskys politischer Beliebigkeit und wahltaktischer Finte wahrscheinlich ein knappes Ja zur Inbetriebnahme von Zwentendorf möglich gewesen wäre.

Warum also Sündenfall?

Im Juni 1978 war klar, dass die SPÖ die Volksabstimmung über das Kernkraftwerk Zwentendorf, die sie für den 5. November dieses Jahres angesetzt hatte, zu einer Abstimmung über die Regierung und den Bundeskanzler selbst machen werde. Zu diesem Zeitpunkt vermied Bruno Kreisky Antworten auf die Frage, ob er aus einer Niederlage persönliche Konsequenzen ziehen werde – noch. Daraus war damals schon zu schließen, dass er sich die Ankündigung des Rücktritts der Regierung oder seines eigenen bei einer Ablehnung des so genannten Zwentendorf-Gesetzes für einen späteren Zeitpunkt aufheben wollte. Verschlagenheit konnte man Kreisky im Zusammenhang mit seinen Motiven allerdings nicht vorwerfen, denn in einem TV-Interview begründete er diese offen: Er wolle, so meinte er sinngemäß, im darauffolgenden Jahr keine Atomwahlen und deshalb diese Entscheidung vorwegnehmen. Bei der Nationalratswahl 1979 könne dann über andere wichtige Probleme abgestimmt werden. Damals reagierte Alois Mock als Klubobmann so: »Die SPÖ verlangt vom Volk eine Entscheidung, vor der sie sich selbst drückt.«

Im Oktober, weniger als zwei Wochen vor der Volksabstimmung in einer aufgeheizten und polarisierten Stimmung, die Kreisky offenbar signalisierte, er müsse ohne Rücksicht auf die Konsequenzen die letzten verfügbaren parteipolitischen Reserven mobilisieren, wollte er ein Nein zu Zwentendorf verhindern. Bei der Klausurtagung der SPÖ in Neusiedl im Burgenland sagte Bruno Kreisky wörtlich: »Ich möchte nicht sagen, dass ich nicht zurücktreten werde, ich würde nicht unbeeinflusst bleiben.« Dieser Satz war bis dahin die raffinierteste Zusammenfassung politischer Beliebigkeit: Er wollte nicht sagen, dass er bei einem Nein zurücktreten werde; aber auch nicht, dass er nicht demissionieren würde. Jeder konnte diesen Satz verstehen, wie er wollte, ohne je danach von Kreisky die Realisierung seiner Festlegung einfordern zu können.

Die ÖVP als große Oppositionspartei hörte ihn, wie sie wollte: Die Verquickung der Atomabstimmung mit einem Plebiszit über die Regierung könnte von ihr und dem ihr nahe stehenden Wirtschaftsbreich dazu benützt werden, die Regierung Kreisky zu Fall zu bringen – auch völlig ungeachtet der Tatsache, dass ein Nein zu Zwentendorf ihre bis dahin lautstark propagierte Hoffnung auf die Kernenergie und die positiven Wirtschaftseffekte aufgrund billigerer Energie zerstören würde. All die Warnungen vor der Vernichtung des so genannten Volksvermögens war die Luft nicht wert gewesen, die sie in unendlich vielen öffentlichen Auftritten verbraucht hatte. Um den Sturz Kreiskys willen hat man offenbar den wirtschaftlichen Schaden, vor dem man das Land mit Zwentendorf bewahren wollte, in Kauf genommen. Von einer prinzipientreuen Haltung konnte also auch bei der ÖVP, der Industrie, der Wirtschaft nicht mehr die Rede sein.

Beim außerordentlichen Parteitag der Wiener SPÖ am 18. Oktober 1978 war der Verfall der politischen Moral bereits so weit fortgeschritten, dass das Sachthema – Kernenegie, Kosten des Kraftwerkes, Wirtschaftsaufschwung, wie es zuvor dargestellt worden war – schon gar keine Rolle mehr spielte. Kreisky forderte dort die Delegierten auf, streng nach Parteilinie abzustimmen und einen »Sieg der SPÖ über ihre politischen Gegner« zu erreichen.

Kreisky damals: Das Wichtigste sei die Volksabstimmung, die überhaupt zu den wichtigsten politischen Ereignissen der nächsten politischen Zukunft gehöre. Hinter der Einheitsfront der Ablehnung von ganz links zu ganz rechts verstecke sich eine zutiefst reaktionäre Gesinnung.

Das veranlasste den damaligen Obmann der ÖVP, Josef Taus, zu einer jener zynischen Bemerkungen, für die er im Laufe seiner kurzen Tätigkeit als Spitzenpolitiker berühmt werden solle: »Ja glaubt er denn im Ernst, dass ein Egon Matzner [SP-Programmdenker], ein Paul Blau [ehemaliger Chefredakteur der »AZ«] und sein Sohn Peter Kreisky für die ÖVP stimmen, wenn sie am 5. November Nein sagen werden?«

Und sie sagten Nein, wenn auch mit nur einem Prozent Mehrheit (Ja: 49,5 Prozent – Nein: 50,5 Prozent). Wahrscheinlich Böses ahnend, hatte zuvor der damalige Klubobmann der SPÖ und nunmehrige Bundespräsident Heinz Fischer verzweifelt versucht, Kreiskys schwammige Rücktrittserklärung in Neusiedl als Sache und Missverständnis der Medien darzustellen – auch eine Methode, die danach Schule machen sollte. Und Leopold Gratz verstieg sich überhaupt zu der Behauptung, dass Österreich Bruno Kreisky dringender brauche als das fast schon fertig gestellte Atomkraftwerk. Warum, das sagte er nicht – und wurde auch nicht danach gefragt.

Nach dem politischen Desaster der Volksabstimmung erwies sich Kreisky, von jetziger Warte aus betrachtet, wiederum als Vorbote dessen, was danach kommen sollte, nämlich die Konsequenzlosigkeit von Entscheidungen und die saloppe »Übernahme« der politischen Verantwortung ohne Auswirkungen: »Die Niederlage geht auf mein Konto«, sagte Kreisky und ließ sich zwei Tage später, am 7. November 1978, gewissermaßen als Dank dafür von seiner SPÖ eine Generalvollmacht ausstellen. Aus dem angedeuteten Rücktritt leitete er einen Machtzuwachs ab – auch dieses Verhalten sollte sich später in anderen Parteien wiederholen. Kreisky selbst verstand es, die Ablehnung der Mehrheit der Wähler in eine Aufforderung zu weiteren Opfern, die er ebendiesen Wählern zu bringen habe, umzumünzen: »Es gibt Zeiten – um ganz offen zu sein –, da denke ich mir: Es gibt so viel, was ich noch machen würde, wenn ich mehr Freizeit hätte, und nicht machen kann. Dann gibt es wieder Augenblicke, wo ich überwältigt bin vom Vertrauen der Menschen draußen, das mich aufs Neue im höchsten Maß verpflichtet.« Damit war die Relativierung von Standpunkten und Haltungen in Politik gemeißelt.

Dass sich zu diesem Zeitpunkt auch die ÖVP als große Oppositionspartei dem politischen Neoliberalismus, wie er hier verstanden wird, verschrieben hat, wurde ebenfalls an ihrem Verhalten bei der Zwentendorf-Abstimmung deutlich. Mit ganz wenigen Ausnahmen wie etwa Erhard Busek und seine Gruppe in Wien waren die Vertreter dieser Partei mehrheitlich für die Kernkraft, was sie aber um der Chance willen, die Regierung Kreisky zu stürzen, nicht davon abhielt – inklusive der heftigsten Befürworter des Atomkraftwerks in den Bundesländern –, mehrheitlich für ein Nein zu werben. Das heißt, die Sache trat auch bei ihr hinter den politischen Gewinn zurück.

Nach der »Demütigung« durch die neuerliche absolute Mehrheit der SPÖ 1979 ging es der ÖVP in Opposition dann unter Alois Mock ausschließlich um den Sturz der SP-Alleinregierung. Das war erstens völlig legitim und brachte zweitens auch demokratiepolitische Vorteile, sodass man also das Macht- und Verdrängungsstreben in der Politik an sich nicht pauschal verurteilen sollte. Es folgten die Jahre der Aufdeckung etlicher Skandale unter tatkräftiger Mithilfe der ÖVP in Opposition und der ihr nahen Bereiche. Das hatte ganz gewiss eine reinigende Kraft.

Leider verhindert das Wahlrecht in Österreich ein wirklich gesundes Wechselspiel von Regierung und Opposition. Somit konnte sich die SPÖ 1983 mit Hilfe der FPÖ unter Norbert Steger weiter an der Macht halten. Die Ereignisse rund um die Zwentendorf-Abstimmung hatten der Glaubwürdigkeit der österreichischen Politik einen Schlag versetzt, von dem sie sich seither nicht mehr erholt hat. Denn an diesem »alles geht, alles ist erlaubt« sollten nachfolgende Politiker – ob bewusst oder nicht – Maß nehmen. Der Anschauungsunterricht, den Bruno Kreisky zehn Jahre lang geboten hat, wie man die Wähler dazu bringen kann, alle Widersprüche, wechselnden Meinungen, falschen Behauptungen zu verzeihen, war in diesem (negativen) Sinn ein durchschlagender Erfolg.

Schon damals und nicht erst seit der häufig beklagten Talfahrt des österreichischen Journalismus Anfang der 90er-Jahre haben die Medien dieser Entwicklung gründlich Vorschub geleistet: Jeder wusste, dass heute nicht mehr gelten muss, was gestern gesagt wurde – und tolerierte es. Konsequenz und Festigkeit waren schon damals nicht mehr gefragt.

Wer sich heute über gebrochene Versprechungen und krass geänderte Standpunkte in der Politik alteriert, sollte sich nur zum Beispiel an den ehemaligen niederösterreichischen Landeshauptmann Siegfried Ludwig von der ÖVP erinnern: 1983 war die Zeit, als die ersten alternativen Gruppen lokal ihre ersten Erfolge mit Umweltschutzthemen errangen. Das brachte Ludwig dazu, für ein umstrittenes Kraftwerk (Dürnrohr) prompt jene Entschwefelung zu verlangen, die er kurz davor noch als technisch und finanziell absolut unmöglich hingestellt hatte. Und niemand prangerte den grellen Widerspruch in der Öffentlichkeit an.

Man muss es eingestehen: Selbst die Wendungen und Windungen der FPÖ in den letzten Jahren relativieren sich, wenn man daran denkt, dass Hannes Androsch, neuerdings der Mäzen Österreichs und dessen selbst deklariertes Gewissen, als CA-Generaldirektor jene Sparbuchsteuer für absolut unsinnig erklärt hatte, für die er einige Zeit davor noch im SP-Vorstand votiert hat.

Selbst das Verhalten der FPÖ im Jahr 2000, diese atemberaubende Wendung von der Oppositions- zur Regierungspartei, hatte ihre Vorgeschichte im Jahr 1983. Als man damals endlich von der SPÖ in die Regierung genommen wurde, genierten sich ihre Vertreter auch nicht, das blanke Gegenteil dessen zu behaupten, was man kurz vorher noch als kleine Oppositionspartei angeprangert hatte. Wie nach der so genannten »Wende« versuchte man auch damals gar nicht, die Änderung der Positionen zu erklären, son-

dern verkündete lediglich lautstark die neuen, verlangte ebenso plump eine neue Zeitrechnung und die Stunde null – ohne Scham, ohne zu erröten.
Das sollte sich 17 Jahre später einfach wiederholen.

Wenn man als eine der Forderungen des wirtschaftlichen Neoliberalismus die kontinuierliche Neubewertung des Marktes je nach Lage anerkennt, dann muss man feststellen, dass dieser Forderung im Politischen ab 1986 – ab dem Putsch in der FPÖ im September, der Norbert Steger zur Fußnote in der Parteigeschichte der Freiheitlichen machte und Jörg Haider an die Spitze brachte – zuerst von diesem und dann in einem schleichenden Verfahren von den meisten Politikern der anderen Parteien Rechnung getragen wurde. Diese ständige »Neubewertung« des politischen Marktes, die zwangsläufig eine Verletzung aller bekannten Spielregeln des politischen Geschehens bedingte, machte nicht nur Haider in Opposition so erfolgreich, zumal die Grünen anfangs als Neulinge auf dem Markt sich noch strikt an ihre Grundsätze hielten, die im allmählich konservativer werdenden Österreich keine Chance auf einen substanziellen Anteil am Markt hatten, sondern er machte auch die anderen Akteure so hilflos.
Haiders politischer Neoliberalismus war – wie der wirtschaftliche sonst – auf absoluten Gewinn, das heißt in diesem Fall auf Stimmenmaximierung ausgerichtet, durch keine Grundsätze, keine (Markt-)Regeln, kein Programm in der Entfaltung behindert. Nun muss man anerkennen, dass er als Erster in der Neubewertung des politischen Marktes dessen Veränderungen richtig erkannt hatte: Die gesellschaftspolitischen und wirtschaftspolitischen Fehler der Ära Kreisky waren nach 1983 in der Krise der Verstaatlichten Industrie, im Skandal um die Waffenfirma Noricum und jenem um den berüchtigten Club 45 eines Udo Proksch mitsamt seinen roten Verflechtungen voll aufgebrochen und ließen sich nicht länger ignorieren. Das brachte neben den sachlichen Zwängen der Sanierung der Verstaatlichten, der Staatsfinanzen, des Gesundheitswesens, der Sozialversicherungen, denen man dann in all den Jahren der rot-schwarzen Koalition auch wieder nicht gerecht wurde, vor allem ein Abrücken der Bevölkerung von der Illusion der neuen, offenen Gesellschaft, die eine

SPÖ unter Bruno Kreisky in den frühen Jahren der Alleinregierung versprochen – und dann nicht gehalten hat.

Haider spürte also, dass das Land sich zuerst von links zur Mitte hin und dann immer mehr – befördert durch die Ängste, die der Umbruch in Europa mit sich brachte – nach rechts drehte. Im Geistigen und Emotionalen mehr als im Wirtschaftlichen.

Der »Markt« wurde für ihn auch durch den patriotischen Sturm, den der Wahlkampf um die Präsidentschaft 1986 entfacht und der durch die »Jetzt erst recht«-Kampagne der ÖVP verstärkt worden war, gewissermaßen aufgemischt und aufbereitet. Auf ihm konnte er von 1986 bis 1990 agieren, wie er wollte, sorglos und mit einer unbändigen Lust an der Marktführerschaft, die Franz Vranitzky und Alois Mock sprachlos machten. Im wahrsten Sinn des Wortes. Es war – zieht man noch einmal den Wirtschaftsvergleich heran –, als ob eine neue Firma auf den Markt gekommen wäre, bereit mit einem unglaublich einsatzfreudigen Team die Konkurrenz zu verdrängen.

Das Produkt, mit dem die FPÖ unter Jörg Haider damals auf den Markt kam, war konsumenten-, das heißt wählergerecht; die Methoden, mit denen es angepriesen wurde, unkonventionell und unanständig, wenn man Anstand in der Politik als Beachtung bestimmter Spielregeln, des eigenen Wortes, der Selbstbeschränkung und der Gerechtigkeit definieren möchte.

Haider hatte vor allem in diesen Jahren die Fähigkeit, sich in bestimmten Situationen derart glaubwürdig zu präsentieren, dass ihm seine Zuhörer oft wider besseres Wissen und bei aller Skepsis in diesem Moment abnahmen, was er sagte – wohl ahnend, dass er bei anderer Gelegenheit das genaue Gegenteil ebenso glaubwürdig behaupten würde.

Es wurden zu dieser Zeit viele Beweise dafür geliefert, dass er blitzschnell eine Bewertung der jeweiligen Marktlage vornahm und sich danach richtete, was eben, als dieser Ausdruck modern wurde, zu der oft abschätzig vorgetragenen Einschätzung führte, er sei nichts anderes als ein »Populist«: Haider konnte und kann sich bei seinen Reden in Unterkärnten als der große Förderer und Beschützer der slowenischen Minderheit darstellen und die Marginalisierung der politischen Präsenz der Vertreter der slowenischen Minderheit in Kärnten gibt ihm ebenso Recht wie die jahrelangen Stimmengewinne der FPÖ in rein slowenischen Gemeinden. Dass er gleichzeitig politisches Kapital aus dem Satz schlug, solange er Kärntner Landeshauptmann sei, werde es keine einzige zusätzliche zweisprachige Ortstafel in Kärnten geben, und somit ein Urteil des Verfassungsgerichtshofs missachtete, schien und scheint unter der Wahrnehmungsgrenze der slowenischen Minderheit. Denn oft hatte Haider an einem Tag seinen Schutzmantel über die Slowenen in Unterkärnten und wenig später am gleichen Tag in Oberkärnten über die Bewahrer des Deutschtums gebreitet und ihnen versichert, er werde eine drohende Slowenisierung des Landes verhindern. Und niemand zog ihn zur Rechenschaft.

Oder jene Begebenheit, die der ehemalige VP-Chef und Vizekanzler Josef Riegler oft erzählte: Haider habe mit ihm in einer bestimmten Sache eine Vereinbarung getroffen und ihn am Tag danach in einer Pressekonferenz heftig angegriffen. Als er ihn später darauf ansprach, soll Haider mit dem gewissen Lächeln gesagt haben: »Ach, war ich a bisserl scharf?«

Haider konnte seinen politischen Neoliberalismus frönen, weil sich andere Politiker und Parteien seit 1986 vorerst so schwer auf dessen Unverblümtheit einstellten. Sie konnten einfach nicht umgehen mit einem Mann, der in den 70er-Jahren im FP-Spektrum so weit links etwa von einem SP-Gewerkschafter wie Alfred Dallinger angesiedelt war, dass dieser ihn nicht einmal mit dem Fernrohr ausnehmen konnte. Haider spielte ab 1986 ein anderes politisches Spiel – unter völliger Missachtung der gängigen Regeln.

Obwohl versierte SP-Politiker wie der jetzige Bundespräsident Heinz Fischer erkannt hatten, dass Haider sich an keine Spielregel hielt und nicht daran dachte, sich um politische wie parlamentarische Usancen zu kümmern, konnten sich weder SPÖ noch ÖVP in irgendeiner wirksamen Art und Weise darauf einstellen, die Grünen wollten es gar nicht. Seinem Prinzip »Alles geht, was Erfolg bringt« standen sie so fassungs- wie hilflos gegenüber.

Allmählich aber lernten sie – auf der rechten Seite des politischen Spektrums schneller als auf der linken –, wie die Vorgänge, die zur »Wende« 2000 führten, zeigen sollten. Anfangs, also in den ersten Monaten nach der Wahl am 3. Oktober, dürfte bei der ÖVP noch die Angst vor Jörg Haider und seiner damaligen Crew und deren Rücksichtslosigkeit auf den schwindelnden Höhen

116

ihres 27-Prozent-Stimmenanteils überwogen haben, obwohl bereits wenige Tage nach dem Urnengang ein fixer Fahrplan und ein schlüssiges Konzept dafür vorlag, wie man Viktor Klima als neuen Bundeskanzler verhindern möchte. Damals wollten sich manche in der VP-Spitze noch des Bundespräsidenten bedienen und ihn dazu zwingen, jemandem anderen den Auftrag zur Regierungsbildung zu erteilen. Je länger sich aber die unseligen Sondierungsgespräche hinzogen, desto schwächer wurde offenbar diese Angst.

Wenige Monate zuvor, im Mai 1999, hatte man sich von Jörg Haider beim Bundesparteitag in Linz noch verhöhnen lassen: »Erleichtert warf der Ochse das Joch ab und trottete ins Schlachthaus«, rief er der ÖVP zu und erntete dafür tosenden Applaus. Denn, so sagte Haider damals voraus, »die ÖVP wird, auch wenn es möglich ist, mit uns keine Regierung machen«. Letztlich erwies sich die ÖVP als risikofreudiger als die SPÖ, was bewies, dass sie den politischen Markt in der Tat rascher neu bewertet hat als der Wirtschaftsmann Viktor Klima oder all die sozialdemokratischen politischen Experten um ihn herum. Zu Neoliberalismus hat man eben eine Affinität oder nicht.

Nun ist die Neubewertung des Marktes, auch des politischen, für sich genommen keinesfalls negativ zu sehen, sondern geradezu notwendig: Die Bedürfnisse der Konsumenten sprich Wähler ändern sich, ihre Forderungen auch, die Rahmenbedingungen der Marktlage ändern sich und Ein- sowie Umstellen wäre oft ein Erfordernis der Stunde gewesen. So hätte die innenpolitische Entwicklung in Österreich seit 1989 mit Sicherheit einen anderen Verlauf genommen, hätte die rot-schwarze Koalition in den Jahren 1989 bis 1995 etwa den Veränderungen rund um und in Österreich mehr Rechnung getragen. Hätte man zum Beispiel in der sozialdemokratischen Hauptstadt Wien dem Zustrom nach dem Fall des Eisernen Vorhangs und durch den Bürgerkrieg in Ex-Jugoslawien die gebührende Aufmerksamkeit geschenkt und die notwendigen Adaptionen im Wohn- und Schulwesen vorgenommen, hätte die Zustimmung für die FPÖ in den traditionellen sozialistischen Bezirken der Stadt nie jenen Grad erreicht, mit dem diese Partei dann schließlich bei gesamtösterreichischen 27

Prozent Wähleranteil gelandet ist. Die Wirksamkeit der ausländerfeindlichen Parolen der FPÖ wäre bei einer rascheren Reaktion des politischen Establishments in Stadt und Bund eine weitaus geringere gewesen.

Wenn also die Neubewertung des (politischen) Marktes von Zeit zu Zeit wie in den Jahren der substanziellen Umbrüche 1989 oder kontinuierlich nicht nur nicht negativ, sondern geradezu erforderlich ist, warum wäre sie dann im neoliberalen Sinn Jörg Haider und der FPÖ vorzuwerfen? Weil ihre Frequenz, die kurzen Abstände zwischen den einzelnen Bewertungsphasen, allmählich jede Verlässlichkeit in der Politik zunichte machte – und auch andere Politiker begannen dies für ein Erfolgsrezept zu halten. Letztlich ist Haider, wie die Entwicklung seit 2002 zeigt, mit diesem Konzept gescheitert: An irgendeinem Punkt hat er den Überblick über den Markt verloren, denn Erfolg braucht langfristig auch Verlässlichkeit – in der Wirtschaft wie in der Politik. Man kann auch sagen, er sei daran gescheitert, dass er sich selbst nie die Chance der Festigung und Festigkeit gegeben hat. Es kann als Ironie der Geschichte gelten, dass die FPÖ jetzt wieder von nationalen Kräften und deren Vertretern wie Ewald Stadler und Andreas Mölzer dorthin gedrängt wird, wo sie 1986, als sich Jörg Haider von ebendiesem Parteiflügel an die Spitze hieven ließ, schon einmal war.

Dazwischen hat er aber den Neubewertungs-Mechanismus durchaus erfolgreich für sich und die Partei eingesetzt: Von 1986 bis 1989 investierte er in die Sehnsucht der Nationalen und Deutschnationalen nach Rechtfertigung und Rehabilitation und nützte den Hang vieler Österreicher zu ihrer eigenen Opferrolle aus – das vor allem und durchaus mit politischem Gewinn. Haider wollte »Die Dritte Republik«, kupferte einen »Vertrag mit Österreich« vom »Contract with America« eines Newt Gingrich ab, als dies gerade in den USA Mitte der 90er-Jahre en vogue war; er wollte die Freiheit, »die er meinte«, eine »befreite Zukunft jenseits von rechts und links«, Bundeskanzler werden und doch nicht.

Charakteristisch dafür war zum Beispiel das Verhalten Haiders vor der Nationalratswahl 1995, als er zuerst nicht, dann aber beim Wahlauftakt im November doch Bundeskanzler werden wollte, um das »Land auszumisten und um Ordnung zu schaffen«, um »den Schmarotzern, den Verschwendern« das Fürchten zu lehren. Nach dem Bruch der Koalition Vranitzky-Schüssel hatte er immer wieder verkündet, er habe eigentlich kein Interesse an der Funktion des Regierungschefs, die beiden Großparteien sollten zuerst den von ihnen selbst angehäuften Problemberg abtragen. Der Regierung, die dann die volle Legislaturperiode »hielt«, prophezeite er kein langes Leben, danach werde das Land reif für eine Regierung unter seiner Führung sein. Damals wurde vermutet, dass Haider sich in einem Richtungsstreit zwischen Ewald Stadler und Walter Meischberger auf die Seite des »Dobermanns« geschlagen hatte. Dass Stadler, heute Volksanwalt und von Haider öffentlich ob seines Widerstands gegen die FP-Regierungsbeteiligung als Gefahr eingestuft – ob nur pro forma oder ernsthaft, lässt sich immer schwer festmachen –, dass dieser Stadler heute Haider zur Abgrenzung nach rechts treibt, gehört zu den Kuriositäten der freiheitlichen Parteigeschichte; dass Walter Meischberger sich seit seinem erzwungenen Abgang aus der Politik heute mit den eigenartigsten Aktivitäten durchschlägt, ebenso. Es wurde Haider damals sehr angekreidet, dass er Österreich als einen Saustall bezeichnete, den er auszumisten gedachte, was trotz der dringlichen Reformarbeit damals schon als kräftig überzeichnet gesehen wurde.

Als in den emotionalisierten Jänner-Tagen 2000 die internationalen Medien über Österreich und Wien hereinfielen, als gelte es, von einer Sensation gesamteuropäischen Ausmaßes zu berichten; als die Sendewagen und Satellitenschüsseln aller größeren Fernsehanstalten auf dem Ballhausplatz aufgestellt wurden, als ginge es im Bundeskanzleramt auf der einen und in der Präsidentschaftskanzlei auf der anderen Seite um Krieg oder Frieden – in diesen Tagen also schickte der amerikanische Nachrichtensender CNN seine Korrespondenten aus Rom und London nach Wien, der eine herzlich ahnungslos, der andere, weil mit einer Wienerin verheiratet, um Grade professioneller. In einem Interview, aufgenommen an einem eiskalten, aber wunderschönen Wintertag, beharrte der Ahnungslose ununterbrochen auf der Frage, ob denn Jörg Haider nicht doch ein Neo-Nazi sei. Differenzierte Erklärungen sind in TV-Statements ohnehin sinnlos und

mit ahnungslosen Partnern erst recht. Nachdem der Ahnungslose aus Rom zum dritten Mal insistiert hatte, tat endlich eine
ganz simple Erklärung ihre Wirkung: »Sie müssen verstehen, dass
Jörg Haider kein Nazi ist, er wäre morgen Kommunist, würde
er glauben, damit noch mehr Wählerstimmen gewinnen zu können.« Es war eindeutig: Das Wort »Kommunist« wirkt immer
und bei Amerikanern vor allem. Keine weiteren Fragen mehr. Als
der Professionellere aus London dann kam, war er entweder über
die Sinnlosigkeit der Nazi-Frage schon informiert oder wirklich
einfach kenntnisreicher.
Aber wie hätte man in wenigen Sekunden auch Journalisten aus
dem angelsächsischen Raum den österreichischen politischen
Markt erklären können, auf dem der Marktbeherrscher bis zu
diesem Zeitpunkt 14 Jahre lang in – einer groben Schätzung und
seiner Selbsteinschätzung nach – mindestens zehn verschiedenen
Rollen agiert hat: Als Robin Hood, der Rächer der kleinen Leute,
der dem als Unterdrücker empfundenen Establishment (was in
Zeiten der rot-schwarzen Koalition seine gewisse Berechtigung
hatte) ununterbrochen ein Schnippchen schlägt und dem »Volk«
verspricht, von diesem Establishment zu holen, was eigentlich der
Bevölkerung gebührt; dann wieder als Bruno Kreiskys Erbe. Bei
Robin Hood als Legendenfigur mag sich die nähere Erläuterung
noch erübrigt haben, beim Vergleich mit Bruno Kreisky wurde
das Beliebige und eine gewisse Unlogik bereits sichtbar, Beliebigkeit und Unlogik erreichten dann später in dem Satz Jörg Haiders
– der Erinnerung nach im Jahr 2002 –, er sei »der Osama bin
Laden Österreichs«, ihren absoluten Höhepunkt.
Als er sich mit Bruno Kreisky verglich, wollte Haider wohl nur die
soziale Komponente angesprochen wissen, vielleicht auch noch
die internationale, denn kein anderer Politiker hatte nach Bruno
Kreisky so viel internationale Aufmerksamkeit erzielt wie Haider.
Hauptsächlich ging es ihm aber bei diesem Vergleich um Kreiskys
»Menschen draußen«, für die man da sein müsse, um die man
sich zu kümmern habe. Dass die SPÖ unter Kreisky dieses »Kümmern« durchaus kurzfristig mit enormen Staatsverschuldungen
finanzierte, wollte Haider nicht beachtet haben, obwohl er in den
letzten Jahren beachtliche politische Schwungbewegungen zwischen dem Nulldefizit des Budgets der blau-schwarzen Regierung

Schüssels und dem Gedenken an Kreiskys berühmten Satz, dass ihm ein paar Milliarden (damals Schilling) Schulden lieber seien als ein paar tausend Arbeitslose mehr, vollzogen hat.

Aber Kreisky war nicht der einzige Sozialist/Sozialdemokrat, mit dem Haider sich wortwörtlich verglich. Auch Großbritanniens Labour-Premier Tony Blair musste einmal herhalten, um als Zeuge für Jörg Haiders soziale Wärme in dem sozial kalten Klima jener Regierung aufgerufen zu werden, die Haider selbst verhandelt, unterschrieben und ermöglicht hatte.

Wann immer er sich von anderen Politikern, von den Medien oder Einzelpersonen in seiner eigenen Partei verfolgt fühlte, holte er in seiner Vergleichstechnik weit aus. Einmal sah er sich eben als Osama bin Laden Österreichs, während sich dieser Terrorpate in den Bergen zwischen Afghanistan und Pakistan vor der Verfolgung durch amerikanische Spezialeinheiten versteckt hielt – weltweit gesucht, weltweit geächtet, aber umgeben von einem kleinen Kreis Untergebener, von ihnen beschützt und als Rächer der Unterdrückten in der islamischen Welt verehrt. Das Schreckliche an diesem Vergleich, die Tausenden Toten der weltweiten Terroranschläge auf der USS-Cole im Jemen, in der US-Botschaft in Tansania, im World Trade Center in New York, dem Pentagon in Washington oder in Bali, blendet jemand wie Haider, der von seinen Wählern und auch nicht von den Medien über nunmehr Jahrzehnte hinweg nie für seine Worte zur Verantwortung gezogen wurde, natürlich aus. Auf dem Markt der Politik sind im neoliberalen Sinn die Mittel wohlfeil. So konnte Haider seine Freiheitlichen auch ohne Schaden einmal als die Palästinenser Österreichs bezeichnen – und niemand fragte nach dem antisemitischen Gehalt dieser Aussage.

Besonders rührend aber war Haiders Stolz auf einen Vergleich, der ihm selbst gar nicht eingefallen ist. 1997 freute er sich in seinem Buch »Befreite Zukunft jenseits von rechts und links« darüber, dass der ehemalige sozialistische Universitätsprofessor mit einer seit den Jahren Kurt Waldheims immer stärker ausgeprägten Schieflage nach ganz rechts, Norbert Leser also, ihn mit Martin Luther verglich: »An politischen Bannflüchen hat es in der Tat auch bei mir bisher nicht gefehlt«, schreibt er, »aber es mangelt auch nicht an meiner Begeisterung, solche Widerstände zu überwinden, um Österreich eine befreite Zukunft zu eröffnen.« Vielleicht trifft es sich da, dass Luthers berühmtestes Wort »Hier stehe ich und kann nicht anders« laut Geschichtsforschung auch nur eine Legende und so etwas wie reformatorischer Sound Bite ist, ein einprägsamer Satz eben zur späteren Verwendung für eine viel kompliziertere Botschaft. Denn wäre der Satz wahr, würde er jeden Vergleich mit Haider vernichten: Haider konnte immer auch anders.

Die Fähigkeit zur ständigen Neubewertung seines (politischen) Marktes hat bei Haider nach Eroberung des bis dahin größten Marktanteils 1999 stark nachgelassen. Nachdem er sich im Mai 2000 als Vorstandsvorsitzender der FPÖ zurückgezogen und das operative Geschäft in Regierung und Partei Susanne Riess-Passer überlassen hatte, hat Haider offenkundig das Talent zur treffsicheren Einschätzung des Marktgeschehens verloren, wie die Talfahrt der FPÖ von über 27 Prozent auf unter 7 Prozent bei der EU-Wahl 2004 bewiesen hat. Damit hat sich letztlich sein politischer Neoliberalismus als erfolglos erwiesen, denn eine Neuorientierung in immer kürzer werdenden Abständen verwirrt den Konsumenten.

Allein im FP-Schicksalsjahr 2002 lassen sich für Jörg Haider weit über zehn verschiedene Pläne zur Wiedereroberung des freiheitlichen Wählermarktes nachweisen:

Im Februar dieses Jahres verkündete er in der TV-Nachrichtensendung des ORF, er werde sich aus der Politik zurückziehen, nachdem er harsche Kritik aus den eigenen, zum Teil Regierungsreihen an seinem Blitzbesuch beim damaligen Diktator Saddam Hussein im Irak einstecken musste. Sein »Ich bin schon weg« hielt einige Tage an; jedenfalls lang genug um zu erklären, dass er zwar den Koalitionsausschuss verlassen, die Partei aber weiter unterstützen werde. Haider hatte damals also offenbar die Einschätzung, entweder die FPÖ oder er persönlich würden von seiner Absenz in der Bundespolitik profitieren. Bevor aber der Konsument sprich Wähler sich auf diese Situation einstellen und das Produkt FPÖ ohne Haider prüfen konnte, war er im Juni dieses Jahres schon wieder da; so sehr, dass er eigentlich von Susanne Riess-Passer die Führung des operativen Parteigeschäftes zurückverlangte, was diese ihm aber verwehrte. Die Verwirrung der potenziellen Abnehmer des politischen Produkts der FPÖ wurde nicht dadurch gemildert, dass Haider beim Parteitag im Juni den freiheitlichen Polit-Produzenten seine Einmischung »aus dem Süden« weiter androhte. Ende Juli dieses Jahres bewertete er die Lage innerhalb von 24 Stunden völlig konträr: Zuerst kündigte er an, er werde sein Kapital aus der Firma FPÖ abziehen und die Partei in einem kommenden Wahlkampf nicht mehr unterstützen, nach einer Aussprache mit Riess-Passer war danach wieder alles anders. Jedoch nicht lange. Bereits Mitte August 2002 ging Haider mit seiner Überzeugung an die Öffentlichkeit, dass die derzeitige Unternehmensführung der FPÖ, also im Wesentlichen Riess-Passer und Westenthaler, die Firma ruinieren, und legte ihnen nahe, sich nach der nächsten Bilanz, sprich Nationalratswahl, die schlecht ausfallen müssen, »zu vertschüssen«.

Ähnlich ging er Ende August 2002 vor: An einem einzigen Tag kündigte er eine intensivere Kontrolle der Firma an (»Ich bleibe der Stachel im Fleisch der Koalition«), seinen Rückzug aus der Politik und das Gegenteil davon. Ab dann wusste Haider offenbar überhaupt nicht mehr, wie er sich oder die FPÖ am österreichischen Polit-Markt positionieren sollte, was dazu führte, dass seine frühere Stärke, rechtzeitig eine Neubewertung vorzunehmen und die Position entsprechend anzupassen, sich als jene Beliebigkeit erwies, mit der er zuvor so große Erfolge erzielt hatte, mit der er aber ab Regierungseintritt die Partei, wenn schon vorläufig nicht in den Konkurs, so zumindest mit der Nationalratswahl 2002 in den Ausgleich getrieben hat.

Denn im September 2002 kam es eindeutig zu einer Überforderung der Klientel, sprich der Wähler alias Konsumenten. Am 11. September 2002 ließ sich Haider als neuer Vorstandsvorsitzender für den Parteitag am 21. September nominieren; drei Tage später zog er diese Kandidatur mit Argumenten zurück, die sich später als eindeutig haltlos und unwahr herausstellen sollten: Er sei massiv von Mitgliedern einer Waffenlobby bedroht worden, die seine ursprüngliche Kritik am Kauf von Abfangjägern unterbinden wollten. Zeugen für diese Bedrohung in einem Klagenfurter Kaffeehaus konnte er bei der offiziellen Untersuchung nicht namhaft machen. Der Rest ist Geschichte: Mathias Reichhold wird für nicht einmal vier Wochen Parteiobmann und Spitzenkandidat; danach Herbert Haupt, danach Haiders Schwester Ursula Haubner, aber nur geschäftsführend.

Bei all dem vorangegangenen Chaos im Denken und im Handeln auf Bundesebene hätte man eigentlich annehmen müssen, dass Haider auch in Kärnten seinen Markt und seinen Wert nicht mehr richtig einzuschätzen wusste. Im Sommer 2003 schien dies auch der Fall zu sein: Die negativen Meinungsäußerungen zu seiner Person und seiner Politik waren eindeutig in der Überzahl. Doch im Vorfeld der Landtagswahl im März 2004 wurde deutlich, dass er sein politisch neoliberales Talent, alles einem Maximum an Stimmengewinn unterzuordnen, voll einsetzen konnte, auch wenn der Gewinn nur im Halten des Stimmenanteils bestand, was jedoch gemessen an den erwarteten Verlusten als sensationeller Sieg erschien. Und auch so interpretiert wurde.

Kärnten war eben von Anfang der 80er-Jahre an ein ganz besonderer Markt mit ganz besonderen Chancen für Haider und war von ihm auch deshalb für die maximal erfolgreiche Positionierung seines Produkts bewusst ausgesucht worden. Warum dies so war und ist, kann den Menschen außerhalb dieses Bundeslandes nur schwer erklärt werden.

In der Einschätzung von außen hätten die Kärntner Wähler bei der Landtagswahl 2004 eigentlich die Rechnung dafür ausstellen müssen, dass es dem Land wirtschaftlich noch immer nicht gut geht; dass das Spiel mit dem Stimmenkauf zu vordergründig gespielt wurde, um vom Wähler nicht durchschaut zu werden. Haider hatte in einer Spontanreaktion auf eine just zu diesem Zeitpunkt bekannt gewordene – durch unprofessionelle Gesetzesarbeit der Bundesregierung verursachte – Kürzung mancher Pensionen mit der Verteilung von Geld reagierte. Auch der eklatante Widerspruch zwischen der FP-Politik auf Bundesebene, die seit Jahr und Tag die Sanierung der Budgets als großen und oft einzigen Erfolg der schwarz-blauen Kombination bewarb, und der Landespolitik der FPÖ mit Geburtenprämie und Mütter-Pension hätte ins Auge springen müssen. Zumindest die ältere Generation in Kärnten hätte sich an Bruno Kreiskys parteiinternes Motto erinnern können: »Wenn wir damit gewinnen, wird uns

etwas einfallen, wie wir es finanzieren. Wenn wir verlieren, haben wir das Problem ohnehin nicht.«
Aber nach 20 Jahren im Land weiß der Oberösterreicher natürlich ganz genau, dass die Eigenwahrnehmung der Kärntner Bevölkerung eine ganz andere ist als die Fremdwahrnehmung. Und dieses Wissen nützte er, wie es jeder talentierte Politiker tun würde, gezielt aus. Immer schon und erst recht in seiner allgemein politischen Bedrängnis vor der Landtagswahl 2004. Denn alle Punkte, von denen man von außen annehmen hätte müssen, sie würden gegen Haiders Stimmgewinnstreben arbeiten, waren in Kärnten ein Plus für ihn: Zum Beispiel der offene Anti-Amerikanismus, den Haider instrumentalisiert, wenn es ihm nützt, und den er schnell vergisst, wenn eine öffentlich zur Schau gestellte Solidarisierung mit den USA von Nutzen ist. Da spielt es dann keine Rolle, wenn Haider in New York City etwa bei einer Veranstaltung der »Helden des 11. September«, der New Yorker Polizei eben, beim berühmten Fahneneid vor einer Veranstaltung auch seine Hand auf das Herz legt, was normalerweise nicht einmal die leidenschaftlichsten ausländischen Amerika-Befürworter tun würden. Oder die Sache mit den zweisprachigen Ortstafeln: Im Wahlkampf kommt die völlige Missachtung eines Höchstgerichtsurteils gut an in einem Land, das sich immer aus dem Protest heraus definiert – sei es gegen Wien oder eben gegen Brüssel; wenige Monate danach kann man sich wieder großzügiger zeigen. Man muss aber gar nicht so tief in die Kärntner Seele blicken um zu verstehen, warum Jörg Haider bei der Landtagswahl 2004 keine Lektion für sein inferiores Verhalten in der Bundespartei und in der Bundespolitik erhalten hatte. Auf dem Kärntner Markt war er als Marktführer ohne Konkurrenz geblieben. Er hatte in seinem politischen Neoliberalismus unter Missachtung seiner eigenen Linien auf Bundesebene eine Monopolstellung errungen. Die anderen Anbieter wollte man justament nicht stärken. Die SPÖ nicht, weil der Geschäftsführer und Parteiobmann Peter Ambrozy so alt und verbraucht aussah, wie es die sozialdemokratische Politik im Land war, und diese hatte man fast 40 Jahre nach 1945 ertragen. Die »Roten« wollte man nicht wieder – vielleicht auch, weil man sich unterbewusst ein wenig dafür schämt, diese so lange ungebrochen an der Macht gelassen zu haben. Und Peter Ambrozy ist die fleischgewordene

Erinnerung daran. Als Leopold Wagner seine letzte Wahl verlor, verstand er die Welt nicht mehr: »Ich treffe nur Leute auf der Straße, die mich gewählt haben. Wo habe ich die sechs Prozent verloren?«, sagte er damals. Wahrscheinlich wundert sich heute Haider, warum er nicht die absolute Mehrheit hat.

Da spielte es auch keine Rolle, dass Haider in einer Kärntner Zeitung sich zuvor gerühmt hatte, er betreibe eine »Politik wie Leopold Wagner«. Die Kärntner wissen, was das bedeutet: Parteipolitischer Zugriff auf alles und jeden im Land. Aber offenbar haben sie das im Taumel des Event-Furiosos der FPÖ einfach vergessen. Die ÖVP nicht, weil sie mit Elisabeth Scheucher dem »klassen Burschen Haider«, ungeachtet der Tatsache, dass dieser auch schon sehr in die Jahre gekommen ist, keine »klasse Tauben« (Kärntner Diktion) entgegengesetzt hat. Justament ist ein Standpunkt, auf dem man in dem Land zwischen Karawanken und Tauern gerne besteht und verharrt. Motiv genug für eine Landtagswahl. Aus all den genannten Gründen erwies sich auch die Ankündigung der glücklosen VP-Spitzenkandidatin »Wir wählen Haider nicht mehr zum Landeshauptmann« als Rohrkrepierer, denn sie führte als Begründung die Attacken Haiders auf den Mann in Washington an. Die Klagenfurterin scheint weniger Ahnung von den Kärntner Befindlichkeiten gehabt zu haben als der Oberösterreicher. Das genügte fürs Debakel – zusammen mit einer historisch bedingten Abneigung gegen die »Schwarzen«, die umso stärker Erinnerung an die antiklerikale Zeit hervorriefen, je stärker der Rückbezug der gesamten ÖVP auf ihre christlichen Wurzeln wurde. Georg Wurmitzer und Elisabeth Scheucher erschienen vielen nicht-sozialistischen Wählern einfach als Duo Infernal ohne Schlagkraft. Da war keine Identifikation möglich.

Im Vergleich dazu rang einer wie Jörg Haider schon noch einmal Bewunderung ab. Wenn schon nichts anderes, dann war er gegen Wien – und Wien hat doch Kärnten im Abwehrkampf im Stich gelassen, nicht wahr? Die Dinge setzen sich in der Kessellage des Landes fest und sie wirken nach. Wer sie aufgreift, verstärkt und dem Land das Gefühl »Wir gegen Rest-Österreich« gibt, vielleicht sogar gegen den Rest der Welt, hat Erfolg. Und weil Haider die Rolle des »Verfolgten« am besten spielt, nützt ihm die Identifikation jener Kärntner, die sich auch gerne in dieser Rolle sehen.

# Von der begehrten Rendite

»Die Mühle ist zu. Das Einzige, was mir noch bleibt, im Sinne Österreichs und der politischen Kultur, auf dieses System der Ungleichgewichtigkeit hinzuweisen. Mir bleibt nur ein Verzweiflungsschritt und die einzige Hoffnung, dass die Wirkung für Österreich nicht ausbleibt.« Am 26. April 1997 schrieb Gerhard Praschak, ehemaliger Sekretär des Bundeskanzlers Franz Vranitzky und danach Vorstandsmitglied der Österreichischen Kontrollbank, diese Zeilen.

In dieser Nacht zerreißt ein Schuss die Stille des Büros der Kontrollbank in der Wiener Innenstadt. Gerhard Praschak nimmt sich das Leben. Ein Schuss, der damals Österreich erschüttert hat, dessen Wirkung, wie sie sich Praschak erhofft hatte, aber ausblieb. Ein Schuss, der unmittelbar nach dem spektakulären Selbstmord des gut aussehenden, smarten Bankers vielfache Bekenntnisse und einen Plan zur endgültigen Abschaffung des Postenschachers im öffentlichen Leben und der staatsnahen Wirtschaft veranlasst hat, im Grunde aber wirkungslos geblieben war. Die Vergabe von Posten nach parteipolitischen Kriterien hat sich in Österreich im Laufe der Jahrzehnte dem Wesen nach verändert: Stand in der Zeit nach dem Zweiten Weltkrieg und bis 1966, bis zur Alleinregierung der ÖVP, und auch danach die Aufteilung der Macht im Vordergrund – immer auch unter dem angeblich historischen Motiv des totalen Machtausgleichs zur Vermeidung künftiger Feindschaft der beiden »Lager« –, so nahm der Postenschacher nach der Alleinregierung der SPÖ immer mehr den Charakter einer Rendite an; das heißt, der »Gesamterfolg« einer Partei – die viele Funktionäre bereits als Kapitalanlage ansahen, wobei das Kapital im Einsatz von Zeit, Arbeitskraft und Gefolgschaft bestand – wurde daran gemessen, wie viele Posten sie zu verteilen hatte.

Als Bruno Kreisky die politische Szene allein beherrschte, teilte er diese Rendite auch großzügig unter jenen auf, die gar nicht in die

SPÖ investiert hatten. Das machte zum Teil auch seinen Erfolg aus und verschaffte ihm zudem noch das Image, zuerst an Österreich zu denken und nicht nur an die Partei, was im Gegenzug wieder die Regierungspartei für viele attraktiv machte.

Wie aber die Postenbesetzungen danach zeigen, ist Praschak umsonst gestorben. Warum hat sich einer aus der Generation jener Nadelstreif-Sozialisten, welche die schicksten In-Lokale in Wien frequentierten, einer von jenen, die nach einigen Lehrjahren im Dunstkreis der sozialdemokratischen Macht mit Millionen-Jobs versorgt und bedankt wurden, das Leben genommen? Praschak war, wie es schien, ein sensibler Mann. Im Jänner 1997 musste die SP-dominierte Regierung umgebildet werden und Rudolf Scholten sie verlassen. Auch Scholten war ein ehemaliger Sekretär Franz Vranitzkys. Er sollte versorgt werden. Scholten war aus der Kontrollbank gekommen und sollte nun dorthin zurückkehren, was offenbar einen Kompetenzstreit mit Praschak auslöste.

In seinem Abschiedsbrief beschuldigte Praschak den Ex-Minister, ihm mit der »politischen Karte« gedroht zu haben, sollte er seiner Entmachtung nicht zustimmen. Praschak war also Opfer eines Systems der politischen Rendite geworden, von dem er selbst zuvor profitiert hatte.

Der Schuss verhallte, das Entsetzen war groß und der neue österreichische Bundeskanzler, jener, dessen Aufstieg zur Macht die Rochade und Scholtens Ausscheiden aus der Regierung verursacht hatte, Viktor Klima, wollte zeigen, dass er Konsequenzen aus Praschaks Vorwürfen ziehen konnte.

Im Mai 1997 verkündete er einen Fünf-Punkte-Plan zur Zurückdrängung des Staats- und Parteieneinflusses auf die Postenbesetzung; einen Plan übrigens, über den Klima zwei Jahre später im Parlament sagen sollte: »Ich nehme doch an, dass er auch tatsächlich umgesetzt wird.« Darin war von öffentlichen Ausschreibungen für alle Geschäftsführer- und Vorstandsfunktionen die Rede, nicht aber von der Praxis, die sich dann entwickeln sollte: Ausschreibung nach bereits erfolgter parteipolitischer Festlegung auf die auszuwählenden Geschäftsführer und Vorstände. Darin war auch von leistungsorientierten Standardverträgen für Manager die Rede, aber nichts davon, dass sie auch im Stillen abgeändert und umgangen werden können.

Nach Vorliegen der Punkte wurde der sofortige Rücktritt Schol-
tens vom Vorstand der Kontrollbank verlangt, weil sonst Klimas
Programm nur ein »Scheinplan« und eine »unglaubwürdige Feu-
erwehraktion« wäre. Praschak ist nun schon einige Jahre tot,
Scholten im Vorstand der Kontrollbank.
Franz Vranitzky schrieb über Praschak und die Causa Praschak
in seinen »Politischen Erinnerungen«: »Der Mensch Gerhard
Praschak schrumpfte zu dem, was er für die besessenen SP-Geg-
ner immer gewesen war, nämlich zu einer Nebenerscheinung. Im
Zentrum stand die Waffe, als die er herhalten musste. Sogar neue
gesetzliche Bestimmungen zur so genannten Objektivierung von
Personalbesetzungen wurden erlassen. Die wievielten eigentlich?
Ich ärgerte mich, nicht mehr im Amt zu sein, diese politisch-cha-
rakterliche Verwerfung hätte ich sicherlich nicht mitgemacht.
Wenn aus keinem anderen Grund, dann aus Solidarität mit und
Zuneigung zu meinem ehemaligen Mitarbeiter.«
Den Beweis musste Vranitzky allerdings nicht antreten.
Im Juli 1999, Klima ist noch Bundeskanzler, geht dann – »neue
gesetzliche Bestimmungen« hin oder her – eine der bis dahin
größten Postenschacher-Aktionen über die Bühne: Die Führung
der staatseigenen ÖIAG wurde dem früheren Ministern Rudolf
Streicher für die SPÖ und Johannes Ditz für die ÖVP übertragen.
Die Sache war vor der Ausschreibung längst entschieden.
Es sollte noch schlimmer kommen. Nach der Nationalratswahl
am 3. Oktober 1999 wurde im ersten Ministerrat der dann nur
mehr provisorischen rot-schwarzen Regierung just jenes Proporz-
Personalpaket abgesegnet, das Wochen zuvor abwechselnd noch
von SPÖ und ÖVP blockiert worden ist; von den beiden Parteien
also, die bei der Wahl herbe Verluste an Stimmen und Wählerver-
trauen akzeptieren mussten. Das hielt sie jedoch nicht davon ab,
danach schon schnell ihre jeweiligen Wünsche für Spitzenpositi-
onen im Bundeskanzleramt, Bundesheer und Sicherheitsapparat
zu verwirklichen. Es kümmerte sie nicht, dass sie die betroffenen
Beamten dem Vorwurf aussetzten, ungeachtet ihrer jeweiligen
Qualifikation nichts anderes als rot-schwarze Junktim-Entschei-
dungen zu sein?
SP-Chef und Interims-Regierungschef Viktor Klima kümmerte sich auch nicht mehr um seine eigenen Aussagen, die er bei

seiner letzten Pressekonferenz vor der Wahl in der Wiener Sky-Bar gemacht hatte. Dort hatte er nochmals eine andere Art des Regierens und ein Ende der »Packelei« versprochen; hatte das Wort selbst in den Mund genommen und gemeint, es müsse Schluss sein mit dem Junktimieren und Packeln, was zwar immer abgestritten werde, wovon aber ohnehin »ganz Österreich weiß«.

Nicht einmal 48 Stunden waren vom Wahlsonntag bis zur Ministerratssitzung am Dienstag ins Land gezogen und schon war man wieder in die alte Postenschacher-Manie verfallen; hatte nicht einmal den Anstand, das Gesicht zu wahren und sich wenigstens um die Optik zu kümmern. Die SPÖ hat das Präsidium des Bundeskanzleramtes – wem immer es in Zukunft unterstellt sein wird – dem einstigen Vertreter des äußersten linken Flügels der SPÖ Manfred Matzka übertragen. Die ÖVP hat das geschluckt, nur um ihren Generaltruppeninspektor – im Fall eines Ministers einer anderen Couleur – durchgesetzt zu haben. Dass Wolfgang Schüssel dann mit Matzka arbeiten musste, wurde vielfach als Rache der Geschichte angesehen; dass dies ohne nennenswerte öffentliche Reibereien möglich war, als Beweis für die Qualität des österreichischen Beamtentums, obwohl Matzka im Laufe der Zeit nach rechts gewandert war, was die Sache wahrscheinlich erleichtert hat.

Im Jänner 2001 dann in der ÖIAG das gleiche Spiel, nur hatte das Spielbrett zu diesem Zeitpunkt nach der »Wende« bereits blau-schwarze Felder. Steicher und Ditz verloren ihren Posten zugunsten wende-verträglicher Manager, die auch bereits vor der Ausschreibung feststanden. In anderen Fällen wurde 1999 ebenfalls streng nach rot-schwarzem Proporz bestellt, wobei in manchen Fällen die Rendite-Nehmer nicht einmal die formalen Ausschreibungskriterien erfüllten. Nach dem Regierungswechsel wurde rasch umgefärbt: Anderes Kapital, andere Renditen.

Vor dem Hintergrund des Selbstmordes Gerhard Praschaks durch Erschießen und des Vorwurfs Franz Vranitzkys, dieser sei von besessenen SP-Gegnern als »Waffe« gegen die große Koalition verwendet worden, entbehrt es nicht einer bitteren Ironie, dass Jörg Haider im September 2002, nachdem sein Parteifreund Reinhard Gaugg doch nicht die Rendite des Postens eines Vize-Generaldirektors der Pensionsversicherungsanstalt einstreifen konnte und für den ehemaligen Sozialsprecher der FPÖ fieberhaft ein anderer Versorgungsposten gesucht werden musste, die rhetorische Frage stellte: »Ja, soll sich Gaugg vielleicht erschießen?« Fünf Jahre zuvor hatte der damalige Justizsprecher der FP-Opposition, Michael Krüger, der 2000 nach wenigen Monaten aus Gesundheitsgründen, also wegen Überlastung, als Justizminister wieder zurücktreten musste, laut stenografischem Protokoll im April 1997 im Parlament noch moralisiert. Es ging um die Einsetzung eines Untersuchungsausschusses, der von der Regierungsmehrheit erwartungsgemäß abgelehnt wurde. Und daher ging es für Krüger im Fall Praschak »um einen Selbstmord, und zwar um einen Selbstmord aus politischen Gründen! Gerhard Praschak hat, wie wir wissen, der Opposition, insbesondere der FPÖ, und auch den Medien ein Vermächtnis hinterlassen, da er – zur Marionette geworden – naturgemäß kein Vertrauen mehr zu jener Partei hatte, die ihn einst förderte.«

Im Verlauf seiner Rede prangerte Krüger dann die politische Versorgung Rudolf Scholtens, den politischen Druck auf Gerhard Praschak an – beides Praktiken, die die FPÖ 2002 im Fall Gaugg für sich nutzen wollte.

Dieser Fall Gaugg lief im Frühjahr 2002 vor den Augen der Öffentlichkeit und mit Duldung der ÖVP in einer atemberaubenden Unverschämtheit ab: Der freiheitliche Sozialsprecher sollte den Posten eines Vize-Generaldirektors der neuen Pensionsversicherungsanstalt bekommen. Die öffentliche Ausschreibung der Funktion geriet zur Farce, in den Medien tauchte ein Partei-Protokoll der FPÖ auf, aus dem die Festlegung der Partei auf Gaugg vor der Ausschreibung hervorging. Nach seiner Berufung verlangte Gaugg nicht nur einen Sondervertrag, sondern auch die Möglichkeit, weiter sein Nationalratsmandat auszuüben, und schließlich das Privileg, die entsprechende Dienstprüfung nicht ablegen zu müssen.

Erst nachdem sich Gaugg Anfang August durch Alkohol am Steuer in Klagenfurt und einen verweigerten Alko-Test um alles gebracht hatte, die PVA-Funktion und das Mandat zurücklegen musste und alle Versorgungsmöglichkeiten bedacht und verworfen wurden – angefangen von der Landesdirektion Kärnten in der Pensionsversicherungsanstalt über einen Posten bei der Klagenfurter Messe oder in der Hypo-Alpen-Adria Bank bis zum Elektrizitätsunternehmen Kelag –, erst dann wurde allmählich klar, warum die FPÖ unter ihrer damaligen Führung Susanne Riess-Passer im Privilegienfall Gaugg den ganzen Wein auf einmal trank, nachdem sie über ein Jahrzehnt Wasser gepredigt hatte. Gaugg schlug der FPÖ mit einem Schlag alle Trümpfe aus der Hand, die sie als Anti-Pfründen-Partei, als Anti-Privilegien-Klub zuvor angesammelt hatte. Sogar für die der FPÖ besonders gut gesinnten Gruppen musste das ein Schlag ins Gesicht gewesen sein. Auch für Jörg Haider war die Gaugg-Affäre ein »Sündenfall«, jedenfalls so lange, bis es doch wieder opportun war, von einer »Menschenhatz« auf Gaugg zu sprechen und hektisch über dessen weitere Verwendung nachzudenken. Der zeitliche Unterschied waren ein paar Monate.

FP-Funktionäre hatten eine ganz andere Sicht, wie sich herausstellen sollte. Seit Regierungseintritt der FPÖ sollen sie sich nach Informationen von Seiten des FP-Teams immer drängender in den diversen FP-Büros mit der immer gleichen Frage gemeldet haben: Warum kommen wir nicht zum Zug? Warum nicht einer von uns?

Nun stand Susanne Riess-Passer vor einem Bundesparteitag, bei dem sie wieder gewählt werden wollte, nachdem sie gerade mühsam Jörg Haiders letzte Ambitionen, von ihr den Parteivorsitz wieder zurückzuverlangen, abgewehrt hatte. Der »Sündenfall«, der Postenschacher mit Gaugg also, war ihr Ticket zu einer respektablen Mehrheit am Parteitag. Hätte sie sich zu diesem Zeitpunkt dem Drängen verschlossen, hätte sie sich gegen ein Signal an die Partei mit Gaugg – »Seht, wir bekommen jetzt auch die Spitzenposten« – entschieden, hätte sie als Parteiobfrau mit einem Wahlergebnis rechnen müssen, das zu allerlei Spekulationen Anlass gegeben hätte – nicht zuletzt zu jener, dass sie eben doch nicht im gleichen Ausmaß für die Führung der Partei tauge wie Jörg Haider. Das heißt, in gewisser Weise war die Schamlosigkeit um den PVA-Job für Gaugg der Preis, den Riess-Passer innerparteilich für die Funktion der Vorsitzenden und der Vizekanzlerin zu zahlen hatte. Gaugg war ihr Ticket für Partei- und Regierungsspitze.

Die Affäre um Reinhard Gaugg war aber nur der Schlusspunkt in einer der brutalsten und ungenierten Umfärbeaktionen seit langem. Der Chef des Hauptverbandes der Sozialversicherungsträger, der Gewerkschafter Hans Sallmutter, hatte vor seinem erzwungenen Abgang Folgendes durchblicken lassen: Die FPÖ habe ihm bedeutet, dass er seine Funktion behalten und seine Ruhe wieder gewinnen könne, wenn er Gaugg in irgendeiner Spitzenfunktion akzeptieren würde. Selbst wenn diese Erzählung nicht exakt der Wahrheit entsprochen haben sollte, so war in politischen und informierten Kreisen doch jedermann sofort bereit, sie für wahr zu halten.

Das sagt einiges darüber aus, wie sehr die FPÖ zu diesem Zeitpunkt schon von ihrem früheren Weg der Anti-Pfründen-, Anti-Privilegien-Politik abgekommen sein musste – und dabei war sie nicht einmal zwei Jahre im Amt. Die Unbekümmertheit, mit der die FPÖ in der Regierung die politische, parteipolitische, personalpolitische Rendite einstreichen wollte, war atemberaubend. In Beobachterkreisen kursierten damals die unterschiedlichsten Begründungen dafür, als sich zum Beispiel Justizminister Dieter Böhmdorfer einen glücklosen Schauspieler aus seinem engeren Familienkreis als persönlichen Pressereferenten in das Ministerium holte und der Steuerzahler für den entsprechenden Sondervertrag aufkommen musste.

Politikwissenschaftler Fritz Plasser etwa hatte zwei Erklärungen parat: »Erstens gibt es offensichtlich bei der FPÖ nach den langen Jahren der Opposition eine Kompensationsnotwendigkeit. Zur Befriedigung dieses Kompensationswunsches ist man bereit, Kritik in Kauf zu nehmen«. Zweitens zeige sich bei den Freiheitlichen ein »Kompetenzdefizit« und es seien Leute mit »gravierendem Erfahrungsmangel am Werk.« Daran hat sich auch nach vier Regierungsjahren noch nichts geändert.

Peter Ulram vom Fessl-Institut erklärte während der Amtszeit von Schüssel I (2000–2002) manch provokante FP-Entscheidung – vor allem in der Personalpolitik – mit den Erfahrungen der Freiheitlichen bis zum Regierungseintritt: »Als Opposition konnten sie sich fast alles leisten, ohne je wirkliche Konsequenzen in Kauf nehmen zu müssen.« Die FPÖ habe ein ungeheuer »dickes Fell«.

Außerdem sei es so gewesen, dass bis zum Bruch der Koalition im September 2002 eigentlich niemand anderer aus den Fehlern der FPÖ als Regierungspartei politischen Gewinn gezogen hat, was FP-Vertreter nur noch in ihrem Verhalten bestärkt hat. Seit der Nationalratswahl 2002 und den schweren Verlusten der FPÖ ist das natürlich anders, weil die ÖVP und Wolfgang Schüssel sehr wohl politischen Gewinn aus den FP-Fehlern gezogen haben. Auffallend ist im Rückspiegel der Zeit betrachtet, dass die Unverfrorenheit der Freiheitlichen in der Regierung in Wahrheit nicht überraschen hätte sollen, denn die Gier mancher ihrer Funktionäre nach der Rendite war schon in Oppositionszeiten in vielen Fällen kaum mit der offiziell propagierten Parteilinie in Einklang zu bringen, was bei aller Liebe der Partei zu den »Anständigen« und Bescheidenen da und dort zu unglaublichen Verrenkungen geführt hat. Außerdem war immer alles nach dem gleichen Muster abgelaufen: Bereits kurz nach der Machtübernahme Jörg Haiders hatte es die FPÖ nicht leicht mit den finanziellen Wünschen ihrer Mitglieder. Mitten in die Werbung für das Anti-Privilegien-Volksbegehren der Partei 1987 war die Nachricht geplatzt, dass ihr langjähriger Grazer Bürgermeister und kurzzeitiger Bundesparteiobmann Alexander Götz den Verfassungsgerichtshof angerufen und dort bezüglich seiner Pensionsansprüche Recht bekommen hatte. Weil dies so gar nicht in die Anti-Privilegien-Kampagne passte, war rasch von einem Verstoß gegen die Parteilinie und von Verzicht die Rede. Götz aber dachte nicht an Verzicht, bekam ein Parteiausschlussverfahren, wehrte sich erfolgreich dagegen – und erhielt Anfang 1993, als sich niemand mehr an das Anti-Privilegien-Begehren erinnerte, von FP-Chef Jörg Haider den höchsten steirischen Orden der FPÖ überreicht.

Ein weiteres anschauliches Beispiel nach dem Muster: Aufforderung zum Verzicht, Androhung eines Parteiausschlussverfahrens, gnädiges Vergessen. Diesmal handelt es sich um die Auseinandersetzung um die Ministerpension von Kurzzeit-Infrastrukturminister Michael Schmid. Auch er wurde aufgefordert zu verzichten, auch er wurde mit einem Parteiausschlussverfahren bedroht. Was 13 Jahre zuvor das Anti-Privilegien-Begehren der FPÖ war, war dann die Einkommens-Nettogrenze von damals 66.000 Schilling, heute etwa 5015 Euro monatlich, Parteilinie eben. Schmids Pension nach nur neun Monaten Ministertätigkeit wurde deshalb schlagend, weil er – entgegen einem Parteibeschluss – für das alte Politikerpensionssystem optiert hatte, das ihm, seine Landesratstätigkeit eben eingerechnet, diesen Anspruch sichert. Schmid berief sich auf seine geschiedene Frau und deren Rechtsanspruch auf seine Einkünfte.

Das alte, bessere Politiker-Pensionssystem plus das Familien-Argument hatte schon Ewald Stadler benutzt, vormals FP-Klubchef im Parlament, vormals niederösterreichischer Landesrat, derzeit Volksanwalt und selbst ernannter Hüter der traditionellen FP-Werte, zu denen er offensichtlich die eigene materielle Enthaltsamkeit nicht in dem Ausmaß zählt, wie es zum Beispiel Jörg Haider offiziell gerne hätte. Auch Stadler hatte für das alte System optiert, obwohl dies Haider 1997 ausdrücklich verboten hatte, als er in der Partei noch alleine bestimmte und noch nicht von Stadler von rechts bedrängt wurde. Wenn es um den »Ertrag« in der Politik geht, muss sich sogar ein Andreas Khol irren, der damals meinte: »Ich gehe davon aus, dass es Stadler nicht mehr lange in der FPÖ geben wird.«

Konflikte um Geld gab es in der FPÖ immer schon serienweise: Der frühere Chef der Österreich-Werbung und spätere EU-Abgeordnete Klaus Lukas verzichtete nicht darauf, seinen EU-Bezug mit seiner ÖW-Pension zu addieren. Der dritte Nationalratspräsident Wilhelm Brauneder mit Parlamentsbezügen, Stadtratsbezügen in Baden und einer Gage als Universitätsprofessor kämpfte lange um Letztere. Niederösterreichs Hans Jörg Schimanek, niederösterreichischer Landesrat, kämpfte um seine ORF-Pension, um ORF-Abfertigung und Werbungskosten. Drei Gagen brachten auch den Kärntner FP-Chef Jörg Freunschlag im Kärntner Wahlkampf des Winters 1999 in die Medien: Landtagspräsident, Lehrer und Gemeinderat. Vier Jahre davor war sein Parteifreund Mathias Reichhold als EU-Abgeordneter ins Gerede gekommen, weil er Gagen und Spesen bezog, aber nur an der Hälfte der Sitzungen in Straßburg teilgenommen hatte. Für Karl-Heinz Grasser hat die FPÖ, als er noch ihr Mitglied war, ihre Gehaltsobergrenze geändert, nachdem er sich geweigert hatte, diese einzuhalten.

Wurde hier nicht auf kleinliche Weise Nebensächlichkeiten zu breiter Raum gewidmet? Im Prinzip und im Vergleich mit anderen Ländern wäre diese Frage zu bejahen. Im Lichte des Anspruchs der Freiheitlichen auf ihre »moralische Höherwertigkeit« und die Verdorbenheit der anderen Parteien und ihrer Vertreter ist sie zu verneinen. Wer jahrelang vorgibt, andere Maßstäbe für sich geltend zu machen, der muss sich im Ernstfall auch daran messen lassen.

Generell aber drängen sich andere Fragen auf:

Könnte es sein, dass der so häufig beklagte Verlust der ethischen Grundsätze in der österreichischen Innenpolitik, die immer stärkere Missachtung gewisser Spielregeln von Anstand und Fairness, eine Konsequenz, wenn auch keine zwingende, aus den Jahrzehnten des Friedens, des Wohlstandes und der im Vergleich zu anderen europäischen Ländern erstaunlichen Problemlosigkeit der inneren und äußeren Entwicklung ist – und des Mangels an wirklich großen Herausforderungen?

Könnte es sein, dass zu jenem Zeitpunkt, zu dem mit den Veränderungen in Österreichs europäischer Nachbarschaft und mit den Flüchtlingsströmen aus dem ehemaligen Jugoslawien der Blick der politischen Verantwortlichen schon so starr und so ausschließlich auf den Profit in der Politik gerichtet war – ob persönlichen, partei- oder machtpolitischen –, dass man gar nicht mehr erkannte, dass es sich hier um die erste historische Herausforderung seit dem Prager Frühling 1968 handelte – und diese nachhaltiger für Österreich war als die Niederwalzung des »Sozialismus mit humanem Antlitz« in der damaligen Tschechoslowakei?

War das der Grund für die inadäquate Reaktion der heimischen Politik in den Jahren ab 1989 mit allen innenpolitischen Konsequenzen?

Könnte es sein, dass zu diesem Zeitpunkt die Politik schon so sehr zum Geschäft geworden ist und sei es nur zu jenem mit den Wählerstimmen, dass der Tunnelblick auf den Profit gar keinen Weitblick, der auch moralische und grundsätzliche Richtlinien erfassen hätte müssen, mehr zugelassen hat?

Könnte es sein, dass seither zwar die neuen Herausforderungen für Österreich – außenpolitisch in der Nachbarschaft und wirtschaftlich – erkannt werden, ihre Annahme oder Ablehnung,

136

rein politisch-profitabel gesehen, im Inneren aber völlig belanglos sind?

Wie viele Stimmen lassen sich in Österreich mit einer auf gegenwärtiger und historischer Verantwortung für das größere europäische Umfeld ausgerichteten Politik schon gewinnen?

Könnte es sein, dass der Verfall der innenpolitischen Sitten, dieses politische Laisser-faire, in dem alles erlaubt ist, solange es nur die Wählerstimmen maximiert, nicht rein zufällig in der zweiten Hälfte der 70er-Jahre, also in der Spätzeit der Ära Kreisky eingesetzt hat? Ein kurzer Abriss der Geschichte, oberflächlich nur, jedoch ausreichend, könnte die Linien bis zu diesem Punkt aufzeigen: Die Politik der Republik Österreich ist mit jener des Habsburgreiches bis 1914 in keiner Weise zu vergleichen, daher ist über Ver- und Zerfall in der Spätzeit der Doppelmonarchie nichts zu sagen. Nach dem Ersten Weltkrieg ging es um den Bestand der Ersten Republik, um das Erleben völlig fremder politischer Formen und das wirtschaftliche Überleben; danach um Bürgerkrieg und den vergeblichen Kampf um die Eigenständigkeit; Anschluss, Zweiter Weltkrieg, Besatzungszeit, Wiederaufbau – alles Phasen, in denen die Fremdeinwirkung auf die Politik in Österreich das Geschehen bestimmte, sich die Frage nach moralischen und ethischen Grundsätzen also oft aus rein existenziellen Gründen gar nicht erst stellte.

Dabei sollte ja nicht Bert Brechts Satz »Erst kommt das Fressen, dann die Moral« hier auftauchen. Das ist nicht gemeint, sondern vielmehr die Tatsache, dass bis nach der Unterzeichnung des Staatsvertrages 1955, also vor 50 Jahren, die äußeren Zwänge für die Politik in Österreich beherrschend waren. Danach hatte sich aus den schrecklichen Erfahrungen der 30er-Jahre, des Bürgerkriegs und Austrofaschismus, des Gegeneinander, bei dem schließlich alle verloren haben, bereits ein System herausgebildet, mit dem man durch die Aufteilung der Machtsphären hoffte, Ähnliches für alle Zeit verhindern zu können. Auch in dieser Phase hatten andere Überlegungen Vorrang vor der Festigung der Fairness und Gerechtigkeit in der Politik.

Bruno Kreisky hatte nach seinen Wahlsiegen 1970/71 die Aufgabe, die Fenster dieses Landes zur Welt hin aufzureißen und Österreich nach den schwermütigen Jahren der VP-Alleinregierung mit frischem Wind durchzulüften; Österreich in der Welt einen neuen Stellenwert zu geben. Man erinnere sich nur an die jubelnden Schlagzeilen: »Kreisky liest der Welt die Leviten«. Wie hat ihn das Land dafür geliebt.

Als Österreich aber den internationalen Höhenflug der Kreisky-Ära beendet hat und sich mit Fred Sinowatz an die Mühen des Alltags und jene der Aufarbeitung der innenpolitischen Fehler Kreiskys heranmachen musste, da erst zeigte sich, zu welcher Banalität Politik fähig ist. Die Herausforderungen im Großen – staatliches Überleben, Wiederaufbau, internationales Positionieren – gab es nicht mehr; die Krisen, Affären und Skandale im Kleinen hätten aber mit mehr Anstand und Würde bewältigt werden können.

# Vom steigenden Profit

Gemäß der These, dass sich seit den späten 70er-Jahren in Österreich der politische Neoliberalismus immer stärker durchgesetzt hat, also die Ausrichtung der Politik auf maximalen (Stimmen-) Gewinn und dadurch die Basis für ethisches Handeln immer brüchiger wurde, wäre der nächste und logische Schritt, zu untersuchen, inwieweit sich auch der moderne Begriff vom Shareholder-Value in der Politik entwickelt hat. Dabei entdeckt man, dass unter normalen Umständen eigentlich die Wähler der jeweiligen Partei deren Shareholder, deren Aktionäre sein müssten, die mit ihrer Stimme auf einen maximalen Value, Gewinn für sich spekulieren – in dem Sinn, dass sie von der entsprechenden politischen Partei die Durchsetzung jener Ziele und Maßnahmen erwarten, die ihnen wichtig sind. Diese Erwartung würde sich an der klassischen Definition von Shareholder-Value orientieren, nämlich eine (Geschäfts-)Praxis, die das »Aktionärsinteresse absolut in den Mittelpunkt« stellt.

Dies kann man aber beim besten Willen im letzten Vierteljahrhundert den politischen Akteuren von SPÖ, ÖVP und FPÖ nicht nachsagen. Zwar geht es der Mehrheit der Österreicher dennoch weiterhin materiell erstaunlich gut, dem Management der Österreich AG ist dies aber weniger zu zuschreiben als dem Selbst-Management der Bevölkerung und der aus dem relativen Wohlstand resultierenden politischen Apathie. Wäre es anders, hätten die Aktienbesitzer, sprich Wähler, schon in den 80er-Jahren in einer Generalversammlung (sprich Wahl) das sozialdemokratische Management, verantwortlich für die Milliarden-Geldvernichtung in der Verstaatlichten Industrie, gefeuert. Als in den 90er-Jahren dann mit einem Sparpaket nach dem anderen die Schulden der Zeit davor abgebaut werden mussten, investierten die Kleinaktionäre zunehmend in die Freiheitliche Partei und Jörg Haider. Das war so, als würde man einen Querulanten zum Sprecher in der Hauptversammlung bestimmen, von dem man sich zwar keine Übernahme der Firma Österreich erwartete oder erhoffte und dem man offenbar auch kein besseres Management zutraute – zu Recht, wie sich in den letzten vier Jahren erwiesen hat –, den man aber beauftragte, dem Management das Leben unbequem zu machen.

Wenn es aber in Wirklichkeit nicht um die Interessen der Wähler ging, wen sollte man dann als Shareholder der Parteien identifizieren? Die Parteiapparate gewiss, die Verbände auch, die vielen Institutionen in der Nähe der Parteien sicher; die Vorfeldorganisationen, die Institute und Gesellschaften. Je mehr jedoch die Parteien und die ihnen nahe stehenden Organisationen im Laufe der Zeit diskreditiert wurden, je rascher sich die Wählerbindungen an die Großparteien SPÖ und ÖVP auflösten, desto deutlicher kamen die eigentlichen Shareholders zum Vorschein; jene Personen also, die aus den verschiedensten Gründen in die Politik und ihre Vertreter »investierten«, im Fall von Jörg Haider im wahrsten Sinn des Wortes Geld; und die im Gegenzug von dieser Politik erwarteten, dass sie ihr die diversen Geschäftsfelder zur Bearbeitung überlässt. Insofern war in den 90er-Jahren der Erwerb der Aktie FPÖ tatsächlich eine zukunftsträchtige Investition, nachdem die ÖVP unter dem einstigen Wirtschaftsbund-Mann Wolfgang Schüssel die Wirtschafts- und Industriepolitik unausgesprochen dem Einfluss des Papier-Industriellen Thomas Prinzhorn überlassen hat, der zwar von Thomas Klestil wegen einer »politisch unkorrekten« Aussage im Wahlkampf 1999 – die nicht einmal versteckt, sondern offen ausländerfeindlich hätte sein sollen: Ausländer bekämen Hormone in Österreich gratis, auf dass sie sich rascher vermehrten als Inländer – als Regierungsmitglied abgelehnt worden war, sich aber immerhin in der Funktion des dritten Nationalratspräsidenten wieder fand.
Prinzhorn machte nie ein Hehl aus seinen Ambitionen, über die Politik die Wirtschaft in seinem Sinn beeinflussen zu wollen. Schon 1996 kündigte er an, selbst Jörg Haider beiseite schieben zu wollen, sollte dieser einer Beteiligung der FPÖ an der Regierung je im Weg stehen. Man könne Haider ja in der FPÖ auch abwählen. Das klang ziemlich forsch, zumal solche Töne damals in der FPÖ noch völlig unüblich und Haider absolut unangreif-

bar war. Prinzhorn musste also ein starkes Motiv gehabt haben. Auch dieses verbarg er nicht: Sollten die Gestaltungsmöglichkeiten je an der Person Haiders scheitern, an der zu diesem Zeitpunkt noch alle Chancen auf eine Zusammenarbeit mit einer der beiden anderen Parteien zerschellten, dann, so Prinzhorn, müsste man eben Haider entfernen. Das waren noch die Jahre, in denen sich jeder Reformvorschlag von Seiten eines Freiheitlichen vor der Schmuddelecke der Republik, in die man die FPÖ verwiesen hat, in nichts auflöste.

Prinzhorn äußerte damals Ansichten, von denen nach der Regierungsbildung 2000 aus seinem Mund nicht mehr viel zu hören war. 1996 war er noch der Meinung, Österreich habe sich nicht in dem Ausmaß, wie es unter Rot-Schwarz üblich war, auf die Maastricht-Kriterien der Staatsverschuldung zu konzentrieren, nur um der kommenden Mitgliedschaft im Euro-Land willen. Von den Sparpaketen dieser Jahre, Budgetrestriktionen wollte er nichts hören; das Budget hätte man mit zeitlich befristeten Steuererhöhungen sanieren sollen, nicht mit Einsparungen, die noch dazu die von den Unternehmen dringend benötigten öffentlichen Investitionen erschwerten.

Es kann nicht wirklich behauptet werden, dass Prinzhorns Urteil über das Parlament von damals heute weniger gültig ist: Die Mehrheit darin habe von der Wirtschaft keine Ahnung. Das aber waren noch die hilflosen Jahre des Thomas Prinzhorn; solche, in denen er in seiner Frustration sogar das Liberale Forum und Heide Schmidt lobte (»ich bin sehr froh, dass es sie gibt«) und bedauerte, dass die Feindschaft Haider – Schmidt eine nicht-sozialistische Dreierkoalition mit der ÖVP nicht erlaube.

Nachdem das Liberale Forum 1999 aus dem Parlament geflogen war und das Wahlergebnis eine Dreierkoalition ohnehin nicht erforderlich gemacht hat, war in dieser Hinsicht von Prinzhorn öffentlich nichts mehr zu vernehmen. Jetzt brach die Zeit an, in der Prinzhorn den Wert seiner FP-Aktien ohne viel Aufhebens steigern konnte. Mit all den Möglichkeiten vor Augen kann es für einen Realpolitiker vom Schlage Prinzhorns denn auch nicht schwer gewesen sein, seine tiefe Enttäuschung nach etlichen Wutausbrüchen im Februar 2000 dann doch noch zu verkraften. Es war ja auch nicht die erste Krise in der Beziehung Haider – Prinzhorn, Erfahrungswerte sollten die Bewältigung leichter machen. Prinzhorn hatte schon 1988 einmal die FPÖ verlassen und sich von Peter Westenthaler nachsagen lassen, dass nun mit seinem Abgang »die Erneuerung der Partei« endlich abgeschlossen sei. Das hinderte den Papier-Industriellen aber nicht daran, sich 1999 als Spitzenkandidat nominieren zu lassen. Dann aber fühlte er sich zum dritten Mal von Jörg Haider verraten: »Der Mann hat keinen Charakter«, soll er damals mehrmals in gar nicht so kleinen Kreisen gesagt haben – interessanterweise eine Phrase, die wenige Tage vor der Nationalratswahl 2002 ein weiterer FP-Wirtschaftsmann, der Immobilienhändler Ernst Karl Plech, während des offiziellen Staatsbesuchs der damaligen Vizekanzlerin Susanne Riess-Passer in China wortident verwendet hatte. Prinzhorn jedenfalls beklagte sich im Februar 2004 laut FP-Insidern bitter darüber, dass man ihn mit allerlei Versprechungen überredet hat, FP-Spitzenkandidat für die Nationalratswahl 1999 zu werden; ihn dann bis zuletzt im Glauben gelassen hat, er werde bei einer FP-Regierungsbeteiligung Vizekanzler und Finanzminister, dabei hätte Haider bereits längst Karl-Heinz Grasser fürs Finanzministerium vorgesehen. Die Ablehnung seiner Person durch Bundespräsident Thomas Klestil hielt er für ein abgekartetes Spiel. Mit einer nicht ganz unlogischen Begründung: Wie könnte jemand zwar für ein Ministeramt nicht geeignet sein, wohl aber für das dritthöchste Amt im Staat? In Wahrheit habe Haider aber nie die Absicht gehabt, ihm das Finanzministerium zu überlassen. Die Zusammensetzung des FP-Teams, etwa mit dem Steirer Michael Schmid, der zuvor öffentlich erklärte hatte, nie unter einem Bundeskanzler Wolfgang Schüssel arbeiten zu wollen; oder der völlig überforderten Sozialministerin Elisabeth Sickl, die sich dem Vernehmen nach bei den Beamten nach der Bedeutung der Abkürzung ASVG (Allgemeines Sozialversicherungsgesetz) erkundigen musste; oder Justizminister Michael Krüger, der die Last nur wenige Wochen ertrug, scheint Prinzhorn damals in seinen Verschwörungstheorien zu bestätigen: Haider hätte überhaupt kein Interesse am Erfolg der Regierung. Sie diene nur dazu, ihn und seine Partei respektabel zu machen und die Menschen an eine FPÖ in der Regierung zu gewöhnen. Danach werde er sie scheitern lassen und sich selbst als jener »Erlöser«

präsentieren, als der er sich in seinen Büchern immer darstelle. Damals wurde erwartet, dass Prinzhorn bis spätestens Sommer 2000 seine Parlamentsfunktion zur Verfügung stellen werde. Im Ansatz dürfte Prinzhorn mit seiner Einschätzung im Winter 2000 Recht gehabt haben, nur sind die Dinge im Sommer 2002 Haider in Knittelfeld entglitten. Danach konnte er die Entwicklung nicht mehr kontrollieren, sodass er sich selbst von seinen Erlöser-Ambitionen befreite, indem er sie im Herbst 2002 den vermeintlichen Bedrohungen einer angeblichen Waffenlobby opferte und die bereits angekündigte Wiederkandidatur als Obmann der FPÖ beim Parteitag in Oberwart zurückzog.

Da hatte Prinzhorn allerdings als Shareholder der FPÖ sein Portfolio schon gut zusammengestellt: Alfred Heinzel, Papierunternehmer und einst als Marionette Prinzhorns bekannt, war in den ÖIAG-Aufsichtsrat eingezogen, berufen von Finanzminister Karl-Heinz Grasser.

Da traf es sich gut, dass Heinzels Vertrag bei einem schwedischen Papierkonzern in München gerade in diesem Jahr 2000 auslief. Und damit sich Berufliches mit Hobbys wie der Jagd vom Zeitmanagement her gut vereinbaren lässt, zogen damals auch noch die Prinzhorn-Verbindungsmänner – der Unternehmer Cornelius Grupp und der Papiermanager Veit Sorger – in den Aufsichtsrat ein. Aber auch im Beruflichen ergeben sich in solcher Konstellation praktische Synergieeffekte in den diversen Aufsichtsräten und der Prinzhorn-Stiftung.

Manchmal kann man es natürlich auch übertreiben wie im Fall der unglücklichen und unglückseligen Monika Forstinger von der Papierfabrik Laakirchen. In einem solchen Fall von eklatanter Überforderung nützen dann auch die besten Verbindungen nichts mehr, nicht einmal die wahrscheinlich bereitwillig zur Verfügung gestellten Berater. Als die 37-jährige Prokuristin der Laakirchen AG nach drei Jahren politischer Praxis im oberösterreichischen Landtag im November 2000 nach dem unrühmlichen Abgang Michael Schmids aus einem der wichtigsten Ressorts der Regierung im Bundeskanzleramt von Susanne Riess-Passer den Journalisten vorgestellt wurde, lag über dem Raum am Wiener Ballhausplatz ein

Hauch von Ahnungslosigkeit. Und wieder wurde jemand – ganz offensichtlich entgegen besseren Wissens – der Öffentlichkeit als hochqualifiziert und kompetent vorgestellt. Während Forstingers Augen unruhig über die Decke des Saals wanderten, während sie eigentlich die Medien ansprechen sollte, wollte man als Beobachter einfach nicht zur Kenntnis nehmen, was sich hier abspielte, und der neu ernannten Ministerin zumindest im Grundsatz zugestehen, dass sie vielleicht doch eine Ahnung haben könnte.

Wie aber, dieser Gedanke drängte sich damals auf, wie kommt es, dass sich jemand, der so offenkundig vom eigenen Aufstieg und Einzug in ein Regierungsamt überrascht, fast schien es unangenehm berührt ist, sich beides überhaupt zutraut? Da war einmal die Notsituation der FPÖ, elf Monate nach Regierungseintritt mit welchen Mitteln immer verdecken zu müssen, dass nicht ausreichend kompetentes Personal vorhanden war. Wie hätte es denn auf eine erstaunte Öffentlichkeit gewirkt, wenn man wochenlang nach einer neuen Führung in diesem Monsterressort suchen hätte müssen? Und da war wohl zum anderen eine einflussreiche Gruppe mit einer so genannten »hidden agenda«, mit versteckten und verdeckten Absichten also, die jemandem wie Forstinger einzureden vermochte, sie habe die Qualifikation dazu. Und es dauerte auch nicht lange, da wurde in politischen Kreisen diese Qualifikation auch detailliert beschrieben: Die Bereitschaft zur Exekution der Wünsche aus dem Dunstkreis um Prinzhorn. Dass dieser ihr auch noch eine Wohnung zur Verfügung stellte, schien niemanden zu stören; jedenfalls nicht auf der Ebene der politischen Optik. Da hatte man bereits versucht, sie gegen Kritik mit dem schlagenden Argument zu immunisieren, sie habe es eben als Frau in einer solcher Funktion besonders schwer.

Der österreichische Steuerzahler büßte für die Unverfrorenheit, dass sich hier eine Gruppe von Unternehmern, die außer Prinzhorn in seiner gewählten Funktion niemals von ihm, dem Steuerzahler, zur Verantwortung gezogen werden können, eine Ministerin »hielt«: Erstens musste der Steuerzahler für Bezahlung und, wie später zu erfahren war, auch mit beträchtlichen Summen für ihr »on the job«-Training aufkommen; für Beratung also, wie man sich in einem solchen Amt überhaupt verhält. Zweitens aber, und dies wiegt viel schwerer, entstanden dem Steuerzahler viel höhere Unkosten durch die schiere Inkompetenz der Führung eines solchen Milliarden-Ministeriums, von dessen Entscheidungen nicht nur in etlichen Bereichen der wirtschaftliche und technologische Fortschritt vieler Unternehmen abhängt, sondern zudem noch die gesamte Infrastruktur mit all den Milliarden teuren Weichenstellungen – wie sich zuletzt an der Reform der ÖBB zeigte. Wie einst die SPÖ über ihre Gewerkschaften, so betrachtet seit 2000 die FPÖ die Bundesbahnen nach der Entfernung des SP-nahen Managements als ihr personalpolitisches Territorium.

Mitunter werden in der Politik die Beweise für bestimmte Behauptungen ganz unvermutet frei Haus geliefert, ganz ohne Aufwand in irgendeiner Recherche. Einen solchen lieferte im Herbst 2004 Ex-Rennfahrer, Ex-Lauda-Air-Besitzer und nunmehriger Niki-Air-Eigentümer, Niki Lauda, als er den ÖBB-Aufsichtsrat nach kurzer Zeit wieder verließ, nachdem ihm Forstingers Nachfolger im Amt zu erkennen gegeben hat: »Wer zahlt, schafft an« und er habe sich als Aufsichtsrat gefälligst den politischen Wünschen des Ministers zu beugen. Da waren gerade zwei »blaue« Berufungen im Gerede: Gilbert Trattner, früher einmal Generalsekretär der FPÖ, und Mathias Reichhold, Bauer von Beruf, für kurze Zeit nach Forstinger Infrastrukturminister und danach in Frank Stronachs Magna-Konzern »zwischengeparkt«. Niki Lauda legte sein Mandat zurück, was deshalb erstaunlich ist, weil Lauda selbst durchaus um den persönlichen und ökonomischen Wert von Netzwerken in der Politik und in den Medien weiß und sie auch seit der Gründung der Lauda Air gekonnt eingesetzt hat.

Bei einem Abendessen der amerikanischen Handelskammer in Wien während Monika Forstingers Amtszeit kam es zu einer geradezu rührenden Szene: Zwei Manager von internationalen ausländischen Konzernen klagten zwischen Steak und Dessert ihr unendliches Leid mit dem Infrastrukturministerium. Sie warteten seit Monaten auf eine Entscheidung im Hochtechnologie-Bereich, ohne die sie die Milliarden teure Investitionen einfach nicht tätigen können. Gegen ihre bedauernswerte Hilflosigkeit half nur mehr Portwein; keine Erklärung und Darstellung der Ressortchefin konnte ihren Jammer beenden.

Das Beispiel zeigt, zu welcher Personalpolitik eine Gruppe von Shareholdern der Interessen einer Partei fähig sind. Hier wird nur in den Kategorien des Eigennutzes gedacht, auch wenn man das Wohl des Landes ununterbrochen im Mund führt, und nicht gesamtpolitisch an die Notwendigkeiten und ihre möglichst effiziente Erledigung. Der Steuerzahler aber muss für ein noch so schlecht geführtes Ministerium aufkommen, für das er bedauerlicherweise aufgrund der Komplexität der Materie auch nicht das nötige (Eigen-)Interesse aufzubringen vermag, um schlechte Führung zu bestrafen.

Im Fall von Monika Forstinger hatte sich dies jedoch erübrigt und im gewissen Sinn selbst erledigt. Denn kaum 15 Monate im Amt wurde ihr kurz und bündig von Susanne Riess-Passer mitgeteilt, sie habe das Ministerium wieder zu verlassen. Sie war nach Elisabeth Sickl die zweite Freiheitliche in den nicht knapp zwei Jahren des ersten Kabinetts Schüssel, die aufgrund eines objektiv nicht mehr tragbaren Mangels an Sachkenntnis sang- und klanglos wieder abgezogen wurde. Kalkuliert man die österreichische politische Tradition ein, dass erzwungene Minister-Rücktritte mangels Arbeitsfähigkeit absolut nicht zu den politischen Gepflogenheiten gehören, kann man sich ungefähr eine Vorstellung vom Ausmaß des Mangels im Fall Forstinger machen. Wenn es in der damaligen Situation der kleinen Koalition nur irgendwie noch möglich gewesen wäre, hätte man Forstinger gehalten. Offenbar war sie aus zwei Gründen aber nicht einmal in der Lage, die Wünsche der FP-Shareholder, die an sie herangetragen wurden, entsprechend zu erfüllen: Erstens, weil sie keine Kenntnis der bürokratischen Abläufe hatte und daher die erwünschten Verordnungen oder Bestimmungen nicht ordnungsgemäß umsetzen konnten; und zweitens, weil sie den für einen unterqualifizierten Minister tödlichen Fehler begangen hatte, nachweisbare Fehler ihrer Beamtenschaft anzulasten.

Zwar hatte der frühere Wirtschaftsjournalist Horst Knapp schon in der Ära eines Hannes Androsch in den 70er-Jahren beklagt, dass sich österreichische Berufsbeamte nicht mehr wie in früheren Zeiten allein der Republik verpflichtet fühlen, sondern sich immer mehr zwecks Erfüllung ihrer Karrierewünsche den jeweiligen Ressortchefs in der Sache anpassen, um es gelinde auszudrücken, weil eben nur so eine entsprechende Laufbahn möglich wäre. Wenn es sich dann wie im Fall Forstinger um eine Ministerin handelt, bei der jeder Spitzenbeamte wahrscheinlich auf den zweiten Blick die entsprechenden Kompetenzdefizite erkennen konnte und die darüber hinaus einen »schwierigen« Führungsstil an den Tag legte – dem Vernehmen nach eine Mischung aus Unsicherheit und Arroganz oder Arroganz aus Unsicherheit –, dann bekommt man eine Vorstellung davon, wie die Beamten des Infrastrukturministeriums das Nötigste erledigt und sich jeder Verpflichtung zur guten Beratung entledigt haben.

Im Fall von Monika Forstinger kann man der Beamtenschaft nicht einmal einen Vorwurf machen. Sie hat sich in den 15 Monaten ihrer Amtszeit um rund 1,9 Millionen Euro externe Beratung gekauft – meist ohne Ausschreibung, ohne Einhaltung der Vergaberichtlinien und eben auf eine Art und Weise, die ihren Nachfolger Mathias Reichhold veranlasste, einen internen Revisionsbericht der Staatsanwaltschaft zu übergeben; und diese wiederum veranlasste 2004 gegen Büroleiter Hans Jürgen Marko ein Verfahren wegen des Verdachts der Untreue. Wenn man nun bedenkt, dass Forstinger zum einen von ihren »Mentoren« im Dunstkreis Thomas Prinzhorns abhing, zum anderen von der Partei, die in ihrer Lust auf Versorgungsposten in den ersten Regierungsjahren unersättlich war, zum dritten eben von einer Legion externer Berater, dann kann man sich unschwer vorstellen, wie weit sich die Beamtenschaft in die innere Emigration zurückgezogen haben muss. Weit genug, um die Amtsführung Forstingers in ein derartiges Chaos zu stürzen, dass ihre Ablöse den Eindruck erwecken musste, es sei Gefahr im Verzug.

Im Februar 2002 war ihr nahe gelegt worden, innerhalb kürzester Zeit einen dringenden Wunsch nach einem Wechsel in die Privatwirtschaft zu formulieren, denn Susanne Riess-Passer hatte schon ein TV-Team des ORF zur Bekanntgabe ihres Rücktritts geordert.

Forstinger ist ein klassischer Fall von Culpa in eligendo, doch niemand stellte die Fragen, wer von den Männern im Hintergrund für das »Verschulden bei der Auswahl«, für das personelle Desaster eigentlich verantwortlich war. Die oberösterreichische FPÖ mit der jetzigen Sozialministerin und FP-Chefin Ursula Haubner, die Industriellen, die sich bequemen Einfluss auf das so wichtige Infrastrukturministerium erhofften? Danach suchte Forstinger wenig erfolgreich nach jener Privatwirtschaft, in die sie im Februar 2002 so dringend zurückkehren wollte. Zwischenzeitlich wollte sie im ÖBB-Vorstand unterkommen, in der Führung eines bekannten Privatunternehmens also, überbrückte dann Monate mit Beraterverträgen.

Die »Sehnsucht nach der Privatwirtschaft« ist auch eine jener Codewörter, mit denen die Glaubwürdigkeit von Politikern oft untergraben wird. Als Johannes Ditz 1996 seinen plötzlichen Rücktritt als Wirtschaftsminister der Regierung Vranitzky-Schüssel bekannt gab, um einer zu erwartenden unangenehmen Publicity zu entgehen, kündigte er erstens einen Bildungsurlaub und zweitens eine Tätigkeit in der Privatwirtschaft an. Es wurde die Post, ebenfalls ein bekannt privates Unternehmen.

Im Fall Forstinger hätten jene Mentoren der Oberösterreicherin, die sich während der Chaos-Monate und nach der Entlassung natürlich bedeckt gehalten haben, spätestens nach ihrem Hinauswurf aufhorchen müssen. Wenn nicht einmal in Frank Stronachs Magna-Konzern irgendeine Betätigung gefunden wurde, sagt dies alles über die Qualifizierung einer österreichischen Ministerin aus, die zumindest 15 Monate auf Kosten der Allgemeinheit dem Land Schaden durch Untätigkeit und Unkenntnis zufügen konnte.

Seit seiner Rückkehr nach Österreich hat Frank Stronach – aus seiner Sicht durchaus legitim – versucht, flächendeckend, das heißt parteiübergreifend, zu engagieren und zu helfen. Dadurch wurde das Misstrauen aber nur verstärkt und eine Neuaufstellung der Beziehung Politik – Wirtschaft nur behindert, zumal sich der Verdacht, Stronach werde irgendwann mittels eigener Partei in das innenpolitische Geschehen eingreifen wollen, nach den Vorgängen der letzten Jahre kaum noch zerstreuen lassen wird. Dabei gilt der Stehsatz, der auf die Politik im Allgemeinen zutrifft: Ausschlaggebend ist nicht, was wirklich ist, sondern was von der Öffentlichkeit als wirklich wahrgenommen wird. Im Fall von Magna heißt das: Selbst wenn Frank Stronach weit von dem Wunsch nach einem direkten Eingriff entfernt sein sollte, selbst wenn er ihn ununterbrochen dementieren (lassen) sollte, geglaubt wird ihm nicht.

Was Stronach in den letzten Jahren betrieben hat, würde im angelsächsischen Bereich wahrscheinlich unter »Rent a politician« (Miete dir einen Politiker) laufen; in der österreichischen Sichtweise eher unter »Kauf dir einen Ex-Politiker«. Verschärfend kommt in dem kleinen österreichischen Markt Folgendes hinzu: Stronach bezahlt dem Vernehmen nach Gagen, die für einen früher in der Politik tätigen und daher in den seltensten Fällen mit den erforderlichen Spezialkompetenzen ausgestatteten Dienstnehmer auf diesem Markt sonst nirgends zu erhalten wären. Das schafft Abhängigkeit, wie sie lange nur für Dienstnehmer des Medienmonopols ORF galten; das bricht oder verbiegt Haltungen – zwangsläufig, wofür sogar ein gewisses Verständnis aufgebracht werden muss. Wer will in Österreich schon den aufrechten Gang zu einem um vieles niedrigeren Lebensstandard antreten?

Stronach fing in Österreich mit dieser Methode klein an: Anfangs waren es nur Kinder, Verwandte, Bekannte von Politikern, die vor allem in Niederösterreich in seinem Magna-Konzern unterkamen. Den personellen Quantensprung machte der Austro-Kanadier, als er Karl-Heinz Grasser nach dessen Streit mit Jörg Haider und Rücktritt in Kärnten im freien Fall aus dem politischen Nest auffing. 1998 wurde er Vice-President für Human Resources and Public Relations. Was exakt er in dieser Funktion zu tun hatte, vermochte in Österreich niemand so wirklich zu eruieren, was aber sicher an der Ignoranz und/oder Indifferenz in Österreich lag. Laut diversen Beobachtungen von Mitgliedern der Österreich-Kolonie in Kanada war Grasser für Stronach dort vor allem bei gesellschaftlichen Anlässen aktiv, was ja durchaus der Stellenbeschreibung von Human Resources und Public Relation entsprechen würde.

Noch gut in Erinnerung sollte Grassers erstes TV-Interview nach seinem Wechsel zu Magna sein. Auch deshalb, weil es beim Betrachter das seltsame Gefühl auslöste, hier jemanden in aller Künstlichkeit wie ferngesteuert zu erleben. War der Mann aus der Balance geraten? Was ging hier vor den Augen der Fernseher vor sich? Statt auf Fragen einzugehen, wiederholte Grasser stereotyp mehrmals lediglich, welch großartiger Konzern Magna doch sei, wie er sich auf die Tätigkeit dort freue. So jenseitig war der Auftritt, dass man nicht einmal auf die Idee gekommen wäre,

Grassers ständiger Gebrauch eines Magna-Taferls könnte lediglich ein Restbestand seiner Sozialisation in der FPÖ gewesen sein, in der Taferln ja lange Zeit als Inbegriff der fernsehtauglichen Kommunikation galten – jedenfalls so lange, bis Jörg Haider eines in einer TV-Diskussion mit Wolfgang Schüssel aus der Hand glitt und er dem Spott des Gegenübers in der Sekunde nichts entgegenzusetzen wusste. Als wandelnder Werbeträger einer Firma aber war vor Grassers Interview 1998 noch kein Ex-Politiker vor der Kamera gesessen.

Das befremdende Gefühl sollte sich zwei Jahre später wiederholen, nachdem Grasser im Kabinett Schüssel I als Finanzminister untergekommen war. Wenige Monate danach fand in der Wiener Börse die erste öffentliche Ausstellung von »Scientology« statt. Die Befremdung resultierte aus den anhaltenden Gerüchten über die Verbindung Stronachs zu »Scientology«, die im nordamerikanischen Raum durchaus öffentlich anerkannt ist und durch Prominenz bekannt wird, in Österreich aber den Geruch einer Sekte, die größtes Misstrauen verdient, nie los geworden ist. Sie wurde bei einem Besuch der Ausstellung nur verstärkt, der so lange von »freundlicher Begleitung« gestört wurde, bis man sich der aufdringlichen Beobachtung durch unfreundliche Worte entledigte. Übertroffen wurden beide Befremdungs-Vorfälle aber jüngst durch die Publizität, die ein von Grasser offensichtlich eingefädelter Deal zugunsten des Magna-Konzerns im Rahmen der ÖIAG unter der Verantwortung des Finanzministers erhalten hat. Der Deal ist durch sein vorzeitiges Bekanntwerden geplatzt, was einerseits die Hoffnung in das Funktionieren der medialen Kontrolle wieder etwas ansteigen ließ, andrerseits aber Fragen aufwirft: Entweder er wäre wirtschaftlich vorteilhaft und für die Republik notwendig gewesen, dann hätte er durchgezogen werden müssen, denn die Beachtung der Vorteile für die Republik lassen sich aus dem Amtseid eines Regierungsmitglieds als Verpflichtung ableiten. Wenn nicht, dann wären die Vorgänge rund um diesen Deal ein Fall für Aufklärung und Kontrolle, also für Opposition und Medien. Aufgrund langjähriger Erfahrung muss man die Hoffnung nicht ganz aufgeben, dass dies zu irgendeinem späteren Zeitpunkt noch geschehen wird.

Auch die seltsamen Vorgänge rund um die Eurofighter-Entscheidung werden irgendwann das Licht der Öffentlichkeit erblicken. Dieser Kauf lag und liegt auch – nicht nur – im Interesse Frank Stronachs. Es wird wahrscheinlich wie in Österreich üblich noch Jahre dauern, bis die Besonderheiten dieses Beschaffungsvorgangs bekannt werden. Aber allein die bisher öffentlich zu dokumentierenden Fakten genügen, um hier Einfluss zu erahnen: Der damalige Verteidigungsminister Herbert Scheibner soll sich noch in der Nacht vor der entsprechenden Ministerratssitzung im Sommer 2002 bei einer Veranstaltung mit den Worten verabschiedet haben: Die Regierung werde den schwedischen Gripen beschließen; ein entsprechender Antrag seines Ministeriums war vorbereitet. Aber Scheibner war damals nicht der Einzige, der mit den Gripen-Kampfjets in den Ministerratssaal hineinging und mit der äußerst problematischen und umstrittenen Eurofighter-Entscheidung herauskam: Karl-Heinz Grasser ebenfalls. Nachdem sich Vertreter des Magna-Konzerns zuvor schon sehr zuversichtlich gezeigt hatten, dass der Ministerrat dem EADS-Konzern in Deutschland den Jet-Zuschlag geben werde, erhebt sich schon die Frage, die aber kaum diskutiert wurde: Wie direkt und wie unverfroren kann man in Österreich zum eigenen wirtschaftlichen Vorteil politische Entscheidungen und Entscheidungsträger beeinflussen, um den Shareholder-Value der eigenen Firma in die Höhe zu treiben?

Bis eine gültige Antwort auf diese Frage gefunden werden wird, dürfte Grasser seine (partei)politische Schuldigkeit schon getan und seinen politischen Mehrwert für die ÖVP verbraucht haben. Dann könnte es wieder sein wie so oft, dass alle die Hände über den Kopf zusammenschlagen, die Bürger sich in ihren Vorurteilen der Politik gegenüber bestätigt sehen – und für eine Stärkung des Vertrauens, so wichtig für die demokratiepolitische Festigkeit, wieder nichts gewonnen sein wird.

Nach Grassers Einstieg war es bei Stronach Schlag auf Schlag gegangen, wobei nicht anzunehmen ist, dass Grasser sein Geschäftsfeld Human Resources bei Magna – was ungefähr einem biederen österreichischen Dienstnehmer-Rekrutierungsauftrag entsprechen würde – so extensiv ausgelegt hat, um Frank Stronach auch noch das Engagement des früheren SP-Geschäftsführers und Spin Doctors des eher glücklosen SP-Chefs Viktor Klima zu empfehlen. Dennoch landete Andreas Rudas bei Magna. Nach der Auflösung des Kabinetts Schüssel I wurden bei der FPÖ jede Menge Human Resources frei: Zum einen Mathias Reichhold für den – für einen Hühner-Bauern wirklich nahe liegenden – Bereich Weltraumtechnologie. Man muss bedenken, dass Reichhold immerhin in seiner Ministerzeit das erste europäische Hendl-Wettfliegen veranstaltet hat. Dass er bei Stronach auch für Verkehrs- und Infrastruktur zuständig ist, dürfte ein Erbe seiner einjährigen Ministertätigkeit sein – wobei die Zeit als »mit der Fortführung der Geschäfte Beauftragter«, also als Provisorischer von November 2002 bis März 2003 mit eingerechnet wäre. Zum anderen wurde Peter Westenthaler für ein Engagement frei. Nach einem Abstecher in die Welt der Fußballer landete Westenthaler 2004 schließlich in einem Bereich, den er aus den Zeiten der FPÖ als Oppositionspartei bestens beherrschen muss: die Event-Kultur.

Nach den Erschütterungen in der steirischen Landesregierung durch den Hahnenkampf zwischen Gerhard Hirschmann und Herbert Paierl gab es auch in der steirischen ÖVP eine Connection zu Stronach: Dort ging Paierl an Bord und auch gleich in die USA. Das scheint nach der Performance, die Paierl rund um die ESTAG-Affäre geliefert hat, die durchaus Anlass zur Sorge gab (die Performance, nicht nur die Affäre), eine sinnvolle Entscheidung gewesen zu sein.

Die Fama besagt, dass Stronach diese Engagements zu tätigen pflegt, ohne irgendein Gremium seines Konzerns damit zu befassen. Er pflegt seinen Mitarbeitern nur die Namen zu nennen, so wird erzählt, und sie danach aufzufordern, entsprechende Verwendungen zu finden.

Stronach streut seine Shares über alle Parteien vor allem in Niederösterreich und der Steiermark. Der Generalanwalt des österreichischen Raiffeisenverbandes, Christian Konrad, ist politisch gesehen »der« Shareholder im schwarzen, also VP-Bereich. Seine Macht-Aktie hat in dem Ausmaß an Wert gewonnen, in dem jene der Bundeswirtschaftskammer zuerst unter Leopold Maderthaner und dann unter Christoph Leitl verfallen ist.

Es war bei einem jener unzähligen Empfänge in der Säulenhalle des Parlaments am Wiener Ring, deren Anlass dem Gedächtnis in dem Moment entschwindet, in dem man das Hohe Haus wieder

152

verlässt: Eine Gruppe übt sich im üblichen Smalltalk, Christian Konrad stößt hinzu. Plötzlich kommt aus dem so genannten Off, von irgendwoher also, hinter dem Rücken der Umstehenden, so dass sie ihn nicht sehen, der Publizist Günther Nenning, einst Hüter der reinen sozialistischen Lehre, einst verdienstvoller Herausgeber des »FORVMS«, nicht wegen dessen links-linker Linie, sondern um der Vielfalt der Medien in Österreich willen. Nenning, einer der Widerständler in der Hainburger Au, der mit dem Hirschgeweih am Kopf im Presseclub Concordia die Pflanzen- und Tierwelt verteidigte, pirscht sich an Konrad heran, überschüttet diesen mit Bekenntnissen zur Jagd, ganz so als wäre er sein Leben lang ebenfalls Jäger gewesen – und sichert sich somit wahrscheinlich die eine oder andere Förderung des einen oder anderen Projekts. Details konnte man allerdings nicht mehr miterleben, weil die Anbiederung von Kreiskys Paradelinken an Konrad, die Unterwürfigkeit unter die Macht von Geld und Medien (Mediaprint), ein nicht mehr erträgliches Ausmaß erreicht hat und einer akuten Depression nur durch eine rasche Entfernung von der Gruppe vorgebeugt werden konnte.

So unfassend ist die Macht der Shareholder am politischen Geschehen, dass selbst ein Intellektueller vom Schlage Günther Nennings die Grenzen zwischen Anstand und unanständiger Speichelleckerei nicht mehr zu erkennen vermag.

Die Methoden der Shareholder haben sich über die Jahrzehnte drastisch verändert, das Ziel, den Wert des Anteils am Parteigeschehen zum eigenen Vorteil zu erhöhen, nicht. Damit hier keine Verwechslung mit Lobbyisten stattfinden kann, sei die jüngste Variante vorangestellt und betont, dass es sich dabei um eine in anderen, größeren Staaten durchaus nicht unübliche Methode handelt und im Kern auch wünschenswert wäre, würde es tatsächlich um ein ganz gewöhnliches Wechselspiel zwischen Politik und Privatwirtschaft gehen.

In Österreich wird ein reibungsloser Spielverlauf aber durch drei Faktoren gestört:

1.  hat die Politik der letzten Jahrzehnte das Vertrauen der Bevölkerung, personelle Entscheidungen werden auf Grund von Qualifikation und Kompetenz getroffen, derart nach-

haltig zerstört und tut es fortgesetzt trotz aller vergangener Lippenbekenntnisse noch immer, dass selbst die gutgläubigsten Wähler beim Übertritt eines Politikers in eine privatwirtschaftliche Funktion nie auf die Idee kommen würden, hier handle es sich um einen wirtschaftlich objektiv vorteilhaften Vorgang für das jeweilige Unternehmen.

2. gibt es in Österreich im Gegensatz zu größeren Märkten keine entsprechende Vielfalt an Unternehmungen, die sich die anfängliche öffentliche Aufregung über die Hereinnahme eines ehemaligen Politikers leisten wollen oder können. Das hängt auch mit der vollkommen unprofessionellen Reaktion der jeweiligen Gruppe und der jeweils anderen Gruppe auf einen politischen Abgang zusammen. Im Klartext: Verlässt ein Vertreter der SPÖ oder der ÖVP und seit vier Jahren auch der FPÖ, weil sie als Regierungspartei Vergabekapazität zur Verfügung hat, sein von der Partei zur Verfügung gestelltes politisches Betätigungsfeld, ob nun als Mandatar oder Angestellter, im Zorn, kann entweder das Unternehmen, das ihn unter Vertrag nimmt, oder im Fall der Selbstständigkeit er persönlich mit Liebesentzug rechnen, was sich wirtschaftlich in Auftragsentzug umsetzt. Daraus ergibt sich dann eine gewisse Abhängigkeit vom Wohlwollen jener Bereiche, in denen die jeweils andere Partei als die eigene Aufträge zu vergeben hat. Verlässt er seine Gruppe im Guten und tritt dann das neue Unternehmen oder er selbst in lukrative Geschäftsbeziehungen mit diesem »Lager«, würde es nicht lange dauern, bis neuerlich von Nepotismus, Schiebung und Versorgung die Rede und das Geschrei ist. Schuld an diesen Gegebenheiten ist das zerstörte Vertrauen und die schlechten Gewohnheiten vergangener Jahrzehnte. Der weibliche Anteil an Politikern, die für einen privatwirtschaftlichen Transfer geeignet wären, ist nach wie vor eine zu vernachlässigende Größe.

3. hat vor diesem generellen Hintergrund der Magna-Konzern Frank Stronachs endgültig alle guten Sitten und vor allem die Chance auf neue Spielregeln für den an und für sich erstrebenswerten Wechsel zwischen privatwirtschaftlicher und politischer Tätigkeit verdorben.

Drei Jahrzehnte zuvor, als wahrscheinlich lediglich ein paar Wirtschaftsexperten über den Begriff Shareholder-Value sinnierten, waren die Methoden ganz andere. Zur Perfektion hatte sie zu Beginn der 70er-Jahre Udo Proksch entwickelt. Sein Einsatz war die Wiener Institution »Ch. Demel's Söhne, k. und k. Hofzuckerbäcker und Hoflieferant« am Wiener Kohlmarkt. Im Juli 1972 wurde in den oberen Stockwerken des Hauses der »Club 45« gegründet und als »Geselligkeitsverein« angemeldet. Manchen aufstrebenden Politikern der SPÖ galt die Mitgliedschaft bald als Nachweis ihres sozialen Aufstiegs und als Beweis ihrer neuen Machtbasis. Von »Emporkömmlingen« wurde damals geschrieben und dies war ungerecht. Proksch schien – und dies belegt die weitere Entwicklung – seine Aktien in der SPÖ dort ganz gezielt eingesetzt zu haben und als »Wert« einen gewissen Schutz durch die Politik erwartet zu haben. Nicht direkte Geschäftsvorteile wie heute, sondern indirekte Vorteile durch Interventionen, Weisungen, Abweisungen von juristischem Ungemach für Geschäfte, die er fernab – im wahrsten Stinn des Wortes – verfolgte. Zum Beispiel bestand der Wert für Proksch nicht darin, SP-nahen Wirtschaftsbereichen irgendetwas zu verkaufen, sondern nach dem Sinken des Schiffs Lucona im Jänner 1977 unter anderem darin, dass – ohnehin erst sechs Jahre später – nämlich 1983 und im folgenden Jahr der damalige Innenminister Karl Blecha die Ermittlungen gegen Proksch einstellen ließ; dass der freiheitliche Justizminister Harald Ofner in seinem Bemühen, die erste Regierungsbeteiligung der FPÖ ja nicht zu gefährden, 1985 »die Suppe für zu dünn« befand, um gerichtliche Voruntersuchungen zu gestatten; dass sein Freund Leopold Gratz, einst Wiener Bürgermeister und Außenminister, sich öffentlich auf seine Unschuld im Fall von Betrug und Mord festlegen und ihm auch nach einer ersten Verhaftung aufmunternde Worte ins Gefängnis schreiben würde. Vom Verschwinden der Lucona im Indischen Ozean bis zur Verurteilung Prokschs dauerte es immerhin 15 Jahre.
Prokschs Anteilscheine an der SPÖ hatten gegen Ende der Alleinregierung der SPÖ, nach dem Auffliegen des Skandals um das Wiener Allgemeine Krankenhaus und dem Niedergang des »Club 45«, wo viele AKH-Absprachen getroffen worden sein sollen, rapid an Wert verloren. Schließlich konnten ihm seine Freunde in

der SPÖ nicht mehr helfen. Zwei von ihnen, Leopold Gratz und Karl Blecha, mussten selbst vor Gericht. Gratz war im Februar 1989 als Nationalratspräsident zurückgetreten und sollte später darüber sagen: Er habe sich nichts vorzuwerfen gehabt, hätte aber seine Funktion nicht mehr sinnvoll ausüben können, wäre er ständig nur nach Udo Proksch gefragt worden. Blecha legte sein Ministeramt und alle politischen Funktionen wenige Monate später zurück.

Die Zeiten hatten sich geändert. Es mussten andere Methoden eingesetzt werden.

# Ein Plädoyer für Schüssel

Die ÖVP liebt Giuseppe Tomasi, den Fürsten von Lampedusa. Fast scheint es, als wäre der 1958 posthum erschienene Roman »Der Leopard« des italienischen Schriftstellers das einzige Werk, das wertkonservative Politiker auf der Suche nach einem Zitatenschatz zur Hand nehmen und auch immer nur ein und denselben Satz finden. Nationalratspräsident Andreas Khol zitierte ihn am 8. Juli 2004 bei der Amtseinführung von Bundespräsident Heinz Fischer in der Bundesversammlung, Bundeskanzler Wolfgang Schüssel hatte ihn aber schon mehr als 20 Jahre davor gefunden: »Du musst alles ändern, damit sich nichts ändert.«

Schüssel beginnt seinen »Beitrag zu einer anderen Art von Politik« 1983 in dem Buch Erhard Buseks »Mut zum aufrechten Gang« mit genau diesem Zitat. Der Titel, den er damals für den Beitrag wählte, nämlich »Die wahre Größe«, war sicher kein Vorgriff auf seine eigene persönliche Zukunft, denn der Beitrag beschäftigt sich mit Wirtschaftswachstum, Arbeitslosigkeit und Vollbeschäftigung, mit Ökonomie und Ökologie und den gemeinnützigen Wohnbaugesellschaften. Schüssel hatte vor 20 Jahren im Schatten Lampedusas große Gedanken. Sein Beitrag endet bei Ethik und politischer Moral: »Öffentlicher Diskurs über den vernünftigsten Weg in der Industriegesellschaft, die Bereitschaft der Gesprächspartner zuzuhören und aufeinander zuzugehen und die Glaubwürdigkeit der Dialogpartner in den Machtfeldern Politik, Management, Medien und öffentliches Bewusstsein. Politische Moral also, industrielle und intellektuelle Verantwortlichkeit. Daraus wird eine neue Identität erwachsen, die die Stabilität unseres Systems neu absichert und uns erst in die Lage versetzt, selbstbewusst und großzügig auch den längst fälligen Beitrag zu den großen ungelösten Problemen der sozialen Weltwirtschaft zu leisten.« Zu diesem Zeitpunkt war Schüssel Generalsekretär des Wirtschaftsbundes der ÖVP, was er bis 1991 auch noch bleiben sollte.

Es geht hier aber nicht um die Frage, was Schüssel in seinen Jahren als Abgeordneter im Nationalrat, später als Wirtschaftsminister, dann als Außenminister und nunmehr als Bundeskanzler konkret zur Erfüllung seiner hehren Ziele aus 1983 getan hat; in welchen Fällen er gegen einen weiteren Leitsatz seiner frühen Jahre »Mehr privat, weniger Staat« aus welchen Gründen verstoßen hat, sondern darum, welche Möglichkeiten er seit Übernahme der ÖVP 1995 geschaffen hat, damit sich eine Gesellschaft der Charakterstärke, der Aufrichtigkeit und des Selbstbewusstseins entwickeln kann.

Da hätte eine Begegnung mit Wolfgang Schüssel im Frühsommer 1995 hellhörig machen sollen. Es war der Tag, an dem sein Freund nach dem parteiinternen Massaker vor dem Parteitag und nach der parteiinternen Indifferenz um seine weitere politische Verwendung sein Nationalratsmandat zurückgelegt hatte. Busek hatte Schüssel seit den gemeinsamen Tagen im katholischen Hochschulbereich in den 60er-Jahren auf dem politischen Weg bis zur Spitze der Partei mitgenommen und seine Ankunft dort noch mit der Feststellung abgesichert, nur eine Nominierung Schüssels durch die Gremien der ÖVP zum Parteiobmann könne ihn, Busek, zu einem Verzicht auf eine neuerliche Kandidatur am Parteitag im Frühjahr 1995 bewegen.

Es war ein strahlender Tag und der Gang vom Parlament, in dem eben das Ende der innenpolitischen Karriere Buseks stattgefunden hat, durch den Volksgarten zum Büro des Außenministers nicht weit. Das Timing für ein Interview schien elend, die zu besprechenden Themen würden, so war anzunehmen, hinter dem Ereignis der Mandatsrücklegung, das ja auch im Lichte des VP-internen Umgangs mit Funktionären interpretiert werden würde, zurücktreten. Und der Neuigkeitswert einer Titelzeile wie »Schüssel bedauert ...« tendiert gegen null. Das Gegenteil wäre eine journalistische Sensation, war aber auch nicht zu erwarten.

Dieser eine Interviewtermin mit Wolfgang Schüssel wurde mit allergrößter Mentalreservation wahrgenommen. Umso größer war dann die Verblüffung, dass über den Schritt des Freundes nicht ein Wort verloren wurde, nicht eine Andeutung, nicht ein noch so schwach erkennbarer Bezug. Es war, als würde der langjährige Weggefährte aufgehört haben zu existieren; mehr noch, als hätte er nie existiert.

Schüssels damalige Bilanz nach drei Monaten Busek-Erbe fiel sehr selbstbewusst aus und trug schließlich den Titel: »Ich trau mir es zu«. Sieben Jahre später hatte er geschafft, was er damals als Ziel für die »nächste Nationalratswahl«, die turnusgemäß 1998 hätte stattfinden sollen, von ihm aber bereits wenige Monate später im Herbst 1995 provoziert worden war, formuliert hatte: »Glaubhaft den Anspruch auf die Nummer eins zu stellen.« Die Standortbestimmung von damals, nämlich »glaubhaft die stärkste Kraft der Mitte zu sein«, wurde in der Zwischenzeit nach rechts verschoben. Dazwischen lag aber auch die Enttäuschung der Wahl 1995 und das Desaster der Talfahrt auf den dritten Platz am 3. Oktober 1999 und der Triumph der Wahl am 24. November 2002.

Dazwischen sind irgendwo die Ansprüche, die Schüssel an diesem Frühsommertag 1995, drei Monate nach der Übernahme der ÖVP, formuliert hatte, aufgegeben worden. Damals wollte er die Partei »kreativer, offener, bunter, fantasievoller« machen und »ganz ohne Selbstlob« den »Dialog einer offeneren Partei mit einem offeneren und bereiteren Bürger« beginnen.

Es kann sein, dass diese Ansprüche auch deshalb aufgegeben wurden, weil sie vom Wähler/Bürger nicht honoriert, vielmehr mit ständigen Stimmenverlusten bestraft wurden. Dann hat Schüssel wie Jörg Haider ganz im neoliberalen Sinn lediglich eine »Neubewertung« des politischen Marktes vorgenommen und ist zu dem Schluss gekommen, dass ein Großteil der österreichischen Wähler zu einem Dialog mit einer »offeneren Partei« weder offen noch bereit ist; dass zur Gewinn- also Stimmenmaximierung ein möglichst schmaler Weg führt, auf dem man mit möglichst simplen Botschaften, die man gar nicht erst diskutieren lässt, die meisten Wähler erreichen kann. In diesem Sinn erwies sich Schüssel offenbar als scharfer Beobachter des Erfolges der FPÖ unter Jörg Haider. Und als die Wähler ihm 1995 und 1999 den Erfolg versagten, stellte er die politische Produktpalette für den Konsumenten einfach um, ganz gleich, was er selbst früher einmal gedacht, wovon er früher einmal überzeugt gewesen ist, was er früher einmal propagiert haben mag. Die Eroberung des Bundeskanzleramtes 2000 und des ersten Platzes in der Wählergunst 2002 bestätigen ihn. Das bedeutet, auch Schüssels politischer Neoliberalismus, in dem alles erlaubt ist, was zur Gewinnsteigerung führt, ist stärker als sein wirtschaftspolitischer, der immer dann versagt, wenn bei Privatisierungen innenpolitische und wahltechnische Aspekte zu bedenken sind.

Gemessen an seinen Aussagen von 1995 muss Schüssel dieser Umstellung der Firma ÖVP von politischen Inhalten auf wahltechnische Erfolge einiges geopfert haben. Zwar war damals schon eine gewisse Herablassung dem programmatischen Schwerpunkt, den die ÖVP auch immer hatte, gegenüber zu erkennen, als er meinte: »Glauben Sie ja nicht, dass Sie mit einem Parteiprogramm irgendjemanden hinter dem Ofen hervorlocken. Zu glauben, mit einem Programm zu wacheln und schon beim Wähler rasenden Zuspruch zu haben, ist ein bisschen kurz gegriffen.« Doch wollte er damals dem Land noch ein gewisses Lebensgefühl vermitteln: »Wir müssen versuchen, auch stilistisch, dem Lebensgefühl eines Landes zwei, drei Grundbefindlichkeiten zu vermitteln. Das ist mir halt sehr wichtig.« Da hat sich dann in den folgenden Jahren anscheinend herausgestellt, dass das Land auf vermittelte Grundbefindlichkeiten gar keinen Wert legt. Daher stellte die ÖVP offenbar die Bemühungen zwischenzeitlich ganz ein, denn den wahren Erfolg lukrierte sie 2002 mit einem gänzlich unprogrammatischen Slogan, ganz ohne Befindlichkeit: »Wer wenn nicht er«.

Im Rückblick betrachtet sind die Prognosen, die Schüssel für die ÖVP und seine Person 1995 deponierte, ungemein interessant, weil sie entweder überhaupt nicht verwirklicht werden konnten oder erst nach 1999 zutreffend erschienen. Etwa folgende: »Ich glaube, es ist wichtig, dass eine Partei wie unsere sich öffnet. Z. B. in den Städten. Mit der klassischen Parteiorganisation bist du geliefert. Wir sollten die österreichische Identität viel stärker betonten und auch den Optimismus, der vielfach belächelt wird und der mir durchaus zu eigen ist und der nicht gespielt ist von mir. Ich glaube wirklich, dass ungeheuer viel geht. Und diese Chancen zu nützen, das ist die Aufgabe der nächsten Jahre: Nicht herumzusandeln und zu mieselsüchtigen und ununterbrochen das Streitpotenzial zu schüren.«

Seither hat die ÖVP in Wien einen Tiefstand erreicht, wurde sie in Innsbruck bei der EU-Wahl 2004 von den Grünen überholt, hat das Land Salzburg verloren und ist in Kärnten marginalisiert worden.

Und um die folgende Prognose vor zehn Jahren im Jahr 2002 doch noch zu verifizieren, bedurfte es eines zweimaligen Wortbruchs oder, wenn der Begriff zu hart ist, der wiederholten Anpassung der Wahrheit an die geänderten Realitäten: »Die Volkspartei ist eine Partei, die sich gerne kleiner macht, als sie ist. Und wenn etwas sichtbar ist in den letzten Wochen und Monaten, dann eigentlich die Tatsache, dass ein ungeheures Potenzial da ist, dass eine große Sehnsucht besteht nach einer Bewegung. Diese Selbstunterschätzung, wir trauen uns das nicht zu, die ist natürlich tödlich gefährlich für eine Volkspartei. Ich sag halt immer, viele Zwergerl können ein Riese sein. Wann sich die vielen Individualitäten, diese Lipizzaner, von denen jeder glaubt, er ist selbst ungeheuer gut, wann sich die bündeln zu einer gemeinsamen Kraft, dann ist das wirklich a Power. Meine Stärke liegt wahrscheinlich in der Motivation von Menschen. Allein bring ich das sicher nicht zusammen, aber wenn die anderen mittun, ist es schaffbar. Ich traue mir das zu.«

Es ist anzunehmen, dass Schüssel die zweimalige Zurückweisung durch den Wähler für seine Pläne und Ziele des Jahrs 1995 ebenso zur Neubewertung der politischen Marktlage gebracht hat wie die existenzielle Erkenntnis, dass sein Weg als VP-Chef dort enden würde, wo er 2000 in eine Koalition mit dem so sehr verachteten Viktor Klima und die SPÖ führt oder – wie vor der Wahl angekündigt – in die Opposition. In dieser Neubewertung hatte weder die Sehnsucht der Partei nach etwas anderem als der Wiederholung der Macht nach 30 Jahren noch Skrupel wegen früherer Aussagen Platz. Im Rückblick erscheint Schüssels letzter Satz aus 1995 – »Allein bring ich das sicher nicht zusammen, aber wenn andere mittun, ist es schaffbar« – wie ein Treppenwitz der Geschichte. Denn diese »anderen« waren nicht unbedingt jene, die er 1995 angesprochen haben wollte, seine eigenen Parteifreunde. Diese anderen standen außerhalb der ÖVP. Einerseits Bundespräsident Thomas Klestil, andrerseits Jörg Haider und drittens die anderen 14 EU-Staaten mit den unglückseligen Sanktionen.

Der Eroberung der politischen Marktführerschaft wurde alles

andere untergeordnet, was umso leichter fiel, als »andere« mithalfen.

So etwa Jörg Haider in den Regierungsverhandlungen, lange bevor er seine Unterschrift unter den Vertrag einer Koalition setzte, der er gar nicht angehören würde. Zwei Mal hatte die FPÖ in einer Woche den Anspruch auf die Regierungsmacht und -führung erhoben. Umso erstaunlicher war dann die Inszenierung der ersten gemeinsamen Pressekonferenz von ÖVP und FPÖ. Die seltsame Willfährigkeit Haiders war auffallend. Er zeigte sich »ganz einverstanden« mit dem, was Schüssel sagte, wollte das Gesagte auch »unterstreichen«, war nicht mehr der Stürmer und Dränger vom Vortag, der mit der Ankündigung, nun sofort Verhandlungen mit der ÖVP aufzunehmen, das Gesetz des Handelns an sich gerissen hatte; und noch nicht der Chef der zweitstärksten Partei, für den sein Generalsekretär Westenthaler am nächsten Tag forsch von Klestil die Beauftragung fordern sollte.

Wer Haiders Auftreten am Tag zuvor nicht gesehen hatte, wer nichts vom Jubel für den »siegreichen Kämpfer gegen die Altparteien« im FP-Klub kurz vor Beginn der Verhandlungen und dessen Genugtuung über das »Versenken des rot-schwarzen Systems« gewusst hat, der musste bei dieser Pressekonferenz glauben, Schüssel habe Haider zu Gesprächen gebeten; dieser sei dankbar für die Einladung. Zwölf Stunden später war es wieder anders.

Einer Öffentlichkeit, die an den ständigen Wechsel im Verhalten des damaligen FP-Chefs schon gewohnt und daher abgestumpft war, fiel dieser eigenartige Ablauf nicht auf; Beobachter wiederum waren nach den Erfahrungen der letzten Jahre mit einer einfachen Erklärung zur Stelle: In einem »staatstragenden« Ambiente hat sich der Kärntner Landeshauptmann noch immer extrem angepasst verhalten, damit und mit seinem Rambo-Auftreten auf der Straße und bei Parteiveranstaltungen hatte er schon lange verwirrt. Bei offiziellen Sitzungen immer extrem konziliant, nach außen bei denselben Themen extrem aggressiv. So war Haider bei diesem Presseauftritt in allem einer Meinung mit Schüssel: Von einem »guten Start« der schwarz-blauen oder blau-schwarzen Regierungsverhandlungen war da die Rede und davon, dass die FPÖ die »Grundprinzipien« der bisherigen Politik voll akzeptiere; die FPÖ ja neu als Regierungspartner sei und die Prinzipien selbstverständlich mittragen werde. Auch der VP-Slogan im EU-Wahlkampf 1999 von der »Stimme Österreichs in Europa« war aus Haiders Mund zu vernehmen. Dass dann beide Regierungspartner, einmal installiert, die »bisherige Politik« unter SP-Führung verdammten und die meisten Prinzipien von Übel waren, fiel in der Hysterie der Wende kaum auf.

Danach sollte unter Schüssels Führung nur mehr ganz »neu regiert« werden. Und über den Furor dieser Ansage vergaß eine elektrisierte Öffentlichkeit alle früheren Aussagen. So wie Schüssel offenbar frühere Einstellungen und Haltungen, weshalb er öffentlich als ein Vertreter des »bunten, des offenen« Teils der ÖVP wahrgenommen wurde. Im August 2004 sollte ein anderer Vertreter dieses Parteiflügels, der ehemalige Minister und Nationalratspräsident Heinrich Neisser, in einem Interview erklären, er wolle mit dieser ÖVP unter der Führung von Wolfgang Schüssel und Andreas Khol nichts mehr zu tun haben. Neisser hatte aus der Zeitung von seinem Ausscheiden aus dem Think-Tank der Politischen Akademie der ÖVP erfahren.

Zwar nicht auf seinem Weg zur Spitze, wie dies oft bei anderen Berufspolitikern der Fall ist, hat Wolfgang Schüssel Freunde und Unterstützer »verloren« oder einfach beiseite gelassen, aber während seines Aufenthalts dort in den letzten vier Jahren. Seither rätseln viele in und außerhalb der Partei, ob sich der jetzige Bundeskanzler auf dem langen Marsch vom Klubsekretariat im Parlament über den Wirtschaftsbund, das Wirtschafts- und Außenministerium in das Bundeskanzleramt als liberaler Freigeist nur verstellt oder aber durch das Vorrücken als ewiger Zweiter auf den ersten Platz tatsächlich verändert hat.

Eine seiner früheren Weggefährtinnen, Filmemacherin Heide Pils, hat sich in einem Gastkommentar in der »Presse« nach der Wende die Ratlosigkeit in dem »Brief an einen früheren Freund« aus Anlass der drohenden, vom Koalitionspartner FPÖ verlangten Volksbefragung zur EU-Erweiterung von der Seele geschrieben – und zwar sehr persönlich mit den wiederkehrenden Fragen: »Lässt Dich das alles kalt, ist Dir das alles egal?«

»Ich erzähle Dir, wie es mir im letzten halben Jahr ergangen ist. Zunächst war ich fassungslos, zornig, voller Scham und Trauer.

Ich bin auch demonstrieren gegangen. Ich habe mich gefragt, warum machst Du das? Was sind Deine Motive?
Im Unterschied zu vielen anderen war ich nicht der Meinung, dass Dich der blanke plötzliche Ehrgeiz, der unbedingte Machtwille treibt. Ich glaube, dazu kenne ich Dich zu gut ... Es kamen die Sanktionen mit all ihren Dummheiten und Kleinlichkeiten, über die ich mich wie viele andere auch geärgert habe. Das hat bei mir, zu meinem eigenen Erstaunen, eine Art Solidarisierungseffekt mit meinem Land ausgelöst. Dann kehrte gewissermaßen der politische Alltag ein, und ich musste Dir – so wie viele andere auch – konzedieren, dass Du Deinen Job ziemlich gut machst. Ich habe Deine Nervenstärke bewundert. Und ich hatte den Eindruck, dass Du ein langfristiges Konzept hast. Wie das ausschaut, weiß ich zwar nicht, aber ich hatte so ein irrationales Vertrauen in Dich, dass doch alles irgendwie irgendwann gut ausgehen würde.«
Heide Pils' Verzweiflung über die Zustimmung der Schüssel-Partei zu einer EU-Volksbefragung musste nie voll ausbrechen, Schüssel seinen ultimativen Freundschaftstest ihr gegenüber nicht ablegen: Zwar hatten die Regierungsparteien im Hauptausschuss des Parlaments eine solche Befragung beschlossen, doch bevor sie in Angriff genommen wurde, hoben die anderen EU-Staaten am 12. September 2000 die Maßnahmen gegen Österreich auf, worauf der Nationalrat auch mit den Stimmen jener Abgeordneten, die im Hauptausschuss dafür gestimmt haben, einstimmig die EU-Volksbefragung ablehnen und vom Tisch wischen konnte.
Heide Pils hat nie eine Reaktion des »früheren Freundes« auf ihre Kritik und ihren Kommentar erhalten – weder persönlich noch indirekt. Hätte es nicht der Anstand geboten, der früheren Freundin durch die Zurückweisung der Kritik wenigstens Gelegenheit zum Diskurs zu geben? Schweigen als Ausdruck der Missachtung. Das Schicksal, nicht zu wissen, wie das »langfristige Konzept« nun wirklich aussieht, teilt sie mit anderen. Schweigen als Mittel der Politik.
Das Ausblenden von beunruhigenden Fragen, im gewissen Sinn das Niederschweigen jeglicher Kritik, ist aber kein neues Phänomen bei Schüssel, auch wenn es seit einiger Zeit öfter kommentiert wird als zuvor, und trifft nicht nur persönliche Freunde

wie Pils. Als die ÖVP 2001 ein Jahr nach dem Regierungswechsel zu ihrem Kongress nach Alpbach rief und sich als politische Gruppierung – abgesehen vom Regierungsteam unter Wolfgang Schüssel und der (im doppelten Sinn) disziplinierten Parlamentsfraktion unter Andreas Khol – auf der politischen Bühne zurückmelden wollte, hatte die Wiener ÖVP zum Beispiel die geänderten Verhältnisse noch nicht verstanden und formulierte einen Fragenkatalog aus diesem Anlass an die Mutterpartei mit der Begründung: »Nur wer Fragen stellt, wird Antworten bekommen.« Der VP-Chef schätzte derartige Fragen nicht sehr. Daher gab es auch keine Antworten. Dennoch waren 500 Funktionäre damals nach Tirol geeilt. Die Erotik der Macht zieht eben an und kann vieles verdecken – erst recht nach der Wiedereroberung des ersten Platzes 2002; erst recht, als der Eindruck vorherrschte, die politische Konkurrenz schaffe sich allmählich selbst ab: Die FPÖ mittels Inkompetenz, die SPÖ mittels Schwäche ihrer Führung.

An dieser Stelle ist ein Plädoyer für den Bundeskanzler angebracht: Wenn er Freunde, seine eigene Partei, Journalisten und die Öffentlichkeit im Unklaren lässt, was er eigentlich für dieses Österreich will; wenn er Pläne nicht bekannt geben, Entscheidungen nicht andeuten und erst im letzten notwendigen Zeitpunkt veröffentlichen will, so scheint er sich lediglich an das Erfolgsrezept seines ganzen politischen Lebens zu halten: Der große »Taktierer« mit den starken Nerven verdankt seinen Ruf und seine Karriere der Fähigkeit, sich nie in die Karten blicken zu lassen. Dieses Talent konnte er in Jahrzehnten am Verhandlungstisch immer als »Beauftragter« von irgendjemanden – mindestens von 1975 bis 1991 als Generalsekretär des Wirtschaftsbundes – festigen und verfeinern.
Politiker tendieren wie alle anderen Menschen auch dazu, bestimmte Verhaltensweisen, die sich persönlich als erfolgbringend herausgestellt haben, immer wieder einzusetzen. Wenn die Erfolgskurve ungebrochen nach oben zeigt, ergibt sich keine zwingende Notwendigkeit, über die Angemessenheit dieser Verhaltensweisen überhaupt nachzudenken, geschweige denn sie zu modifizieren. In dem Moment, in dem die Erfolgskurve abbricht, scheiden sich die Geister und die Fähigkeiten: Der Erfolgreiche

wird sein Verhalten den geänderten Umständen anpassen, der Starre wird es nicht modifizieren. Als Bundeskanzler hat Schüssel bisher keinen Bruch seiner Erfolgslinie registrieren müssen. Seine Technik ist einerseits das Spiel mit verdeckten Karten, das ihm über Jahrzehnte in die Lage versetzte, die meisten Verhandlungen zu gewinnen; andrerseits auch eine Art von Flexibilität, die man in der Politik als extremen Pragmatismus, außerhalb der Politik als Mangel an Charakterfestigkeit und in manchen Fällen sogar als Charakterlosigkeit beschreiben würde.

1999 hatte Schüssel damit Erfolg und der Pokal steht seither im Bundeskanzleramt, 2002 hatte er damit keinen Erfolg, was jedoch weiter nicht auffiel, weil er mit einer schwachen und um Regierungsbeteiligung wimmernden FPÖ die Mehrheit im Parlament zimmern und somit den Misserfolg der Verhandlungen mit den Grünen überdecken und vergessen machen konnte. Im Herbst 1999 vor der Nationalratswahl hatte Schüssel mehrere Festlegungen – auch über die berühmt gewordene auf die Opposition hinaus – getroffen, die wenig später durch sein Handeln auf dem Müllhaufen der Geschichte gelandet sind: Die ÖVP werde unter keinen Umständen an einer Regierung teilnehmen, wenn sie nicht zumindest am zweiten Platz lande, und dies sei »bindend«; die ÖVP klammere sich nicht an die Macht und wolle auch nicht um jeden Preis am Futtertrog der Macht bleiben, er selbst spiele mit »maximalem Risiko auch persönlich« und es sei ausgeschlossen, dass er mit Unterstützung der FPÖ den Bundeskanzler stellen werde. Stellt man diese Sätze in Beziehung zu den Ereignissen nach der Nationalratswahl, denkt man zwangsläufig an Otto von Bismarck, des deutschen Reichskanzlers Satz: »Nie wird so viel gelogen wie vor einer Wahl, während des Krieges und nach der Jagd.« Der Punkt »Krieg« ist für Österreich seit 60 Jahren unerheblich, der Punkt »Jagd« nur für jene Damen und Herren der Gesellschaft relevant, die sich von der Nähe zum Generalanwalt des Raiffeisenverbandes Christian Konrad Vorteile erhoffen, was auf Schüssel nicht zutrifft.

Das Auffallende an diesen Schüssel-Sätzen ist nicht, dass man sie eventuell als Lüge qualifizieren könnte, denn immerhin haben sich die politischen Umstände geändert, sondern dass sie im Grunde wie eine Ankündigung durch Verneinung wirken; so als hätte Schüssel öffentlich exakt das dementiert, was er eigentlich vorhatte. Man sollte die Psychologie nicht auf die Spitze treiben und darin eine öffentliche Absage an unterbewusste Wünsche sehen, aber auf die Auffälligkeit sollte doch hingewiesen werden, denn: Die ÖVP nahm unter allen Umständen an einer Regierung als Dritter teil, die Aussagen waren nicht bindend, der Preis für den Verbleib an der Macht war dann doch erheblich, nämlich die Ausgrenzung Österreichs in der EU, und das Risiko daher keineswegs maximal.

Aus der erfolgreichen Verdrehung der eigenen Position 1999 entsprang dann bei den Regierungsverhandlungen 2002/03 der fatale Fehler, der auch schon öffentlich als der »größte taktische Fehler« Schüssels bisher beschrieben worden ist – und nur aufgrund einer neuen Apathie der Bürger/Wähler und der Opposition noch nicht als solcher stärker in das öffentliche Bewusstsein gedrungen ist: die Verhandlungen über eine Regierungsbeteiligung mit den Grünen scheitern zu lassen. Alle Informationen über die schwarz-grünen Gespräche machen deutlich, dass Schüssel von der Annahme ausging, die Grünen des Verhandlungsteams unter Alexander Van der Bellen seien so stark auf eine Regierungsbeteiligung fixiert, dass sie diese zu allen Bedingungen erreichen wollen. Ein Teilnehmer der Gespräche bestätigte, dass Schüssel sich ganz offensichtlich nicht vorzustellen vermochte, es gebe für den Verhandlungspartner bestimmte Grenzen; ein Limit für Charakterverrenkungen. Wer selbst keine Grenzen der Flexibilität, um es einmal so zu nennen, für sich kennt und wer mit massiven Adaptierungen der eignen Positionen Erfolg hatte, um es noch vornehmer auszudrücken, der kommt überhaupt nicht auf die Idee, dass es für andere Grenzen geben könnte. Das Erstaunliche daran ist, dass bei entsprechenden Abweichungen von ihren ursprünglichen Positionen die Grünen in die Regierung hätten gehen können – und es aber offensichtlich für Schüssel und die ÖVP völlig einerlei war und ist, ob sie mit dem einen Mehrheitsbeschaffer oder dem anderen auf dem entgegengesetzten Rand des politischen Spektrums, ob mit Grünen oder FPÖ, zwei Parteien, die sich in nichts ähneln, eine Bundesregierung bilden.
Der besagte Teilnehmer an den Gesprächen sprach von sehr gro-

ßen »Zumutungen«, die Schüssel den Grünen immer wieder auf den Tisch legte. Wenn im Nachhinein der überzogene Druck der ÖVP auf die Grünen als genialer Taktikstreich dargestellt wurde, weil diese Partei im Grunde ohnehin schon auf eine weitere Zusammenarbeit mit der nunmehr devastierten FPÖ fixiert war, so dürfte es sich dabei auch um eine nachträgliche Uminterpretation der Ereignisse handeln. Viel einleuchtender ist die Erklärung, dass Schüssel sich und seine ÖVP – wie einst Jörg Haider – in eine Win-Win-Situation gebracht hat: Sollten die Grünen seine Forderungen schlucken, hätte er wieder Verhandlungen gewonnen; sollte das Team der Grünen seine Forderungen akzeptieren und dann von der grünen Basis wegen der Themen Eurofighter, Pensionsreform, Privatisierung und Öko-Steuer kein Plazet bekommen, könnte es ihm auch recht sein; dann wäre die grüne Führung mit Van der Bellen und Eva Glawischnig geschwächt, die Regierung eine lästige Opposition auf einige Zeit los, die Chancen für die SPÖ auf eine rot-grüne Mehrheit bei der nächsten Nationalratswahl schwindend gewesen. Sollten sie sich nicht ausreichend verbiegen, konnte es Schüssel auch recht sein, die FPÖ stand in Warteposition.

Die ÖVP hätte mit einer schwarz-grünen Koalition europäisches Aufsehen erringen können; Schüssel hätte mit diesem Experiment mit einem Schlag das Jahr 2000 vergessen lassen, seine Chancen auf die Funktion des EU-Kommissionspräsidenten wären ungleich größer gewesen, als sie je mit Mühe dann kolportiert wurden – und er hätte sich das fortgesetzte Chaos in der FPÖ seither erspart. Schüssels Beharren auf einer Verhaltensweise, die ihm persönlich bis zu diesem Punkt nur Erfolg gebracht hat, nämlich die Unterordnung von Grundsätzen unter ein pragmatisch zu erreichendes Ziel, und seine Fehleinschätzung der Grünen hat einen historischen Neuanfang in Österreich 2002 verhindert. Es wird noch einige Zeit dauern, bis diese versäumte Chance auf Schüssels politischem Soll-Konto landet.

Viele Österreicher mögen Politiker mit eindeutigen Erfolgsmechanismen: Franz Vranitzky belohnten sie für seine ruhige Art, seine staatsmännische Darstellung eines Bundeskanzlers und die Tatsache, dass sie sich im Dschungel seiner Schachtelsätze nie

ganz bis zum harten, vielleicht unangenehmen Kern der Aussagen durchschlagen mussten, mit dem unerwarteten Wahlerfolg
der SPÖ 1986, dann wieder 1990 und 1995. Die Wahl 1994 mit
den schweren Verlusten beider Regierungsparteien war deshalb
atypisch, weil SPÖ und ÖVP sich nach der Euphorie der Zweidrittelmehrheit bei der EU-Volksabstimmung einige Monate später nicht wirklich um die Wähler bemüht und ein gutes Ergebnis
nach dem EU-Sensationsresultat als selbstverständlich angenommen haben.
Jörg Haider belohnten viele Österreicher – und taten es bei der
Kärntner Landtagswahl 2004 noch einmal – für sein Erfolgsrezept des Protests gegen »das System«, der starken Sprüche, des
politischen Rabaukentums, des Spieltriebs mit ständig wechselnden Regeln, der Verächtlichmachung anderer Personen vom Held
Polens Lech Walesa (»mehr breit als hoch«) über den französischen Staatspräsidenten Jacques Chirac (»Westentaschl-Napole-
on«) bis zur eigenen Regierungsmannschaft Wolfgang Schüssel
und Susanne Riess-Passer (»Susi und Strolchi«). Sie taten dies
von 1986 bis 1999.
Wolfgang Schüssel scheinen sie für seine taktische Gerissenheit,
seine starken Nerven, seine Gelassenheit und das Talent, abseits
jeder geraden Linie auf vielen verschiedenen Wegen auf den Erfolg zu marschieren zu können, zu entlohnen. Jedenfalls seit dieses Erfolgsrezept ungeahnte Resultate bewirkte, nämlich 2002.
Der Grund ist wahrscheinlich, dass in allen drei Mechanismen für
verschiedene Wählertypen Identifikationsmöglichkeiten stecken:
So unerschütterlich wirken können wie Vranitzky, so ketzerisch
und frech sein dürfen wie Haider und so gefinkelt zu agieren wie
Schüssel!

# Eine Korrektur für Vranitzky

Es gibt offenbar Phasen in der Entwicklung, in denen ein Politiker durch Zufall oder aus einer Laune der Geschichte heraus von seinem Habitus und Gehaben, wenn schon nicht von seinen Worten und Taten her, exakt ein bestimmtes Bedürfnis in breiten Schichten der Bevölkerung abdeckt: Hinter dieser »Deckung« verschwinden dann alle Frage der Ethik, der möglichen Unvereinbarkeiten, wie sie streng genommen im Zusammenhang mit seinen Verflechtungen mit der großen deutschen WestLB-Bank auch schon in Franz Vranitzkys Amtszeit zu stellen gewesen wären. Aber was war in Österreich je »streng genommen«? Wer unterzieht sich hier je der Mühe, in allen Details je einen Gegenbeweis zu liefern und die letzten Fragen der Moral in der Politik zu beantworten? Vielmehr hegt und pflegt man hierzulande unter wohlwollender oder gleichgültiger Anteilnahme der Bürger jenes Gras, das über alles wachsen soll und meist auch tut.

Es kann als Treppenwitz der jüngsten österreichischen Geschichte gelten, dass der Wirtschaftsmann Vranitzky, den die SPÖ als solchen und sicher kaum als profilierten Sozialdemokraten an die Spitze geholt hat, mit Neoliberalismus im politischen Sinn am wenigsten im Sinn hatte. Einer »Neubewertung« des politischen Marktes verweigerte er sich so lange, bis das Produkt SPÖ von den Regalen der Macht genommen werden musste. Denn bei seinem Abgang elf Jahre und eine freiheitliche Erfolgsstory später konnte man dem ehemaligen Sekretär von Hannes Androsch, Bankdirektor, Finanzminister und »Retter« der SPÖ im Jahre 1986 vieles vorwerfen, aber eines nicht: Er hätte sich in Stil, Auftreten oder verbalen Ausdrucksformen irgendwie verändert. Auch bei seinem letzten Auftritt vor der Journalistenmeute im Presseklub Concordia verlor er sich wie seit zehn Jahren in gewundenen Sätzen auf der Suche nach deren Ende; probierte den einen oder anderen zynischen Scherz, wobei Peinlichkeiten nicht zu vermeiden waren; und versuchte, seine Rückzugsaktion einer skeptischen Öffentlichkeit als Erfüllung seiner bereits in den 80er-Jahren abgegebenen Prognose, nur zehn Jahre im Bundeskanzleramt bleiben zu wollen, darzustellen. Wenn das damals auch sicher nicht die ganze Wahrheit war, weil der Zeitpunkt auffallend günstig für die SPÖ in einer Phase ungebrochenen Selbstbewusstseins nach dem CA-BA-Deal war und Vranitzky hoffte, Viktor Klima werde in der verbleibenden Zeit bis zur Nationalratswahl den aufbereiteten Boden bestellen, was sich als Irrtum herausstellen sollte. In seinen »Politischen Erinnerungen« übernahm Vranitzky in keiner erkennbaren Weise die Verantwortung dafür, den falschen Nachfolger ausgesucht zu haben. Vielmehr wird auf Klima dort mit der einen oder anderen Spitze gezielt. So musste der Überredungsaufwand »nicht groß« sein, bis Klima bereit war, die Funktion Vranitzkys zu übernehmen. So habe sich Klima mit dem britischen Labourchef Tony Blair und dem deutschen Sozialdemokraten und jetzigen Bundeskanzler Gerhard Schröder auf den »dritten Weg« begeben – »zumindest auf einem Wahlplakat«.

Aber wenn schon nicht der vollen Wahrheit verpflichtet, wenn schon in sorgfältig gepflegter Distanz die eine oder andere Unterbrechung des aufrechten Gangs verbergend, so machte Vranitzky wenigstens kein falsches Hehl aus seiner Selbsteinschätzung: Er wusste immer, dass nur sein Einzug in das Bundeskanzleramt im Sommer 1986 die SPÖ vor dem Machtverlust gerettet hat, und er teilte dieses Wissen – manchmal mehr oder weniger schroff – seiner Partei auch mit. Gut in Erinnerung ist noch jener Parteitag, bei dem erste Kritik an der Politik der SPÖ als Regierungs- und Koalitionspartei laut geworden war. Vranitzky ging damals ans Rednerpult und gab den Genossen unverblümt zu bedenken: Wenn sie ihn kritisierten, dann sollten sie sich einmal überlegen, was die SPÖ denn ohne ihn sei, wie sie denn ohne ihn dastehen würde. Betretenes Schweigen war das Resultat – ein Schweigen, das erst nach dem Desaster bei der Wiener Gemeinderatswahl 1996 in innerparteiliches Flüstern über seine Verzichtbarkeit umgeschlagen ist. Vranitzky war immer sehr auf seine »Würde« im Amt bedacht, auch wenn er diese in regelmäßigen Abständen unter Missachtung jeglichen guten Benehmens selbst immer wieder verletzt hat. Es war daher persönlichkeitskonform, dass er im

Wissen um das immer lauter werdende Geflüster über den »richtigen« Zeitpunkt seiner Ablöse im Winter 1997 diese als selbst gewählt dargestellt hat.

Vranitzky war in besseren Zeiten immer als »Teflonkanzler« beschrieben worden, also als einer, an dem nichts haften bleibt, dem nichts schaden konnte. Wenn diese Beschreibung nun auch für Wolfgang Schüssel gewählt wird, dann erhebt sich doch die Frage: Wie viel »Teflonkanzler« verträgt das Land? Oder vielmehr: Warum ist dieser Politikertyp immer wieder so populär?

Weil er dem Grundbedürfnis vieler Österreicher entgegenkommt, sich nicht mit Problemen – und seien es ihre eigenen in Gestalt politischer Entscheidungen – auseinander setzen zu müssen. Wenn nun ein »Teflonmann« im Bundeskanzleramt, ob rot oder schwarz, den Eindruck zu erwecken vermag, nichts sei seiner Aufregung wert, so nimmt der Bürger dankbar auf: Er müsse sich auch nicht auf- oder erregen.

Vranitzky dürfte seit Oktober 1996 gewusst haben, dass sich der Wind in der SPÖ gedreht hat. Das Zusammenspiel der Wiener SPÖ mit Viktor Klima bei der Bankenentscheidung dürfte seinen Spürsinn noch weiter geschärft haben. Ein Hinausdrängen à la ÖVP wäre aber mit seinem Selbstverständnis nie und nimmer vereinbar gewesen. Für Vranitzky war wichtig, den Anschein des freiwilligen Abgangs zu kultivieren und aufrecht zu erhalten – auch wenn er diesen Schein um den Preis seiner Glaubwürdigkeit erkaufen muss. Unwahrheiten in Bezug auf seine eigene Zukunft – etwa jene in der TV-»Pressestunde« am 24. November 1996, wonach er sich 1997 »der Wiederwahl zum SP-Chef stellen werde« – erklärte er später mit entschuldbarem Flunkern in der Politik. Er habe sich nicht in eine Situation begeben wollen, die dann nur mehr schwer zu »handlen« (englisch für bewältigen) gewesen wäre. Dieses Schwindeln war zusammen mit den ständigen Dementis Viktor Klimas, an einer weiteren politischen Karriere überhaupt interessiert zu sein, ein letzter schlechter Dienst nicht nur an der SPÖ, sondern vor allem an dem Vertrauensverhältnis zwischen Bürger und Politiker: Wer war dann noch verpflichtet, irgendeinem SP-Politiker und vor allem seinem Nachfolger auch nur eine Aussage zu glauben?

Beim zentralen Anliegen seiner Politik aber, nämlich Jörg Haiders

FPÖ von der Macht fern zu halten, blieb Vranitzky kompromiss-
los bei seinen Überzeugungen. Es ist bezeichnend, dass der Wähler
dies seiner Partei nicht gedankt hat. Spätestens nach 1994 hätte
der SP-Chef eine Neubewertung seiner Linie vornehmen sollen –
nicht als politische Kursänderung, sondern als Änderung im Stil.
Er hätte Mitarbeiter, Funktionäre, Mandatare der SPÖ verpflich-
ten müssen, seine strikte Ablehnung jedes Haider-Vorschlags,
seine reflexartige Zurückweisung jeder Kritik, seine herablassen-
den Dementis jeder von Haider aufgezeigten Fehlentwicklung in
Partei und Republik mit Fakten zu begleiten; Halbwahrheiten zu
entlarven und bei berechtigten Vorhaltungen unverzüglich Ände-
rungsschritte einzuleiten. Das entsprach aber nicht seinem Stil,
mit dem er überhaupt jede inhaltliche Auseinandersetzung mit
dem verachteten FP-Chef vermeiden wollte. Vranitzky hat es sich
selbst immer als großen Verdienst angerechnet, Haider in seinem
Bestreben, Bundeskanzler zu werden, frustriert zu haben. Es war
schließlich aber so, dass Vranitzkys Strategie Haider überhaupt
erst zu seiner Stärke 1999 verholfen hat.
Das erkannte er in den Jahren, in denen er sich der Öffentlichkeit hauptsächlich als Beruhiger von Aufregung und Bewahrer
von Bewährtem darstellen wollte, aber gar nicht. Insofern hat
Vranitzky bis zuletzt von Haiders Radikalismen politisch mindestens so profitiert wie Haider von seiner, Vranitzkys, Unfähigkeit,
politisch rasch zu reagieren. Je lauter Haider wurde, desto beru-
higender konnte Vranitzky wirken. Die beiden waren einander
also in einem gewissen Sinn bei aller äußeren Feindseligkeit von
Nutzen. Immerhin ehrt es Vranitzky, dass er bei seinem Abschied
aus der Politik 1997 die Schwächen seiner Anti-Haider-Strategie
offen zugab.

Da hatte aber schon ein Paradigmenwechsel in der SPÖ stattgefunden: Nicht mehr Grundsätze oder programmatische Festlegungen waren in ihren Reihen der Maßstab für Entscheidungen,
sondern – dem allgemeinen Trend folgend – Machterhalt und
Stimmenmaximierung. Beides gehörte zwar immer schon zum so
genannten »Kerngeschäft« von Parteien und Politikern, weil ohne
Macht die Durchsetzung der jeweiligen Politiken nicht möglich
ist. Neu hinzu kam jedoch eine flächendeckende Beliebigkeit der

Mittel und der Aussagen sowie die Unterordnung jeglicher Prinzipien unter dieses eine Ziel.

Das hatte sich bereits am 34. ordentlichen Parteitag im Wiener Konzerthaus im Herbst 1995 gezeigt. Noch nie in der Geschichte der SPÖ seit 1970 war die Distanz zwischen Apparat und Parteivorsitzendem so groß wie damals. SP-Funktionäre äußerten nur mehr eine Hoffnung: Dass die Partei nach wie vor genügend Disziplin aufbringen werde, Vranitzky mit dem entsprechenden Vertrauen auszustatten, um unvorhergesehene Turbulenzen zu vermeiden. Die Partei war verunsichert, die Konsequenz der Anti-Haider-Linie hatte sich beim Wähler nicht bewährt; der Stil in der Partei geändert, wie die überraschende Ablöse Josef Caps als Bundesgeschäftsführer bewies, von der dieser dem Vernehmen nach aus den Medien erfahren hatte, was Vranitzky als jenen stillosen Politiker zeigte, der er auch manchmal sein konnte. Niemand vermochte damals vorherzusagen, ob die Art und Weise des Hinauswurfs Caps Unmut auslösen werde. Sicher war nur, dass bei keinem anderen Parteichef der SPÖ vor Vranitzky so offen über den Nachfolger gesprochen worden ist. Diese Art der Nachfolgediskussion, wie sie damals in der SPÖ hinter dem Rücken des Parteivorsitzenden geführt wurde, hatte in der Sozialdemokratie keine Tradition. In der Zeit seither hat sich die SPÖ auch in diesem Punkt dem Zeitgeist angepasst.

Damals aber waren die geänderten Umgangsformen an der Parteispitze ohne Beispiele in der Vergangenheit: Finanzminister Ferdinand Lacina war so lange von Vranitzky als Partei- und Regierungschef desavouiert worden, bis er überfallsartig seinen Rücktritt bekannt gab – zum für die Partei denkbar ungünstigsten Zeitpunkt. Frauenministerin Johanna Dohnal war gegen ihren Willen und zu einem für sie überraschenden Zeitpunkt abgesetzt worden. An manchen Stellen der SP-Basis, so wurde damals in Wien erzählt, sei der Unmut über die SP-Spitze und vor allem über Vranitzky bereits in offene Abneigung und Aversion umgeschlagen – eine in einer Kaderpartei wie der SPÖ beispiellose Entwicklung. Verunglückte Äußerungen von Vranitzkys Frau Christine über berufstätige Mütter und falsche Verhaltensweisen von Ehefrauen provozierten schon mehr als nur sarkastische Witze. Nicht wenige Funktionärinnen fühlten sich damals persönlich beleidigt.

174

Zu diesem Zeitpunkt gingen schon lange nicht mehr alle in der SPÖ hinter Vranitzky auf dem geraden Weg an Jörg Haider und der FPÖ als mögliche strategische Option vorbei. Was für den damaligen Parteivorsitzenden eine Frage des Prinzips war, begann man ihm als Sturheit und taktisches Ungeschick auszulegen. Rein wahltechnisch gesehen war das auch so und erwies sich als schwerer Fehler. Vranitzky war in dieser Hinsicht aber ein »Überzeugungstäter«. Hätten Funktionäre, Wähler und auch Journalisten mitunter ein weniger kurzes Gedächtnis, sie hätten sich an den einzigen SP-Parteitag der Obmannschaft Vranitzkys erinnern können, an dem der überaus distanzierte und in dieser Distanz meist erstarrte Vorsitzende so etwas wie leidenschaftliches politisches Wollen und erstaunlich demonstrative Führungskraft an den Tag gelegt hat – in Linz im Juni 1991 während der Haider-Turbulenzen in Kärnten nach dem unsäglichen Ausspruch von der »ordentlichen Beschäftigungspolitik des Dritten Reiches« des Kärntner Landeshauptmanns. So hatten ihn SP-Funktionäre und Öffentlichkeit nie vorher und nie danach erlebt. Aus der Anti-Haider-Strategie bezog er seine stärkste politische Motivation, was ihm später den Vorwurf des Journalisten Hubertus Czernin eintrug, in Wahrheit der »Haider-Macher« gewesen zu sein.

Vranitzky war kein »Homo politicus«, kein Vollblutpolitiker wie Bruno Kreisky oder Jörg Haider oder Wolfgang Schüssel. Im Nachhinein betrachtet erkennt man an seiner politischen Bilanz, dass er in Wahrheit nur für dieses eine Thema, diese Anti-Haider-Linie ausreichend Energie hatte. Die meisten anderen sachpolitischen Vorhaben seiner letzten beiden Jahre im Amt blieben so tief stecken, dass sie erstens 2000 das Argument für den Regierungswechsel lieferten und zweitens Jahre danach auf der politischen Agenda blieben. Mehr noch: Alle Reformpunkte, die er 1995 im so genannten »Kanzler-Programm« angeführt hat – von der Spitalsfinanzierung bis zu den Beamten, von der Verkleinerung der Regierung bis zur Flexibilisierung der Arbeitszeit – hätte er in seinen drei vorangegangenen Amtsperioden auch schon in Angriff nehmen können. Für diese permanente Verschiebung der verschiedenen Reformen hat es nie wirklich ein Argument gegeben außer der Apathie der Wähler und der Feigheit der Partei.

Die Bürger hatten die SPÖ unter seiner Führung 1990 für den Reformunwillen nicht abgestraft und sich 1995 bereitwillig von Vranitzky mit dem berühmten Pensions-Brief hinters Licht führen lassen. Für die richtige Interpretation des schlechten Wahlergebnisses 1994 hatte Vranitzky wohl keine Energie und schon gar nicht für die notwendigen Schlüsse daraus.

Man muss es klar sehen: Die Hauptstoßrichtung der SPÖ für die Wahl 1995, nämlich das »Verhindern von …«, wie sie in dem berühmten Pensions-Brief auch wortwörtlich mit dem Versprechen festgeschrieben wurde, die Pensionskürzungspläne der ÖVP (später hieß es Pensionssicherung in der Hoffnung, der Bürger werde es nicht merken) zu »verhindern«, diese Stoßrichtung traf damals genau die Befindlichkeit einer Wählerschaft. Hätte diese nach den Aufregungen der Umbrüche in Europa, des Bürgerkriegs in Ex-Jugoslawien mit allen Konsequenzen für Österreich, der Beitrittsverhandlungen, des EU-Referendums und des Beitritts am 1. Jänner 1995 selbst noch genügend Energie gehabt, die Reformmüdigkeit der größeren Regierungspartei einzumahnen, die SPÖ hätte schon 1995 ein ärgeres Wahldebakel erleben müssen.

Im Lichte der nachfolgenden Ereignisse unter Nachfolger Viktor Klima muss Vranitzkys Verhinderungs-Linie – Verhindern von Jörg Haider, Verhindern von VP-Plänen, Verhindern eines allzu starken Bundespräsidenten Thomas Klestil – geradezu als der letzte starke rote Faden der sozialdemokratischen Politik erscheinen. Danach war das Tor des Bundeskanzleramts für die oberflächlichste aller politisch-neoliberalen Gangarten weit offen. Unter Viktor Klima wurde die politische Situation nicht von Zeit zu Zeit neu bewertet und das Angebot der SPÖ angepasst, sie wurde von Tag zu Tag neu eingeschätzt, wobei Viktor Klima nicht nur seine Auftritte nach ganz vordergründigen Kriterien der politischen Nützlichkeit auswählte, sondern auch seine Aussagen. Das wäre legitim und wurde zu dieser Zeit in Großbritannien unter Tony Blair und in den USA schon seit geraumer Zeit unter den Demokraten und Bill Clinton so gehandhabt. Allein, Klima und seinen Beratern fehlte ganz eindeutig die Substanz, um politische Inszenierung mehr erscheinen zu lassen als das Bemühen um ein populäres Bild in den Medien. Das heißt, eine bestimmte politische Technik, die gerade en vogue war, wurde so stümperhaft umgesetzt, dass Peinlichkeiten nicht zu vermeiden waren. Allerdings ist auch zu bemerken: Wäre Klima nicht an der taktischen Überlegenheit Wolfgang Schüssels und den kaum mehr kontrollierbaren Aversionen großer Teile der ÖVP vor allem im Parlamentsklub gegen die Sozialdemokraten gescheitert und – wie sich später herausstellen sollte – an dem gravierenden taktischen Fehler Jörg Haiders, seine Partei in die Regierung ziehen zu lassen, das Wahlresultat im Oktober 1999 ließ nicht erkennen, dass viele Wähler die Oberflächlichkeit der Klima-Politik wirklich durchschaut haben. Der von Anfang an heillos Überforderte wäre unter (anderen) Umständen durchaus in die Lage versetzt worden, weiter im Bundeskanzleramt zu residieren. Das bedeutet, wirklich und direkt abgestraft haben die Österreicher auch ihn nicht.

So haben sich im August 1999 ein paar Medien über Klimas Auftritte mokiert, mehr nicht: Die Peinlichkeit etwa, am Tag der spektakulären Sonnenfinsternis den hohen Aufmerksamkeitsgrad dieses Ereignisses zu nützen, indem die SPÖ sich am Linzer Pöstlingberg unter dem Motto der SP-Jugend »30 Sekunden schwarz über Österreich sind genug« um den SP-Chef scharte, wurde einfach hingenommen. Viktor Klima war dort. Bilder des Bundeskanzlers plus Naturereignis waren garantiert.

In Anekdoten lässt sich die Hilflosigkeit der politischen Führung in dieser Zeit vielfältig beschreiben, wobei es mitunter zu solchen Lächerlichkeiten in absoluten Nebensächlichkeiten kam, dass Beobachter einander fast verzweifelt versicherten: Das dürfe die Öffentlichkeit keinesfalls erfahren. Aber nicht etwa, weil es etwas zu verbergen gebe, sondern weil die Absicherung einer Restachtung vor Politikern einfach der höhere Wert vor dem Informationsgehalt der Vorfälle war. Oder wäre es für das Leben irgendeines Österreichers von Bedeutung gewesen, dass Klima Interviews mit immer neuen Ausreden verweigerte? Einmal war es ein bereits gegebenes, das ihm nicht gefallen habe, was sich als haltlos herausstellte; ein andermal war es die Behauptung, es sei über seine damals junge neue Ehefrau Sonja kritisch berichtet worden, was sich als unwahr herausstellte, weil überhaupt nicht berichtet worden war. Endlich stellte sich heraus, dass Klima nur für jene Medien zur Verfügung stünde, die über einen ausreichend großen Prozentsatz an Sozialdemokraten in ihrem Konsumentenkreis verfügten.

Klima nahm nur Termine wahr, die ihm politisch nützlich erschienen, und verweigerte solche, von denen er oder seine Umgebung sich keinen direkten persönlich-politischen Nutzen versprachen. Das verursachte zum Beispiel beim Forum Alpbach 1999 einige Aufregung. Das Programm musste damals selbst unter der Gefahr, ausländische Gäste zu desavouieren, so verändert werden, dass Klima nicht in die Verlegenheit kam, über die Osterweiterung der EU diskutieren zu müssen. Denn: Eine Stellungnahme Klimas sei mitten im Wahlkampf nicht opportun, hieß es damals. Hatte Vranitzky vor seiner letzten Wahl das »Verhindern« als Mittel der Politik entdeckt, so war es für Klima vor seiner ersten Wahl das »Verweigern«. Es gab damals eine einfache Regel, nach der Klima-Auftritte ungeachtet der politischen Bedeutung ausgewählt wurden: Nützlich waren Tiere, Jugendliche, Katastrophen, internationale Begegnungen.

Kurz vor der Nationalratswahl 1999 publizierte Viktor Klima gemeinsam mit dem inzwischen sehr erfolgreichen OMV-Chef Wolfgang Ruttenstorfer seine »Strategie für Österreich«, die er, »sollten mich die Wählerinnen und Wähler auch für die nächsten vier Jahre als Bundeskanzler bestätigen«, als Programm verstanden haben wollte. Einmal abgesehen davon, dass die Wählerinnen und Wähler ihn gar nicht bestätigen konnten, weil der verfassungsrechtliche Vorgang mit der Entscheidung für eine Partei und der Ernennung durch den Bundespräsidenten ein anderer ist; abgesehen davon, dass sie ihn schon überhaupt nicht »auch für weitere vier Jahre als Bundeskanzler« bestätigen konnten, weil er noch nie eine Wahl in dieser Funktion geschlagen hatte; abgesehen von diesen sprachlichen Fehlern setzte sich die Strategie aus wirtschaftstheoretischen Überschriften zusammen, mit denen Großflächen an Gemeinplätzen gepflastert wurden: Beschäftigung braucht Wachstum; neue Technologien und die neue Globalisierung schaffen neue Spielregeln; neue Jobs durch neue Unternehmen; Menschen im wirtschaftlichen Wandel unterstützen; Steuer- und Abgabenquote senken und Ähnliches mehr.

Dies alles erklärt, warum Viktor Klima nicht einmal eine Fußnote in der Geschichte der Zweiten Republik sein wird. Allerdings ist dies aus einem einzigen Grund nicht ohne Bedeutung für die Republik als Ganzes: Sein so rascher wie ruhmloser Abgang von der politischen Bühne im Frühjahr 2000, der völlig chaotische politische Nachlass und existenzbedrohende Flügelkämpfe in der Partei zwangen die SPÖ zu einer Verzweiflungstat; nämlich den gänzlich unerfahrenen Alfred Gusenbauer am Parteitag 2000 an die Spitze zu hieven – mit allen Konsequenzen, die diese Entscheidung seither für den Fortgang der Politik hat.

# Ein Requiem für Klestil

Als am Vormittag des 5. Juli 2004 auf dem Computerschirm die gelbe Alarmfarbe einer Meldung mit Vorrang aufleuchtete und die letzte Phase der Tragik des Thomas Klestil mit dem Hubschrauber-Notflug von seinem Haus in Wien-Hietzing auf das Dach des Wiener Allgemeinen Krankenhauses ankündigte, da konnte man sich noch nicht vorstellen, wie viele Gesichter die Heuchelei in den folgenden Tagen tragen würde; wie viele Stimmen sie haben könnte. In diesen Vormittagsstunden stand Österreich noch ganz im Bann der Fakten: Der Zusammenbruch des Bundespräsidenten, der Herzstillstand nur kurze Zeit vor der letzten Pressekonferenz seiner Amtszeit, der Nottransport, der Tiefschlaf, die Pressekonferenz des Leiters des AKH, Reinhard Krepler, die Versicherungen, das Menschen- und medizinisch Mögliche zu tun.

In den nächsten Stunden, in den zwei Tagen bis zu seinem Tod in der Nacht auf den 7. Juli und danach hatte die Heuchelei viele Gesichter: Nicht nur jene von Politikern, sondern auch von Ärzten, die von den ersten Minuten nach der Aufnahme im AKH um die vollkommene Aussichtslosigkeit für den Patienten Thomas Klestil gewusst haben mussten – und sich dennoch mehrmals am Tag in wechselnder Kombination vor die TV-Kameras begaben, um einer schockierten Öffentlichkeit ihre divergierenden Prognosen abzugeben. Einmal war der Zusammenbruch des Bundespräsidenten auf dessen Lungenerkrankung Jahre zuvor zurückzuführen, ein anderes Mal nicht. Während in privaten Gesprächen wenige Stunden nach der Einlieferung davon die Rede war, dass Klestil die nächsten Stunden kaum, die nächsten Tage gar nicht überleben werde, drängten sich Mediziner in die Medien mit ganz gegenteiligen Vorhersagen – in den Studios des ORF, auf dem Dach des AKH.

Reinhard Krepler stand während der dramatischen Stunden gewiss unter Schock. Nur so ist zu erklären, dass er die »offensive Informationspolitik« des AKH damit erklärte, Klestil habe sich immer für eine »umfassende Information der Öffentlichkeit ausgesprochen«. Das mochte stimmen oder nicht, glaubwürdig klang es nicht – auch deshalb nicht, weil im Herbst 1996 Klestils Einlieferung und Lungenerkrankung tagelang verschwiegen worden war, sogar den zuständigen Staatsorganen, die im Fall der »Verhinderung« des Bundespräsidenten dessen Geschäfte zu übernehmen haben. Es mag sein, dass die ärztliche Leitung des AKH die vehemente Kritik von damals vermeiden wollte, wahrscheinlich schien das nicht: Es fand regelrecht ein Wettlauf um das stärkste Profil unter den Medizinern statt.

Acht Jahre zuvor war Klestil anfangs heimlich behandelt worden, weil, wie einer der Ärzte später nonchalant in einem Interview bemerkte, »in Österreich an einem Wochenende ohnehin nichts passiere« und man daher keine Veranlassung gesehen habe, die Öffentlichkeit oder Bundeskanzler Franz Vranitzky zu informieren. Wer überdies den Umgang mit Klestils Lungenkrankheit in diesen acht Jahren aufmerksam verfolgt hatte, der benötigte im Juli 2004 schon sehr viel Fantasie, um die Anordnung zur »umfassenden Information der Öffentlichkeit« für möglich zu halten.

Angesichts des geradezu griechisch-tragischen Zusammentreffens der Ereignisse in den letzten Tagen seiner Amtszeit; angesichts der Tatsache, dass Klestil eine viel kritischere öffentliche Bilanz seiner zwei Amtsperioden, als sie nach seinem Tod dargestellt wurde, zur Kenntnis hätte nehmen müssen; angesichts des Faktums, dass er die vielen indirekten Demütigungen eines ehemaligen Amtsinhabers nicht mehr erleben musste, die sich schon bei seiner Suche nach einer post-präsidentialen Infrastruktur abgezeichnet haben, bevor ihm schließlich sein Freund und Wiener Bürgermeister Michael Häupl zum »Beauftragten der Stadt Wien für internationale Beziehungen« ein Büro jenseits der Donau zur Verfügung stellte – angesichts all dessen scheint das Verhalten der Ärzte nebensächlich, wenn auch symptomatisch. Die Mediziner müssen ihre Performance in diesen aufgeregten letzten Tagen der Präsidentschaft Klestils und den ersten der Präsidentschaft Heinz Fischers mit ihrem Gewissen ausmachen.

Viel wurde nach Klestils Ableben über seine zwölf Jahre in der Hofburg geschrieben. Erstaunlicherweise, sicherlich aus Rücksicht auf seine zweite Frau Margot Klestil-Löffler, wurde jedoch nicht kommentiert, dass Klestils Präsidentschaft mit falschen Tönen begann und mit falschen Tönen enden sollte. Am Beginn 1992 stand die Heuchelei des Familien-Wahlkampfs, die umfassende, nur leider falsche Information der Öffentlichkeit über den Stellenwert seiner Ehefrau Edith und der drei Kinder. Hellhörigen in der ÖVP fiel jedoch schon um die Jahreswende 1991/92 in Salzburg auf, dass das Verhalten des Kandidaten bei einem Schwächeanfall Edith Klestils nicht wirklich der Situation angemessen war, sein Ton damals vor einem größeren Kreis unangebracht schien. Hellhörige unter den Journalisten hatten bereits während des ganzen Wahlkampfs ihre eigene Interpretation der Vorgänge. Sie war auch die Ursache, warum sich Klestils umfassende Information der Öffentlichkeit über die Tatsache, dass Edith Klestil die Villa in Wien-Döbling verlassen hatte, via Magazin »News« 1994 als kommunikationstechnisches Desaster erwies: Sein Versuch, sich in dem Interview als unglücklicher, verlassener Ehemann der Öffentlichkeit zu präsentieren, musste angesichts der Erfahrungen der Journalisten im Wahlkampf mit Margot Löffler scheitern.

Fast täglich wurden damals Fragen nach den Konsequenzen der Trennung und möglichen Alternativen zur gegebenen Situation aufgeworfen und entweder gar nicht oder ungeschickt beantwortet: »Auch der Bundespräsident hat ein Recht auf Unwissenheit.«

In der veröffentlichten Beurteilung waren die Medien damals einig: Klestil selbst habe einen schweren Fehler begangen, indem er Privates öffentlich gemacht hat, indem er der Sensationsgier mancher Medien, vor allem des Magazins »News«, das bis zuletzt sein Hofblatt bleiben sollte, nachgegeben habe; indem er oder seine Umgebung sich entschieden im Ton vergriffen hätten und Edith Klestil zur Schuldigen der ganzen Affäre gestempelt haben; indem er, ohne es zu wissen oder entsprechend einzuschätzen, eine Staatsoperette eröffnet hat.

Als Edith Klestil am ersten Höhepunkt der Ehekrise am Ball der Wiener Philharmoniker beim offiziellen Einzug der Ehrengäste mit Standing Ovations empfangen wurde, hatte die Scheinheiligkeit einen ersten Höhepunkt erreicht: Die ganze Stadt Wien kannte zu diesem Zeitpunkt kein anderes Thema als die Erörterung der Frage, wie denn die Ehekrise eines Staatsoberhaupts eigentlich zu managen sei.

Die Meinungen prallten damals heftig aufeinander, die Wiener Gesellschaft teilte sich in jene Gruppe, die Edith Klestils Auftritt beim Philharmoniker-Ball geschmacklos fanden und ihren Auszug aus der Amtsvilla verurteilten, also die Meinung vertraten, sie hätte ungeachtet der angeblichen Affäre ihres Mannes an dessen Seite bleiben und schweigend dulden sollen; und in jene, die ihren Schritt mutig und wenige Wochen später, im März 1993, der Auszeichnung »Frau des Jahres« wert fanden.

Die Heuchelei in der Bundeshauptstadt, wäre sie messbar, hatte zu diesem Zeitpunkt Spitzenwerte. Jene, die Klestils Offensive in der Öffentlichkeit verurteilten, mehr die Art und Weise der Bekanntgabe als ihr Faktum, bedachten nicht, dass ein Staatsoberhaupt mit all den protokollarischen Verpflichtungen den Auszug seiner Ehefrau aus der Amtsvilla nicht einfach »privat« halten hätte können. Es gab damals allerdings auch die Auffassung, dass eine knappe Erklärung nach dem Muster: »Die Präsidentschaftskanzlei teilt mit ...« der Würde des Amtes besser entsprochen und der Information Genüge getan hätte.

Jene, die Edith Klestils Schritt aus der Amtsvilla verurteilten, erklärten nie, ob es der Frau des Bundespräsidenten zumutbar sei, an seiner Seite bei gesellschaftlichen Anlässen aufzutreten, bei denen sich die Hälfte der Anwesenden hinter ihrem Rücken über die angebliche Affäre ihres Mannes mit seiner Mitarbeiterin Neuigkeiten flüstert. Und es gab eine Gruppe, die von Edith Klestil erwartet hatte, dass sie sich um das Image ihres Mannes willen einfach in die Versenkung zurückzieht.

Thomas Klestil jedenfalls hatte in dieser Zeit zur Kenntnis nehmen müssen, dass er sich der Medien nicht nur zu seinen eigenen Zwecken bedienen, sondern von diesen auch benutzt werden konnte. Plötzlich sah er sich massiver Kritik gegenüber: Er musste sich vorwerfen lassen, sein Instinkt oder sein Verstand habe ihn verlassen, als er die himmelschreiende Unvereinbarkeit von Amt und Privatem einfach nicht verstehen wollte. Er musste sich nachsagen lassen, sich über alles hinwegsetzen zu wollen. Und er musste sich auffordern lassen, auch von den Medien, in sein Leben endlich Ordnung zu bringen, wolle er nicht »völlig gelähmt« aus dieser Affäre aussteigen. Damals konnte sich jeder zu seiner gescheiterten Ehe in den Medien äußern und tat es wie die Frau des früheren Generalsekretärs der ÖVP, Michael Graff, Maria Graff auch: »Entweder Freundin oder Präsidentschaft«, ließ Frau Graff forsch schlagzeilen. Noch waren Zeitungen um einen Rest an Objektivität bemüht, erschütterten sein Selbstbild vom »modernen, initiativen, starken, unabhängigen und kontrollierenden Präsidenten« noch nicht, machten ihn aber immer auch darauf aufmerksam, dass er im Begriff war, seine Glaubwürdigkeit und seinen Bonus, vielleicht doch eine moralische und politische Instanz in der Hofburg zu sein, zu verspielen.

Die Entzauberung hatte innerhalb einer Woche stattgefunden: Am 26. Jänner 1994 hatte die Präsidentschaftskanzlei in einer Erklärung bekannt gegeben, dass die Trennung des Ehepaares Klestil endgültig sei; und in einer zweiten, dass Margot Löffler das Außenamt um Rückversetzung über den Ballhausplatz von der Präsidentschaftskanzlei in das Ministerium ersucht habe. Das war eigentlich nicht die »rasche Klärung«, welche die Medien und auch die ÖVP damals von Klestil erwartet hatten.

In den folgenden Wochen sollte sich aber herausstellen, wie Klestil sich die Klärung langfristig vorstellte: Schweigend alles »durchstehen«, alles von sich als Bundespräsident fern halten. Im März und April 1994 wandte er diese Methode im Zusammenhang mit den Berichten über seinen »Rosenkrieg« und den Auseinandersetzungen um Unterhaltszahlungen an. Seine Beziehung zu Medien und Journalisten waren – mit Ausnahme von »News« und Alfred Worm – nachhaltig und irreparabel gestört.

Es folgten Monate und Jahre, in denen er auch in seiner Amtsführung bis 2000 oft kritisiert wurde: Lediglich in den Monaten seiner schweren Erkrankung 1996/97 überschlug sich das politische Establishment wieder mit positiven Stellungnahmen; nahm ihn die Tragik gewissermaßen aus der Kritik wie 2004.

Schon in Klestils erster Amtszeit war die Kluft zwischen Handeln und Worten zu erkennen, die dann beim Regierungswechsel 2000 viele so überrascht zu haben scheint, was aber wahrscheinlich auch mehr der Öffentlichkeit als der Wahrheit diente. Klestil hatte gemahnt und gewarnt, aber nie Konsequenzen gezogen; er unterschrieb Gesetze, die er nachträglich per Aussendung der Präsidentschaftskanzlei kritisieren ließ; er nahm Pesonalberufungen vor, von denen er sich nachträglich distanzierte. Seine private Situation, über die nicht mehr gesprochen wurde, die aber dennoch Gegenstand genüsslich kolportierter Erzählungen über Wochenendaufenthalte und/oder den Einsatz von Republik-Infrastruktur zu privaten Zwecken war – diese private Situation hatte ihn schon vor seiner Erkrankung zum Rückzug gezwungen und erst recht danach.

Da fiel es dann auch weiters nicht mehr auf, dass Klestil – nun nicht mehr Kandidat der ÖVP und von der SPÖ mit einem Gegner verschont – seine privaten Verhältnisse nicht vor der zweiten Amtszeit, sondern erst wenige Monate nach der neuerlichen Wahl 1998 durch die Hochzeit mit Margot Löffler geordnet hat.

Im Lichte all der Scheinheiligkeit, die von Anfang an diese Präsidentschaft gekennzeichnet und nie verlassen hat, schien die Heuchelei nach seinem Ableben weniger verwerflich als entsprechend. Bundeskanzler Wolfgang Schüssel lobte in der Trauersitzung von National- und Bundesrat am 8. Juli 2004 in den höchsten Tönen Klestils »Liebe zu seiner Heimat, in der er sich von niemandem übertreffen lassen wollte«, dessen »leidenschaftlichen Patriotismus« und »Stolz auf Österreich«. 2000 war Klestil von der ÖVP wegen seines – letztlich auch nutzlosen – Widerstandes gegen deren Zusammenarbeit mit der FPÖ Jörg Haiders diese unübertroffene Liebe zu Österreich nicht zugestanden worden; er fiel bei den »Wendepolitikern« in die Kategorie des »Verräters«, »Vaterlandverräters«, wie immer die Diktion auch war. Und er wurde auch in den letzten Jahren nicht aus dieser Kategorie entlassen. Schüssel, der Thomas Klestil seit 2000 in vielen auch noch so kleinen Dingen brüskiert und keine Gelegenheit ausgelassen hatte, dem Staatsoberhaupt zu bedeuten, wer in Österreich wirklich Macht besitze; Schüssel also versagte sich die folgenden Sätze nicht: »Mit seinem plötzlichen Tod hat uns Klestil in Erinnerung gerufen, wie eng die Grenzen sind für Wollen und Wirken, und uns gezwungen, uns mit den letzten Fragen des An-der-Schwelle-Stehens zwischen Leben und Tod auseinander zu setzen. Zugleich aber haben wir gespürt, wie unsere Nation in Stunden des Todes und des Verlusts und der Trauer ein gutes Stück zusammenrückt. Das sollte über diesen Abschied hinaus nicht verloren gehen. Aus gemeinsamer Betroffenheit ist in diesen vergangenen Tagen dieses Gefühl der Verbundenheit und des Zusammenrückens gewachsen.« Als besondere Heuchelei muss aber das Versprechen gewertet werden, der eben Verstobene werde »in unserem Gedächtnis lebendig« bleiben. In Schüssels Gedächtnis scheinen im wirklichen Leben nur Personen »im Gedächtnis lebendig« zu bleiben, die ihm angenehm sind – und Thomas Kestil zählte mit Sicherheit nicht dazu.

Auch Nationalratspräsident Andreas Khol und andere schlugen in diesen Tagen derart falsche Töne an, dass sich später der ehemalige ORF-Chef und Klestil-Wahlwerber 1998, Gerd Bacher, sowie Klestils »Erfinder« des Jahres 1992, Erhard Busek, gedrängt sahen, auf den Gipfel der Heuchelei, Scheinheiligkeit, Unehrlichkeit und des falschen Pathos hinzuweisen. Khols Gedächtnis schien an diesem 8. Juli 2004 auch nicht bis in die »Wende«-Tage 2000 zu reichen oder bestenfalls nur selektiv. Aus dem »Verräter« Klestil wurde so ein Bundespräsident, der Österreich »auch im Ausland hervorragend und zu unser aller Ehre vertreten« habe, was an sich richtig war, wie das letzte Treffen der zentraleuropäischen Präsidenten in Bukarest bereits nach der Wahl Heinz Fischers zum Nachfolger zeigte und bewies, was aber bei Khol einfach falsch klingen musste. Ebenso wie die Betroffenheit darüber, dass Österreich mit Klestil »einen großen Politiker, einen bedeutsamen Staatsmann« verloren habe. In keiner Phase nach der »Wende« wäre jemanden an der Spitze der ÖVP eingefallen, Klestil zu Lebzeiten als solchen zu bezeichnen. Trauerreden haben gewiss ein bestimmtes Ritual, aber für jede Wortwahl gibt es eine ehrlichere Alternative und ein Rhetoriker von Gnaden und Schlage Andreas Khols hätte sie finden können.

Natürlich hatte Klestils Verhalten nach der Nationalratswahl 1999 viel Anlass zu Kritik gegeben, vornehmlich, weil ihm offenbar seine eigene Widersprüchlichkeit in seinem Verhältnis zu Jörg Haiders FPÖ nicht aufgefallen ist und die Konsequenzen daraus nicht bewusst geworden sind. Es wäre Aufgabe seiner Berater gewesen, der wenigen jedenfalls, die ihm in seiner persönlichen Isolation noch geblieben sind, ihn darauf aufmerksam zu machen. Doch den einen fehlte offenbar der Mut dazu, die anderen hatten kein politisches Interesse daran. Es war gänzlich unlogisch und einer breiteren Öffentlichkeit gar nicht vermittelbar, selbst durch einen Präsidenten mit weniger gestörten (Medien-)Kanälen und mehr Vertrauen in seine Erklärungskraft, als Klestil sie zu diesem Zeitpunkt hatte, nicht: Wie hätte er sein Werben um Stimmen der FPÖ vor seiner Wahl 1998, wie sein Mitschwimmen auf der Popularitätswelle Jörg Haiders mit der unausgesetzten Versicherung, jede demokratisch legitimierte Partei sei regierungsfähig, auch die FPÖ, mit der Ablehnung der Regierungsfähigkeit 2000 je in Einklang bringen können? Wie wäre das vorher – auch aus durchaus eigennützigen Gründen zwecks Zustimmungsmaximierung – abgegebene positive Attest mit dem nachträglich negativen Befund zu harmonisieren gewesen?

Bei der Beobachtung der Vorgänge in und um die Hofburg im Herbst 1999 wurde man oft an Bert Brechts »Dreigroschenoper« und an deren berühmteste Strophe erinnert: »Denn die einen sind im Dunkeln / Und die andern sind im Licht. / Und man siehet die im Lichte / Die im Dunkeln sieht man nicht.« »Die im Dunkeln« waren jene »Berater«, in deren Interesse es nicht lag, Klestil die unerwarteten Konsequenzen seiner früheren Willfährigkeit den Freiheitlichen gegenüber vor Augen zu führen: Hans Dichand, Chef der »Kronen Zeitung«, Gerhard Weis, ORF-Chef, Christian Konrad, Finanzier des Klestil-Wahlkampfes 1988 und Raiffeisen-Boss. Die ÖVP wollte sich keinesfalls von den drei »Ks«, wie sie es nannte – »Kronen Zeitung«, Küniglberg (Wiener Standort des ORF-Zentrums) und Klestil –, in eine Regierung treiben lassen. Als die »Kronen Zeitung« begann, den Druck auf die ÖVP mit Kommentaren von »besonderer Seite« und scharfen Attacken zu erhöhen, schlug die Stimmung in dieser Partei schlagartig gegen die Fortsetzung der rot-schwarzen Regierungsvariante um – auch bei jenen, die bis dahin als leidenschaftliche Großkoalitionäre gegolten hatten.

Offen wurde damals nicht gespielt, auch von Klestil nicht. Die Stadt war voll von »inoffiziellen« Gerüchten: Es gebe eine Vereinbarung zwischen Klestil und Dichand; es habe einen Beinahe-Eklat zwischen den beiden alten Männern gegeben, als die

»Kronen Zeitung« vor der Entscheidung des SP-Präsidiums auf Bruch mit der ÖVP in großen Lettern »Schluss mit dem Poker« verlangen wollte und nur mühsam von der Präsidentschaftskanzlei davon abgebracht werden konnte, weil bei einer gegenteiligen Entwicklung der Dinge Klestil desavouiert wäre; es gebe ständigen Telefonkontakt, bei dem Dichand, Weis und Klestil einander versicherten, man werde eine Fortsetzung der rot-schwarzen Regierung schon noch durchsetzen. Selbst ein prominenter Sozialdemokrat, der vom Erfolg dieser Art von Machtausübung profitiert hätte, gestand damals ein: Er habe ein Problem damit.

Dass diese damals nicht gelang, wurde kurzfristig als positives Zeichen für die Stärkung der politische Hygiene in Österreich gewertet. Männer im Burg- oder im »Vorhof der Macht« konnten nicht mehr einfach anordnen, was ihnen »gefällt« und was nicht. Kurzfristig deshalb, weil zwei Jahre später wieder klargestellt wurde, wessen Macht man politisch einzusetzen hat. Vor der Nationalratswahl 2002 segelte die »Kronen Zeitung« so lange auf Schüssel-kritischem Kurs, bis dieser exklusiv eine Änderung des Tierschutz-Gesetzes versprach, was Dichand und die »Kronen Zeitung« eingedenk der Popularität des Themas bei der Leserschaft zu ihren besonderen Anliegen gemacht haben.

An all die schweren politischen Fehler Klestils im Herbst 1999 wollte man sich bei seinem Tod nicht mehr erinnern. Man hätte sie nicht an- und aussprechen müssen, aber der Anstand hätte es bei bestimmten Personen geboten, weniger Weihrauch mit weniger falschen Tönen zu begleiten. Wie hatten sich doch Vertreter der ÖVP darüber lustig gemacht, dass Klestils angeblich so raffinierte Strategie der »Sondierungsgespräche« kläglich gescheitert ist; dass er in keiner Weise jener Aufforderung, die er selbst zwei Tage vor dem Urnengang allen Beteiligten zur Kenntnis gebracht hat, nämlich danach jegliches »Taktieren« einzustellen, nachgekommen ist. Wahrscheinlich hatte er sich selbst von seiner eigenen Mahnung ausgenommen, denn der Auftrag an den damaligen SP-Chef Viktor Klima zu Sondierungsgesprächen war nichts anderes als Taktieren in Reinkultur.

Er konnte nicht beeinflussen, was auf der Straße bei Demonstrationen geschrien wurde (»Tötet Haider«, »Tötet Schüssel«); nicht, was Spitzenpolitiker damals so an völlig überzogenen Aussagen trafen. Von »bürgerkriegsähnlichen Zuständen« in Österreich sprachen Vertreter der regierenden Freiheitlichen; zu »Kumpanen der Gewalt« wurden grüne und sozialdemokratische Politiker; als Anstifter zur Gewalt wurden die beiden Oppositionsparteien von der Vizekanzlerin der Republik, Susanne Riess-Passer, gestempelt. Klestil konnte nicht verhindern, dass sich Österreich mit dieser überzogenen Ausdrucksweise im Ausland lächerlich machte. Er war nicht in der Lage, dem niveaulosen Treiben der gegenseitigen Anschüttungen vom »Dreck am Stecken« bis zu den »johlenden Fratzen der SPÖ« Einhalt zu gebieten. Die vor allem von der ÖVP forcierte Diskussion über Reduzierung der Kompetenzen des Amtes war bereits angestoßen und alle wussten, dass damit dem Bundespräsidenten am Zeug geflickt werden sollte.

Klestil war innenpolitisch gescheitert und man hätte anlässlich seines Todes auch Worte dafür finden können, dass auch ihm ein typisch österreichisches Schicksal – Scheitern im Inland, Wertschätzung im Ausland – nicht erspart geblieben ist. Es war nämlich im Sommer 2004 noch nicht so lange her, dass er in einer Phase der rapiden Klimaverschlechterung im Land vor der Wiener Gemeinderatswahl 2001 häufig vor der »Verrohung der Sprache« in der Politik, vor dem tiefen »Riss, der durch das Land geht« gewarnt hatte, aber alle haben sich ausnahmslos taub gestellt. Es war damals schon tragisch: Klestil sprach und keiner hörte ihm zu.

# Nachwort

»Mit Ihnen werden wir auch noch fertig.«
Die Stimme auf meinem Anrufbeantworter klang weniger bedroh-
lich als verärgert. Sie hatte sicher ein Gesicht, ein männliches.
Und einen Namen, aber dieser blieb anonym. Macht man sich
schon die Mühe, die private Nummer zu suchen, dann hat man
wohl ein Recht auf seine Anonymität. Der Ärger bezog sich im
November 2002 auf einen Artikel im »Spectrum« der Tageszei-
tung »Die Presse«. Es ging damals ausschließlich um die Jungen
in Österreich, das Klima und das Bild von der Politik, das ihnen
geboten wurde. Die Politik bleibt den jungen Menschen nach wie
vor vieles schuldig: die Wahrheit, die Übereinstimmung zwischen
Worten und Taten; das Vertrauen und den Respekt.
Entscheidend aber wird die Frage sein, ob die Toleranzgrenze der
Jungen in einem Land, dem existenzielle Krisen in den letzten
Jahrzehnten erspart geblieben sind, in dem alle Fehlentwicklungen aus einem Gemisch aus Anmaßung, Arroganz, politischer
Leichtfertigkeit und mangelnder Sachkompetenz entstanden sind,
gleich hoch bleibt wie jene der Eltern- und Großelterngeneration;
oder ob sie beginnen, das Recht auf Anstand und Anständigkeit
in der Politik einzufordern, Verstöße dagegen deutlich und erkennbar bei Wahlen abzustrafen; ob sie bereit sind, sich dem Anspruch der Politik auf ihren Lebensweg zu verweigern, indem sie
zum Beispiel jedes Ansinnen, ihr berufliches Fortkommen mit der
Mitgliedschaft in einer Partei zu verbinden, zurückweisen, sodass
dieses Ansinnen – einmal wirkungslos geworden – nicht mehr
gestellt werden kann.
Nur so könnte die unerträgliche Abhängigkeit vieler Menschen
von den politischen Gegebenheiten beendet und der daraus resultierende und damit begründete Charakterfehler vieler politischer
Akteure korrigiert werden. Man kann die jungen Menschen nicht
aus dieser ihrer Verantwortung entlassen.

# Personenregister

Aigner, Bruno
Aigner, Bruno 23
Ambrozy, Peter 125
Androsch, Hannes 9, 17, 39 f., 100, 107 f., 113

Bacher, Gerd 16, 51 f., 103, 186
Bernhard, Thomas 46, 50
Bismarck, Otto von 6, 166
Blair, Tony 121, 171, 176
Blau, Paul 111
Blecha, Karl 75, 155 f.
Bleckmann, Magda 44
Böhmdorfer, Dieter 105, 133
Brauneder, Wilhelm 135
Busek, Erhard 16, 33 ff., 55, 59 f., 105, 112, 157 ff., 186
Bush, George sen. 90

Cap, Josef 174
Chirac, Jacques 169
Clinton, Bill 56, 90, 176
Czernin, Hubertus 175

Dallinger, Alfred 116
Dichand, Hans 187 f.
Ditz, Johannes 129 f., 148
Dohnal, Johanna 174
Dönhoff, Marion Gräfin 7, 61

Edlinger, Rudolf 31, 35 f., 64, 81

Fekter, Maria 23 f.
Fellner, Helmuth 96
Fellner, Wolfgang 43, 96, 98
Ferrero-Waldner, Benita 55 f., 68, 92, 94
Feurstein, Gottfried 26
Fischer, Heinz 17 f., 22 ff., 111, 116, 157, 181, 186
Forstinger, Monika 143 ff.
Freihofner, Gerald 100
Freunschlag, Jörg 135
Friedman, Milton 108

Gaugg, Reinhard 130 ff.
Gehrer, Elisabeth 79
Gingrich, Newt 118
Glawischnig, Eva 168
Gorbach, Hubert 93 f.
Görg, Bernhard 81

Götz, Alexander 134
Graff, Maria 184
Graff, Michael 184
Grasser, Karl-Heinz 19 f., 39 f., 44, 76, 94 f., 107, 135, 142 f., 149 ff.
Gratz, Leopold 111, 155 f.
Grillparzer, Franz 68 f.
Grupp, Cornelius 143
Gugerbauer, Norbert 20, 103
Gusenbauer, Alfred 62 f., 179

Haider, Jörg 8 f., 11 ff., 19 f., 26 ff., 42 ff., 59 f., 77, 80 ff., 97 ff., 108 f., 114 ff., 130, 132, 134 f., 139 ff., 149 f., 159, 161 f., 168 f., 172 ff., 185 ff., 189
Haubner, Ursula 124 ,147
Häupl, Michael 80, 181
Haupt, Herbert 20, 78, 124
Hayek, Friedrich August von 108
Heinzel, Alfred 143
Heller, André 81
Hirschmann, Gerhard 152
Höchtl, Josef 15
Hostasch, Eleonore 31
Hussein, Saddam 122

Jelinek, Elfriede 46, 50

Khol, Andreas 16 ff., 36, 78, 88, 90, 135 157, 163, 165, 186
Klaus, Josef 11 ff.
Kleindienst, Josef 44
Klestil, Edith 182 ff.
Klestil, Thomas 17, 27 ff., 48, 51, 65, 96 f., 140, 142, 161 f., 176, 180 ff.
Klestil-Löffler, Margot 30, 182
Klima, Viktor 15, 17, 188
Knapp, Horst 146
Knoll, Gertraud 52
Konrad, Christian 152, 166, 187
Kostelka, Peter 88
Krainer, Josef jun. 14
Krainer, Josef sen. 14
Kreisky, Bruno 8, 14, 17, 26, 37 ff., 41, 57 ff., 70 f., 92, 105, 109 ff., 120 f., 124, 127, 137 f., 153, 175
Kreisky, Peter 111
Krepler, Reinhard 180

191